环境法学研究文库

排污权
——一种基于私法语境下的解读

邓海峰 著

Emission Right:
An Interpretation
on the Basis of Private Law

图书在版编目(CIP)数据

排污权:一种基于私法语境下的解读/邓海峰著. —北京:北京大学出版社,2008.8
(环境法学研究文库)
ISBN 978-7-301-14156-4

Ⅰ. 排… Ⅱ. 邓… Ⅲ. 排污-费用-征收-法规-研究-中国 Ⅳ. D922.684

中国版本图书馆 CIP 数据核字(2008)第 122352 号

书　　　名:排污权:一种基于私法语境下的解读
著作责任者:邓海峰　著
责　任　编　辑:郭瑞洁
标　准　书　号:ISBN 978-7-301-14156-4/D·2110
出　版　发　行:北京大学出版社
地　　　址:北京市海淀区成府路 205 号　100871
网　　　址:http://www.pup.cn
电　　　话:邮购部 62752015　发行部 62750672　编辑部 62752027
　　　　　　出版部 62754962
电　子　邮　箱:law@pup.pku.edu.cn
印　刷　者:三河市新世纪印务有限公司
经　销　者:新华书店
　　　　　　650 毫米×980 毫米　16 开本　17 印张　247 千字
　　　　　　2008 年 8 月第 1 版　2008 年 8 月第 1 次印刷
定　　　价:29.00 元

未经许可,不得以任何方式复制或抄袭本书之部分或全部内容。
版权所有,侵权必究
举报电话:010-62752024　电子邮箱:fd@pup.pku.edu.cn

总　　序

若以中国法学界公开发表的首项环境法研究成果"环境保护法浅论"[①]的发表时间为基准计算,到2005年初环境法学研究在中国已经历了25个年头。25年来,中国的环境法学从无到有,从当初隶属于法学的经济法学科到1997年跃居为法学二级学科(学科名为"环境与资源保护法学"[②]),老一辈和新生代环境法学者们继往开来,为中国环境法学的茁壮成长作出了杰出的贡献。

目前,国内大多数法学院系开设了环境法学课程,而在有法学教育研究传统的高校院所,还经教育部批准设立了环境法专业的硕士学位和博士学位授予点,真可谓"星火燎原"。1999年,教育部批准设立了普通高等学校人文社会科学重点研究环境法学基地,到2000年,中国法学会还批准设立了环境资源法研究会。

在学科队伍发展壮大的同时,环境法研究的学术成果和著述也如雨后春笋。仅以我和研究生们于2001年底对20世纪中国环境法学研究成果所作的统计,1979—2000年我国已发表环境法学类论文近三千篇,各类教材、论(译、编)著二百余部,内容涉及环境法的各分支领域。尽管与其他传统部门法学的研究成果无论在数量还是质量上都不能相比,但它们依旧促进了环境法学这一新兴法学学科在中国的繁荣和进步。

20世纪末,中国环境法学研究较为关注环境法律制度的建立。进入21世纪以后,中国环境法学研究一个显著的改变,就是随着研究队伍的年轻化和专业化,环境法研究者的学历背景已从过去主要由非法学专业者占主导地位回归为以法学专业者占主导地位的"正统法学研究"上来。结果,就是环境法学研究逐步从对教科书的诠释或模仿走向对环境法专题的理性思考和理论深化,环境法律解释逐步从过去注重对官方政策的引用转向现在对环境法制度的公平性与正当性的研究,环境法学研究资料的运用逐步从依靠他人翻译转到直接参考原著

[①] 作者马骧聪,载《法学研究》1979年第2期。
[②] 因我对"环境与资源保护法学"的学科称谓颇有微词,所以在总序中我依旧使用国际社会通用的"环境法学"(environmental law)来表述已被命名为"环境与资源保护法学"的这一中国法学的二级学科,下同。

上来。我们欣喜地看到,近几年书架上摆放的环境法学著作中,低水平重复的著述越来越少,而以环境法学某个专题为研究对象的学术专著越来越多。

我先后从师于武汉大学肖隆安教授和北京大学金瑞林教授,在两所被学界誉为国内环境法学研究领域鼎立南北的高校攻读环境法的法学硕士和博士学位并分别留校任职。作为中国环境法教学与研究者,我同时还见证了中国环境法学发展的整个历程。我还清楚地记得,其他环境法学界名师如韩德培教授、陈汉光教授、彭守约教授、蔡守秋教授、程正康教授,还有马骧聪教授、萧乾刚教授等对我从事环境法学教学与研究事业从启蒙直到成长期间的谆谆教诲。他们对学术研究锲而不舍的努力奋斗和一丝不苟的钻研精神,一直勉励和支撑着我和我们在他们的肩膀上为繁荣中国环境法学继续攀登。

为给国内环境法学者建立一个环境资源法学研究的平台,在中国法学会环境资源法学研究会2000年成立之初,研究会与法律出版社共同商定编辑出版《环境资源法论丛》,拟每年编辑出版一卷,刊载环境与资源法学界有关基础理论或专题研究的论文,最终形成庞大的环境与资源法学研究论文集和资料集。

然而,论文集和资料集对环境法研究成果的固化力和影响力远非学术专著可比。我通过教育部在南京大学设立的"中文社会科学引文索引检索系统"检索统计发现,在1998—2002年5年间中国环境法学著述的引证中,环境法学研究型专著以及教科书的学术影响力都远高于环境法的学术论文。[①] 而在环境法学研究成果的汇集上,至今中国未出现以文库或相关形式编辑出版的系列研究文集。许多优秀环境法研究著作因受出版社地位、选题计划以及作者个人学术影响力等因素的影响或限制而不能及时面对读者。这种状况若不能迅速改变,不能不说是中国环境法学研究的一种悲哀。

"北京大学是常为新的。"背负着前辈们的重任和依托北京大学的开创性学术地位,我感到有责任首开编辑出版《环境法学研究文库》之先河,建立起富有特色的环境法学研究系列知识库,让才华出众或崭露头角的环境法学者们的富有学术性、新颖性和实用性的环境法学术研究成果通过文库展现在读者面前。北大出版社副总编杨立范先生以多年主持编辑法学书籍的经验和睿智爽快地把我这一设想付诸实现。《环境法学研究文库》终以它顽强的活力呈现在大家面前。

至此新书出版之际,是以序贺之。

汪 劲

2006年5月31日

[①] 有关调查结果,详见汪劲著:《环境法律的解释》,人民法院出版社2005年版。

序

环境问题作为威胁人类生存和发展的世界性难题,已引起了国际社会的普遍关注。为此20世纪80年代中期,一些发达国家从可持续发展的观念出发,提出了变革传统经济发展模式,整合工业生态系统的知识结构,建设循环社会的设想。20世纪90年代之后这种以建构知识经济和循环经济发展模式为目标的努力已在国际社会蔚然成风。知识经济要求加强经济运行过程中智力资源对物质资源的改造和重新定位,实现经济活动的知识化转向;而循环经济则以对环境亲善的方式利用自然资源与环境要素为己任,力求经济活动环境损害的低成本化。可见,这两种经济发展模式的共同之处都在于强调运用理念变革和制度创新的力量去改变人类社会的生活。而建立在可持续发展理念和资源市场化配置规则基础之上的排污权及其交易制度便是上述两种新经济发展模式在环保领域的生动诠释。

作为一种理念变革与制度创新产物的排污权及其交易制度,于1997年经过《联合国气候变化框架公约》及其附属《京都议定书》的肯认后跨出美国国界正式登上了世界环保法制的舞台。然而这一举措在提振各界环保人士捍卫绿色家园热情的同时,也为各缔约国的立法者提出了一个新的课题,那就是如何按照公约的指引尽快将排污权制度国内法化。可以说本书的写作也是国内法学界对上述要求给予理性回应的有机组成部分。通读全书,我认为本书在以下几方面的创新殊具新意:

首先,本书是国内最早在私法视域中研究环境容量资源的物权化及其转让制度的科研成果。本书从法律上对排污权及其客体——环境容量的制度特征作出了提炼和概括,澄清了学术界和实务界关于上述两者权利属性和法域归属的模糊认识;同时在国内率先提出了以公、私法二元化取得路径来整合传统排污许可证取得机制的理论构想和以修正的合同理论为法律媒介的权利转让制度设计,为排污权交易的顺利运行创造了条件,也为将排污权及其交易制度从经济学、管理学领域引入法学研究领域作了相应的理论准备。

其次,作为本书研究对象的环境容量具有相当的复杂性,它既是一种环境要素,同时也是一项稀缺的社会资源;它既具有为人们所重视的经济价值,同时还具有为人们经常忽视的生态价值;它既是经济学、管理学的追逐对象,同时也是环境法、民法的权利客体。为适应研究对象的上述特点,作者采用了多维、多元的研究模式,以解释论的行文思路将排污权定性为准物权的一种亚类型,从而为将该种制度引入我国法律体系并适用物权法的相关规则创造了现实可行性。上述逻辑推演充分体现了本书在研究方法上的突破和创新。

最后,作者在运用解释论思路解决了排污权制度于当前法律适用中的难题之后,通过对大陆法系民法财产权结构形成机制的回溯,指出了传统立法物化思维所造成的理论隐患,并以此为据对未来引入排污权可能给民事权利体系带来的冲击,作出了以立法论思路为基础的回应,实现了全书在学理研究层面的升华。

本书是邓海峰博士对近年来学术研究所作的系统总结。作为他的导师,我为他的学术成果能够付梓出版感到高兴和欣慰!我也希望通过将本书推荐给读者诸君,来与各位共话我国的环境法制。是为序。

马俊驹

2008 年 6 月 27 日

目录

第一章　引言 / 1

一、研究背景与意义 / 1

（一）研究背景 / 1

（二）题解 / 4

（三）选题意义 / 4

二、国内外研究的现状 / 6

（一）外部性及其相关理论 / 6

（二）对环境容量与排污权的基本认识 / 8

（三）排污权交易的理论与实践 / 12

（四）无形财产权理论与启示 / 15

三、研究范围与研究方法 / 17

（一）对研究范围的说明 / 17

（二）研究方法 / 19

第二章　排污权制度生成机理的宏观检视 / 21

　　一、制约排污权生成的现实羁绊
　　　　——对环境问题产生原因的多视域分析 / 21

　　　　（一）环境问题的经济成因 / 23

　　　　（二）环境问题的伦理成因 / 26

　　　　（三）环境问题的法律成因 / 28

　　二、促进排污权生成的理论准备 / 35

　　　　（一）外部性理论的提出及救济方式的选择 / 35

　　专栏2.1　环境产权的特点分析 / 38

　　专栏2.2　对科斯定理的反思及其适用中应注意的问题 / 44

　　　　（二）自然资源价值论的确立及生态伦理观的生成 / 46

　　专栏2.3　环境伦理观的嬗变 / 51

　　　　（三）法律自身的演进及划时代变革的践行 / 55

　　三、本章小结 / 61

第三章　排污权内涵的界定 / 63

　　一、作为权利客体的环境容量 / 63

　　　　（一）自然科学中的环境容量 / 64

　　专栏3.1　资源环境要素承载力 / 68

　　专栏3.2　资源承载能力、环境容量与可持续发展的关系 / 71

　　　　（二）作为物权客体的环境容量——基于解释论的思路展开 / 74

　　二、建基于环境容量的排污权 / 81

　　　　（一）排污权的内涵及其与相关概念的甄别 / 81

　　　　（二）排污权的属性及其表征 / 84

　　　　（三）排污权的类型化 / 94

三、排污权的功能和价值 / 99

四、本章小结 / 104

第四章 排污权的取得与公示 / 105

一、排污权的取得 / 106

（一）权利的取得方式 / 106

（二）权利的取得原则 / 108

（三）权利的取得条件 / 126

二、排污权的公示（登记）制度 / 132

（一）我国排污许可证制度概况 / 133

（二）许可证制度的比较法考察及其启示 / 135

（三）对我国排污许可证特征的认知与重构 / 140

（四）登记制度适用的范围、内容和效力 / 142

专栏4.1　不动产登记的含义、目标及性质 / 145

（五）登记的变更、中止和对许可证的吊销 / 148

（六）登记机关的责任 / 151

专栏4.2　不动产登记制度立法例 / 152

三、本章小结 / 154

第五章 排污权与不同权属之间的冲突和协调 / 156

一、排污权之间的冲突与协调 / 156

（一）以相同取得原则为据生成的权利间的冲突与协调 / 157

（二）以不同取得原则为据生成的权利间的冲突与协调 / 158

专栏5.1　物权冲突的一般救济规则 / 159

二、与环境容量载体所承载的他项权属之间的冲突和协调 / 162

（一）冲突产生的原因分析 / 162

专栏5.2　罗马法解决物权冲突的机制 / 167

（二）协调冲突的规则 / 169

专栏 5.3　罗马法物权冲突状况及解决 / 173

三、与其他权利之间的冲突和协调 / 177

（一）冲突产生的原因分析 / 177

（二）协调冲突的制度契合点 / 177

四、本章小结 / 184

第六章　排污权的交易 / 185

一、排污权交易的层级分析 / 185

（一）依交易所涉地域的不同存在国际、国内两个市场 / 186

（二）依交易性质的不同存在一级市场、二级市场两个层次 / 187

专栏 6.1　期货理论与期货交易 / 188

二、建构我国排污权交易市场的法律分析 / 190

（一）美国排污权交易的现状与启示 / 190

（二）我国排污权交易的发展概况 / 197

（三）排污权交易（转让）的内涵 / 202

专栏 6.2　期货交易的法律性质 / 205

（四）排污权交易（转让）合同 / 206

三、本章小结 / 217

第七章　未来排污权制度理想化定位的展望

　　　　——基于立法论的思路展开 / 218

一、对传统民法财产权结构形成机制的回溯 / 219

（一）"权利"的物化与一切"物"的有体物化 / 219

（二）传统财产权结构所面临的理论困局 / 221

专栏 7.1　无形财产的概念诠释 / 222

二、排污权制度的理想化定位 / 225

专栏 7.2　无形财产的立法模式 / 227

第八章　结语 / 230

　　一、本书的基本观点 / 230

　　二、研究的创新 / 235

　　三、研究的局限 / 236

参考文献 / 237

后记 / 254

目录

Chapter One　Forward / 1

　　Section 1　Background and Significance of Research / 1

　　　　1. Background of Research / 1

　　　　2. Solution / 4

　　　　3. The Significnace of This Subject / 4

　　Section 2　The Current Study Home and Abroad / 6

　　　　1. External and Related Theories / 6

　　　　2. General Understanding of Envrionment Capacity and Emission Right / 8

　　　　3. Theory and Practice of Emission Trade / 12

　　　　4. Theories and Indications of Intangible Property / 15

　　Section 3　The Scope and Methods of the Study / 17

　　　　1. An Account of the Scope of the Study / 17

　　　　2. Study Methods / 19

Chapter Two   Macro Postmortem over the Generative Mechanism of Emission Trading System / 21

Section 1   Realistic Constrains on the Generation of Emission Rights: Multi-viewed Analysis of the Reasons to Environmental Problems / 21

1. Economic Factors of Environmental Problems / 23
2. Ethic Factors of Environmental Problems / 26
3. Legal Factors of Environmental Problems / 28

Section 2   Theory Preparation for the Generation of Emission Rights / 35

1. The Advances of External Theory and the Selection of Relief Ways / 35

Column 2.1   / 38

Column 2.2   / 44

2. The Estbalishment of the Theory of Natural Resources' Value and the Generation of Eco-ethic Theory / 46

Column 2.3   / 51

3. Evolution of Laws and Practice with Epochal Reform / 55

Section 3   Brief Summary in This Chapter / 61

Chapter Three   Determination for Meaning of Emission Right / 63

Section 1   Environment Capacity as Object of Right / 63

1. Environment Capacity in Natural Science / 64

Column 3.1   / 68

Column 3.2   / 71

2. The Environment Capacity as the Object of Right: Spreads of Thinking Based on the Constructionism / 74

Section 2   Establishment of Emission Right Based on Environment Capacity / 81

1. Connotation of Emission Right and the Distinctions of

Related Concepts / 81

    2. The Nature and Tokens of Emission Right / 84

    3. The Classification of Emission Right / 94

Section 3   The Function and Value of Emission Right / 99

Section 4   Brief Summary of the Chapter / 104

Chapter Four   Obtain and Publication of Emission Right / 105

Section 1   Obtain of Emission Right / 106

    1. Method of Obtaining / 106

    2. Principle of Obtaining / 108

    3. Conditions of Obtaining / 126

Section 2   The Publication (Registration) System of the Publication of Emission Right / 132

    1. Survey on the Emission Certificate System in Our Country / 133

    2. The Comparative Law Investigation of Certificate System and the Apocalypse / 135

    3. Recognition and Re-construct of the Features of the Emission Certificate of My Country / 140

    4. Scope, Contents and Effect Applicable to the Registration System / 142

Column 4.1   / 145

    5. The Change, Suspension of the Registration and the Cancellation of the Certificate / 148

    6. Responsibilities of the Registering Authorities / 151

Column 4.2   / 152

Section 3   Brief Summary of This Chapter / 154

Chapter Five Conflicts and Harmony between Emission Right and Various Rights / 156

Section 1 Conflicts and Harmony among Emission Rights / 156

　　1. Conflicts and Harmony among Rights Based on the Same Acquirement Principle / 157

　　2. Conflicts and Harmony among Rights Based on the Different Acquirement Principles / 158

Column 5.1 / 159

Section 2 Conflicts and Harmony among Another Rights as Object of Environment Capacity / 162

　　1. Analysis of Reasons for Conflicts Engenderred / 162

Column 5.2 / 167

　　2. Rules of Harmony in Conflicts / 169

Column 5.3 / 173

Section 3 Conflicts and Harmony among Other Rights / 177

　　1. Analysis of Reasons for Conflicts Engenderred / 177

　　2. System Connection Points for Harmony in Conflicts / 177

Section 4 Brief Summary of This Chapter / 184

Chapter Six Emission Trading / 185

Section 1 Levels Analysis for Emission Trading / 185

　　1. International and Domestic: Two Markets Divided by Trading Region / 186

　　2. First Level and Second Level: Two Levels Divided by Different Trading Nature / 187

Column 6.1 / 188

Section 2 Formation of Legal Analysis for Emission Trading Markets in My Country / 190

    1. Status and Revelation of Emission Trading in USA / **190**

    2. General Development Situation of Emission Trading in My Country / **197**

    3. Meaning of Emssion Trading(Transfer) / **202**

 Column 6.2   / **205**

    4. Contract for Emssion Trading(Transfer) / **206**

 Section 3 Brief Summary of This Chapter / **217**

Chapter Seven Outlook for Ideal Orientation of Future Emission System: Spread Based on Thought of Legislation Theory / **218**

 Section 1 Retrospect on Formation System of Property Rights Structure in Traditional Civil Laws / **219**

    1. Materialization of "Rights" and Embodied Materialization of All "Property" / **219**

    2. Theories Dilemma Faced with Property Rights Structure in Traditional Civil Laws / **221**

 Column 7.1   / **222**

 Section 2 Ideal Orientation of Future Emission System / **225**

 Column 7.2   / **227**

Chapter Eight Summary / **230**

 Section 1 Fundamental Viewpoints of the Book / **230**

 Section 2 Innovation of the Book / **235**

 Section 3 Limitation of the Book / **236**

References / **237**

Postscript / **254**

第一章 引 言

一、研究背景与意义

(一) 研究背景

环境问题是一个非常古老的问题,自从地球上出现人类以来,环境问题便作为与人类社会最为紧密的一类伴生现象长期存在着。为了追求美好的生活,人类自其产生之日起,便谋求以加速度的方式改造自然,上述努力在带给人类温饱和日渐富足的同时,也深刻地改变了我们所寄居的星球。[①] 进入 20 世纪以来,伴随着经济的繁荣和现代聚落社会的发展,人与自然的矛盾显著激化,出现了严重的区域性和全球性问题。这不仅表现为地球上人满为患,资源短缺,生产成本提高,经济发展受阻,还表现为各种突发性环境灾难频繁发生,危害聚落的安全和生产生活。更为可怕的是各种有害物质随着空气、土壤和食物链源源不断地进入人体,日积月累,通过生物富集作用,损害着人类的体质和机能。

---

① Jarid Diamond, *The Worst Mistake in the History of Human Race: West Civilization*, Guilford, Conn.: Dushkin Pub. Group, 1989, pp. 21—29.

鉴于全球环境灾难愈演愈烈,西方世界在20世纪50年代便鸣响了环境问题的警钟。联合国在1972年正式警告人类,"我们只有一个地球",并严正指出"未来人类面临的挑战将主要来自经济和生态环境方面"。据此,部分发达国家及科技界对资源与环境的态度,已从盲目开发利用逐步转变为保育和协调;人们的环境意识已由增长的极限演化为全球变化与可持续发展;环境科学研究的重点,已从专注于理论推演提升为制定行动措施;研究方法也由静态观察发展为动态考量,并从自然过程和人为过程的结合上探讨重大环境问题的时空耦合因素。① 所有这一切使我们认识到,环境安全是人类最基本的安全,保护环境是人类文明的重要内容。

与发达国家相比,我国无论是在生态环境的质量和环境保护的力度上,还是在环境理论的研究和对环境高危状况的认识程度上都存在着明显的差距。这种状况直至20世纪70年代才有所改观。1972年,中国派出政府代表团参加了联合国人类环境会议,受该次会议的影响,我国在1973年8月召开了第一次全国环境保护会议。② 这次会议的一项重要成果是制定了被后人喻为《中华人民共和国环境保护法》雏形的《关于保护和改善环境的若干规定》。③ 也正是由这次会议开始,"环境保护"开始成为我国各级政府的一项基本职能,这最终促成了环境法由理论学科向一个具有实践基础的部门法的转化。

应该承认,改革开放以来,我国的环境法制工作特别是环境立法工作取得了巨大的成就,这在一定程度上减轻了环境灾害的肆虐。④ 但是放眼国内,今天我们看到的却是"沙尘暴"更加频繁地光顾城市;淮河、珠江、松花江

---

① 延军平:《跨世纪全球环境问题及行为对策》,科学出版社1999年版,第1页。
② 蔡守秋:《环境资源法学教程》,武汉大学出版社2000年版,第123—124页。
③ 吕忠梅:《中国环境法的革命》,载韩德培主编:《环境资源法论丛》(第1卷),法律出版社2001年版,第1页。
④ 迄今为止,我国已经制定了环境保护法律24项(其中,环境污染控制法9项,自然资源保护法15项);环境保护行政法规五十余项;环境保护部门规章和规范性文件二百余件;国家环境标准八百余项;批准和签署多边国际条约四十八项;另外,各地人大和政府制定的地方性环境法规和地方政府规章共一千六百余件。国家环境保护总局网站:http://www.zhb.gov.cn/hjyw/200612/t20061213_97292.htm。最后访问时间:2007年10月6日。

三条重要的内水发生全流域的污染;太湖、巢湖、洪泽湖出现大面积富氧化现象;四大领海全部发生赤潮;草场面积萎缩,功能退化;大气污染严重,酸雨区仍在继续扩大。① 上述奇异的景象不能不引起人们的反思,为何在有关环境的法制实践与社会实践之间会存在如此之大的差距呢?笔者认为这与环境法公法化的调整机制同环境问题对私法化解决途径的需求之间存在巨大的隔阂不无关系。② 作为公法,环境法对环境的保护主要是通过对可能危害环境的人采取强制性手段、对可能危害环境的活动适用强行性标准来实现的,可见其着眼点放在了环境之外;而现代经济学研究表明,环境问题之所以会出现,至少在相当程度上是出于人们对环境自身所具有的生态价值与经济价值认识不清,界定不明造成的。因此,解决环境问题,必须首先对环境的价值性给予确认和界定,这显然是环境法所无力完成的。

能够解救环境法于水火的是归属于私法序列的民法物权制度。这种制度具有界定资源权属、保护产权,并调整在资源利用中形成的人际关系的功能。③ 因此,要想实现环境的生态价值,使环境保护在尊重价值规律的基础上完成制度跃升,必须以实现环境生态价值的物权化作为基础。目前我国民法学界对环境资源的生态价值及作为这种价值物质承载者的环境容量的理解几乎还是一片空白,这就更谈不上以科学的生态价值观和法制观为基础,提出符合现代环保需要的制度架构了。法制的现实境遇与环保的实践需求之间存在着巨大的反差,迫切需要我们去探索、去填补。本书正是为回应这种现实需要而作,文中以环境生态价值物权化思维为基础提出的有关排污权的权利界定、属性特征、取得公示、冲突协调及交易规则等制度设计不仅填补了目前国内在该领域的空白,也为求解环境问题提出了较为可行的制度创新。

---

① 冯向东:《略论乡镇企业引起的生态问题与整治对策》,载《生态学杂志》1998年第5期,第8页;杨明华:《中国西南地区的生态危机》,载《生态学杂志》1991年第6期,第10页。
② 当然作出这一结论并不意味着对环境执法和司法的低效率及在上述过程中可能发生的寻租行为的回避。
③ 高德步:《产权与增长:论法律制度的效率》,中国人民大学出版社1999年版,第112页。

(二) 题解

本书论题《排污权:一种基于私法语境下的解读》中的核心词汇是"排污权"(emission right)。准确地说,这个概念并不是民法学术语。按照民法学通常的语意规则,以某种资源为客体,并在尊重其所有权的基础上,设立以占有、使用或收益为内容的用益物权时,新设立的权利通常被命名为××使用权。如以特定土地资源为客体设立的以对土地享有占有、使用、收益为内容的用益物权称为土地资源使用权,简称为土地使用权。[1] 依此原理,本书所称的排污权系以环境容量为客体,并以对环境容量的使用、收益为内容的物权形态,其本应称为环境容量使用权,简称为环境使用权。我们之所以没有采用这一概念,并非因为此种命名方式不合理,而是为了尊重既定的实践习惯。排污权这个概念最早出现于20世纪60年代的美国,后逐渐发展成为一项基本的环境经济性制度。[2] 自20世纪80年代排污权交易制度在美国确立以来,这种提法已被包括我国在内的世界各国的环保机构、经济学家和法学家所普遍接受,成为了一个专有名词。因此,为尊重这一具有较为久远历史的习惯用法,并便利对其他资料的介绍和评价,本书在援引"环境容量使用权"这一概念时,仍将沿用"排污权"的传统称谓。同理,在援引"环境容量使用权转让"或"环境容量使用权让与"概念时,亦将沿用"排污权交易"的传统称谓。

(三) 选题意义

1. 环境问题是21世纪人类面临的主要社会问题之一。如果说政治、经济问题的影响力有时还可能仅局限于一个或几个国家、几个地区的话,那么基于对地球生态系统的自身特点和循环规律的认识,我们可以得出环境问题从来都是,而且愈发会成为一个世界性问题的结论。[3] 这就是说在21

---

[1] 王利明:《中国物权法草案建议稿及说明》,中国法制出版社2001年版,第63页。
[2] 吕忠梅:《论环境使用权交易制度》,载《政法论坛》2000年第4期,第127页。
[3] 王树恩:《人类与环境》,天津大学出版社2002年版,第198—202页。

世纪,民族国家的环境安全将与经济安全和国防安全一样,成为关涉各国战略决策的核心要素之一。探索解决环境问题的道路和合理途径,已成为自然科学家、社会科学家、环保人士,甚至每一个生活在地球村的人都会关注、关心和关怀的课题。尽管本书对环境容量的物权化及其交易制度的研究主要局限于民商法的领域,但相信通过将本书理论成果转化为排污权设立和交易的法律实践,会对形成以市场机制为核心的环境污染控制与自然资源更新模式发挥建设性的作用,从而为环境问题的解决增添一份助力!

2. 排污权及其交易制度的远期社会功能不容小视。这项制度一旦确立,直接后果就是将长期沉睡的具有财产权属性的环境容量资源所有权一次性盘活,这将极大地增加我国的社会财富和社会主义现代化建设的物质基础。作为一种准物权,排污权的设立为环境容量由资源形态转化成为价值形态提供了制度工具和法律可能。它使得环境容量能够以价值规律和供求关系为据,实现合理配置和高效运行,从而彻底地解决了环境问题产生的经济根源——外部不经济性。环境容量消耗内化于企业成本效益关系的直接结果,就是使高技术、低污染企业以前被平摊的成本优势显现出来,从而在与低技术、重污染企业的竞争中取得绝对的优越地位,完成市场主体的优胜劣汰和产业结构的调整。

在更宏观的层次上,排污权及其交易制度的确立和实施,将重新整合国民经济的核算体系,使建立在对环境代价正确认知基础之上的 GDP 数值能够反映出国民经济的实际运行质量。① 同理,这项制度的产生,使建立环境容量的区域补偿机制成为可能,这就为扭转发达地区透支环境容量而欠发达地区为其背负环境债务的不公平现象提供了制度保障。② 无疑,此点对缩小我国东、中、西部的经济发展差距,促进科学发展观的践行具有重大的现实意义。

3. 为探索《联合国气候变化框架公约》及其《京都议定书》的履约机制

---

① 戴星翼:《走向绿色的发展》,复旦大学出版社 1998 年版,第 165—170 页。
② 参见厉以宁、章铮:《环境经济学》,中国计划出版社 1995 年版,第 18—22 页;〔德〕霍斯特·西伯特:《环境经济学》,蒋敏元译,中国林业出版社 2002 年版,第 72—76 页。

作出贡献。尽管《公约》及其《议定书》在 1992 年和 1997 年就得以分别通过,但《议定书》却于 2005 年 2 月 16 日才获生效。包括发达国家在内的世界各国对《公约》及其《议定书》的履约机制都缺乏实践经验。这在相当程度上阻碍了清洁发展机制等以环境容量用益为内容的环保机制的推广。本书在立足于我国排污权交易实践的基础上,以理论研究为出发点,全面探讨环境容量的交易规则及其建构规律,这对于探索《公约》及其《议定书》的履约机制也具有重要的实践意义。

4. 采用以私法(准物权理论)为基点,以环境法和环境科学为补充的方式观察和分析环境问题,并最终落实到法律体系和制度的更新与完善上是本书的一大特点,这就使本书的研究和完成不仅对于缓解我国所面临的日益严峻的环境压力具有现实意义,还将对促进我国的民事立法进程、完善民事权利体系及民法准物权制度的构建发挥积极的作用。

二、国内外研究的现状

本书的题目是"排污权:一种基于私法语境下的解读",这就决定了本书将以探讨在我国的社会条件和法律环境下,排污权制度的构建和交易(移转)规则为中心。按照通常的法律逻辑,本书的证明路径应是:"为什么要确立排污权"、"什么是排污权"、"怎样确立排污权及其制度体系"、"排污权交易(移转)中需注意哪些法律问题"。为此,笔者认为至少如下问题应成为本书的考察点,即作为确立排污权理论根据的"外部性及其相关学说"、作为确立排污权科学前提的"有关环境容量与排污权的基本认识"、作为确立排污权交易制度实践基础的"排污权交易的研究现况与实践活动"以及关涉排污权未来走向的"无形财产权理论与启示"。

(一) 外部性及其相关理论

环境问题产生的原因是复杂的,但绝大多数经济学家都公认环境资源所具有的外部性是导致人们对环境保护缺乏自主性的核心要素之一。作为福利经济学的早期成果,外部性概念由剑桥大学的马歇尔(Marshall)和庇古(Pigou)在20世纪初首先提出①,因此有关这一问题的研究成果,也多见于国外学者的著述中。所谓外部性(externalities),也称外在效应或溢出效应,是指一个人或一个企业的活动对其他人或其他企业的外部影响。传统经济学认为,产生污染的一个重要原因是由于存在着外部性。由于外部性的作用,使得资源得不到最优利用,并会对环境造成损害。与外部性的概念相对应,环境外部不经济性是指生产者和消费者抛弃到环境资源(水、空气和土壤等)中的超过环境容纳能力的废弃物在给环境资源造成危害的同时又通过受到污染的环境资源对其他生产者和消费者的福利产生了危害,且这种危害尚没有从货币或市场交易中反映出来。②

在如何解决环境的外部性问题上,国外学者大体形成了两种截然不同的理论。其一,是以英国著名福利经济学家庇古为代表的庇古税理论(Pigou tax)。庇古认为要想克服环境的外部性,实现环境外部不经济性的内部化,应建构起相应的制度框架,将外部性作为负价格加以制度化。通过对污染者征税,用税收来弥补私人成本和社会成本之间的差距。后来,采用这种制度的国家便将其环境税命名为"庇古税"。

其二,是以科斯(Coase)为代表的环境产权理论(environment property)。科斯认为,从根本上说外部性是因为产权界定不明确或界定不恰当造成的,所以,不一定要通过税收、补贴或管制等方法消除社会成本或收益与私人成本或收益之间的差异,只要能界定并保护产权,随后产生的市场交易就能使资源的配置达到最优化。将产权与外部性相联系,对于理解外部性起源是重大的突破。此后的西方经济学界研究多以此为基础,认为是"公共财富"的存在造成了社会成本的产生。例如,本(Ben)和尼克斯(Nix)便主张外部

---

① 戴星翼:《走向绿色的发展》,复旦大学出版社1998年版,第65页。
② See Cabe, R. and J. Herrige, "The Regulation of Nonpoint Sources of Pollution Under Imperfect and Asymmetric Information", *Journal of Environmental Economics and Management*, Vol. 22, 1992, pp. 134—146.

性的发生是因为公共财富出于制度上或技术上的原因,使其价值属性无法有效实现的结果。① 在这一认识的启发下,后来学者提出可以通过为作为公共财富的环境产权寻找市场化实现方式的方法来解决困扰人类多时的环境外部不经济性问题。② 本书对环境资源公共物品属性的认识和破解方案即建立在该学说的基础之上。

(二)对环境容量与排污权的基本认识

环境容量(environment capacity)并不是一个法律术语,而是环境科学的固有称谓。一般认为环境容量的概念首先是由日本学者提出来的。③ 20世纪60年代末,日本为了改善水和大气环境质量状况,提出污染物排放总量

---

① See Bohm, P. and Kneece A., *The Economics of Environment*, London: Macmiliam Press Ltd., 1974, p.16.

② 在对待外部性内部化的问题上,有学者认为应将美国著名管理学和公共选择学家埃莉诺·奥斯特罗姆女士近来提出的以"公共池塘水资源分配"为模型的"公共事物治理理论"作为区别于前述两种学说的第三种解决路径来看待。奥斯特罗姆认为在限定区域范围内,建立在资源使用人团体组织基础上的内部协商机制是最为可取的方式,而其根据则缘于一种被称之为治道变革的理论。

通说认为在人类近代思想史上,该理论的鼻祖可以追溯至17世纪的托马斯·霍布斯。此后涌现出的多位经济学或政治学学者如亚当·斯密、约翰·洛克、让·雅克·卢梭的公民控制或民主控制思想中也均多少包含有治道变革的思想火花。在当今世界对政府治道变革与公共事物治理最有发言权的学者当推现任美国印第安纳大学阿瑟·F.本特利政治科学讲座教授,曾任美国政治学会主席和公共选择学会会长的埃莉诺·奥斯特罗姆女士。在她的一生中,有关治道变革与公共事物治理的著作甚丰。其中出版于1990年的《公共事物的治理之道:集体行动制度的演进》和出版于1993年的《制度激励与可持续发展:基础设施政策透视》被认为是该领域中的传世之作。在书中,奥斯特罗姆教授概括道:自19世纪70年代末以来,世界各国政府陆续开始了现代意义上的治道变革实践。从大的方面来说,这一变革包括政府职能的市场化、政府行为的法治化、政府决策的民主化与政府权力的多中心化。其中,政府职能市场化的进程又是一个对政府在公共资源供给与生产过程中,究竟应当扮演何种角色进行不断的设计、度量和再平衡的过程。通过分析,她最终指出政府职能市场化的最大意义在于协调集权治理与市场机制的关系,作到趋利避害。尽管治道变革理论主要以管理学和公共选择学中的问题作为研究对象,但奥斯特罗姆教授提出的限定领域内公共资源分配的契约化理念与模型设计,则为排污权交易制度的具体构建提供了新的理论佐证。本书将在"排污权制度生成机理的宏观检视"一章中对该理论与前述两种主流观点的异同作出详细评介。参见〔美〕埃莉诺·奥斯特罗姆:《制度激励与可持续发展》,任睿等译,上海三联书店2000年版,第1—3页;Elinor Ostrom, Governing the Commons: The Evolution of Institutions for Collective Action, New York: Cambridge University Press, 1990, pp.19—28; Elinor Ostrom, Institutional Incentives and Sustainable Development: Infrastructure Polices in Perspective, with Larry Schroeder and Susan Wynne, Boulder: Westview Press, 1993, pp.1—8; See http://www.indiana.edu/workshop/people/Elinor-Ostrom.html.

③ 参见〔日〕阿部泰隆、淡路刚久:《环境法》(日文版),日本有斐阁1995年版,第53—67页。

控制的问题。① 即把一定区域的大气或水体中的污染物总量控制在一定的允许限度内。这个"一定限度"就是以日本学者1968年提出的环境容量为依据的。之后,日本环境厅委托日本卫生工学小组提出的《1975年环境容量计量化调查研究报告》,使环境容量的应用逐渐推广,并成为污染物治理的理论基础。② 欧美国家的学者较少使用环境容量这一术语③,而是用同化容量、最大容许排污量和水体容许污染水平等概念。④ 经过多年的研究和总结,目前国内外通常将环境容量的概念理解为"在人类生存和自然生态不致受害的前提下,某一环境所能容纳的污染物的最大负荷量"⑤。

自20世纪80年代以来,我国的自然科学工作者在环境容量研究方面也取得了多项重要的成果。例如,我国科学家提出了与我国环境系统相适应的环境容量确定方法⑥,基本原理为:某一特定地域、特定环境要素对某种污染物质的绝对容量为:特定环境要素的体积乘以每立方米该污染物的极限密度。某一特定地域、特定环境要素对某种污染物质的可利用容量为:特定环境要素的体积乘以(每立方米污染物的极限密度减去每立方米环境要素自含污染物的平均密度之差)。这项工作的完成,标志着我国已完全掌握了自主监测环境容量的核心技术,具有对国内任意地域目录内环境要素环境容量的确定能力。

本书拟确立的排污权是一种以对环境容量进行使用和收益为内容的财

---

① 〔日〕牛山积:《现代的公害法》(日文版),日本劲草书房1976年版,第80—90页。
② 参见周密:《环境容量》,东北师范大学出版社1987年版,第8—10页。
③ 〔日〕大塚直:《环境政策的新手法》(日文版),载《法学教室》2002年1月第256号,第98页。
④ 欧美学者对环境容量研究的最大贡献就是探寻出了环境容量得以产生的机理。他们将环境自净概括为物理自净、化学自净和生物自净等三种不同的过程。环境的物理自净有稀释、扩散等。这种自净能力主要取决于环境的物理条件和污染物本身的物理性质。环境自净的化学反应有氧化、还原、凝聚、络合等。影响化学净化的环境因素有酸碱度、氧化还原电势等。生物净化主要是利用生物的吸收,降解作用使环境污染物的浓度和毒性降低或消失。同生物净化有关的因素主要有生物的科属,环境的水热条件和供氧状况等。参见李天杰:《土壤环境学》,高等教育出版社1996年版,第61—64页;曲格平:《环境科学基础知识》,中国环境科学出版社1984年版,第39—41页;张永良、刘培哲:《水环境容量综合手册》,清华大学出版社1991年版,第138—139页。
⑤ 参见曲格平:《环境科学基础知识》,中国环境科学出版社1984年版,第41页。
⑥ 参见方子云:《水资源保护工作手册》,河海大学出版社1988年版,第275—277页。

产权,目前世界上只有美国以法律的形式正式确认了这种权利①,但由于美国财产法有关财产的界定及其制度体系与我国存在着较大的差异,加之其确认排污权的目的并不在于以此为基础型构具体的权利结构,而是为了完成实务层面的排污权交易,因此,美国财产法的相关规定很难被我国立法直接借鉴。② 尽管我国已有部分地区开展了排污权交易的实践,但作为一种权利形态的排污权尚未获得立法上的承认。在理论研究方面,目前仅有中南财经政法大学的吕忠梅教授和笔者从物权角度对排污权进行过探讨。吕教授在其论文《论环境使用权交易制度》中,对排污权(环境使用权)的确立、本质及其交易制度作了初步研究,提出了"环境使用权"(environment usufruct)这个概念。③ 除此之外,未见国内其他学者从民法角度阐释排污权的理论成果。鉴于学者们通常认为依公法创设的自然资源使用权在法域归属上应属于准物权的范畴,因此,本书有必要对我国有关准物权的理论作一简单考察。

就现时情况而言,我国有关准物权的理论成果亦不算丰富。学者们一般认为,所谓准物权,也称类物权或特许物权,是指经过行政特别许可而开发、利用自然资源的权利。④ 由于它是基于开发、利用土地之外的自然资源而享有的权利,故也有学者将其命名为"自然资源物权"(natural resources

---

① 美国财产法对排污权的确认不是通过直接方式实现的。在美国,财产权的标的可分为动产(personal property)和不动产(real property)。其中动产指土地房屋以外的任何财产,包括有形动产(tangible personal property)和无形动产(intangible personal property)。由于美国法已赋予排污权(排放减少信用)以金融衍生工具的地位,并允许其以有价证券的方式在银行存储,因此遵照英美法将银行账号、有价证券、人寿保险等非实物动产定性为无形动产财产权的成例,我们可以得出其已间接确认排污权是一种独立财产权的结论。参见李进之等:《美国财产法》,法律出版社1999年版,第14页;马新彦:《美国财产法与判例研究》,法律出版社2001年版,第1页;Raiph E. Boyer and Herbert Hovenkamp, *The Law of Property*, 4th ed., St. Paul, Minn.: West Publishing Co., 1991, p.4.

② 参见李进之等:《美国财产法》,法律出版社1999年版,第1—2页。

③ 参见吕忠梅:《论环境使用权交易制度》,载《政法论坛》2000年第4期,第127页;邓海峰:《环境容量的准物权化及其权利构成》,载《中国法学》2005年第4期,第59—66页;邓海峰:《排污权与不同权属之间的冲突和协调》,载《清华法学》2007年第3期,第118—129页;邓海峰、罗丽:《排污权制度论纲》,载《法律科学》2007年第6期,第76—83页。

④ 崔建远教授认为所谓准物权不是属性相同的单一权利的称谓,而是一组性质有别的权利的总称。通常它由矿业权、水权、渔业权和狩猎权等组成。参见崔建远:《准物权研究》,法律出版社2003年版,第20页。

property)。① 为说明准物权的特殊性，有学者对其与不动产物权进行了比较，准物权与不动产物权相比更侧重于对土地上附属资源的利用而非对土地本身的利用；在权利行使上，它并不表现为长期对土地实施实际占有行动，而是表现为在土地上进行有目的的、可间断的摄取、开发和检测行为；在权利效力上，它并不具有绝对的排他性，法律可以同时允许相同种类的特许物权存在于同一自然资源上。这正是准物权制度突破传统物权法中"一物一权原则"之处；在权利的取得上，它需以公权力机关的特许为前提；在权利设立的目的上，它并不注重对自然资源归属的界定，而是把注意力集中在对已确定归属之后的资源的价值开发和利用上。②

除在宏观上对准物权问题的研究以外，有学者还对具体准物权类型的设置和构建进行了探讨。在各种权利类型中探讨较多的是矿业权，这可能是由于矿业资源具有较高的经济价值和社会意义，且其较为久远的开发历史为人们认识这项权利的本质创造了条件。③ 在矿业权之外引起学者浓厚兴趣的是水权。在这方面，有三位学者的研究成果殊值评介。他们分别是清华大学法学院的崔建远教授、中南财经政法大学的裴丽萍教授和武汉大学环境法所的蔡守秋教授。前两位学者主要是从民法的视角，探讨水权的准物权化问题，其中崔建远教授还论及了水市场及水权转让中的理论问题。后者主要是从环境法和水资源经济与水行政管理的角度对这一问题进行了有益的梳理。④

从我国目前的立法情况来看，完备的准物权法律框架并没有确立，但核

---

① 参见梅夏英：《特许物权的性质及立法模式选择》，http://www.civillaw.com.cn/2002/12/23,第1页。
② 同上，第1—2页。
③ 江平：《中国矿业权法律制度研究》，中国政法大学出版社1991年版，第2页。
④ 崔建远：《水权与民法理论及物权法典的制定》，载《法学研究》2002年第3期，第37—62页；崔建远：《水权转让的法律分析》，载《清华大学学报》（哲社版）2002年第5期，第40—50页；裴丽萍：《水权制度初论》，载《中国法学》2001年第2期，第90—99页；裴丽萍：《水资源市场配置法律制度研究》，载韩德培主编：《环境资源法论丛》（第1卷），法律出版社2001年版，第121—155页；蔡守秋：《论水权体系和水市场》，载《中国法学》2001年增刊，第35—42页；蔡守秋：《论水权转让的范围和条件》，载《城市环境》2002年第1期，第26—30页。

心的准物权类型基本已上升到立法调整的阶段。当前,可以归入准物权体系中的权利类型主要有采矿权、探矿权、林业权、水权(亦有主张仅为取水权)、狩猎权、渔业权(亦有主张为养殖权和捕捞权)。在物权法典起草过程中,对是否规定准物权存在较大争议。梁慧星教授主持的方案中,没有将准物权纳入物权法典①;王利明教授主持的方案则将准物权作为独立的一节规定在用益物权中,并使用了"特许物权"的称谓。② 全国人大法工委的物权法草案和民法典草案均在用益物权部分规定了采矿权、渔业权等准物权类型,差别是民法典草案中规定的类型较先前的物权法草案为少。2007 年 3 月,全国人大通过的《物权法》法案案文则基本延续了法工委的版本。③

准物权制度在大陆法系其他国家的境遇也较不确定,在综合性的民法典中尚未有从宏观上对其予以明确界定的先例。通常各国和地区多采用对具体权利类型单行立法的方式对准物权法律关系进行调整。如德国各州都有《水法》,联邦制定有《森林法》、《狩猎法》④,日本和我国台湾地区也有《水法》和《水利法》等。

上述考察有两点启示值得注意:首先,作为一种尚未十分成熟的权利类型,准物权制度还有相当多的理论问题需要明确,因此要用开放和发展的眼光看待这一制度,勿为现有理论框架所束缚;其次,由于大陆法系各国尚未将排污权法定化,因此本书对排污权制度的分析和探讨将在很大程度上以法律对其他准物权类型的规定为基础和样板。

(三)排污权交易的理论与实践

国内目前有关排污权交易的科研成果不少,其中多数以论文的形式出现。较有影响的包括《污染权交易立法构想》(作者张梓太,载《中国法学》1998 年第 3 期)、《环境使用权交易制度》(作者吕忠梅,载《政法论坛》2000

---

① 梁慧星:《中国物权法草案建议稿》,社会科学文献出版社 2000 年版,第 212 页。
② 王利明:《中国物权法草案建议稿及说明》,中国法制出版社 2001 年版,第 413—417 页。
③ 参见《中华人民共和国物权法》第 122 条、第 123 条。
④ 孙宪忠:《德国当代物权法》,法律出版社 1997 年版,第 35—37 页。

年第 4 期),《论排污权交易的法律问题》(作者蔡守秋,载《2002 年环境资源法学年会论文集》),《排污权交易简论》(作者罗吉,载《城市环境》1993 年第 3 期)以及笔者所著《环境容量的准物权化及其权利构成》(载《中国法学》2005 年第 4 期)。学者们探讨排污权交易问题多采用两种模式:一是以美国法为参照进行中美制度现状及未来构想的比较法研究;再就是从环境经济学和环境政策学的角度建构排污权交易的数理模型,这与本书的视角存在一定的差异。

国外在该领域较有影响的著作当推著名环境经济学家泰坦博格(Tietenberg)先生出版于 1996 年的《排污权交易——污染控制政策的改革》(*Emissions Trading: An Exercise in Reforming Pollution Policy*)。该书对排污权交易进行了全面细致的论述,内容涵盖排污权交易的费用效果分析、创建排污权交易市场具体问题的解决方案以及排放的监测与实施,颇具参考价值。国外关于排污权交易方面的研究文献很多,例如,该领域著名的期刊《环境经济学和管理杂志》(*Journal of Environmental Economics and Management*)刊登了大量的关于排污权交易方面的文章,其研究内容都很具体和深入。[1] 但由于现有的排污权及其交易制度的探讨多集中在经济学和管理学领域,几乎没有从私法角度研讨这一问题的成果,加之目前大陆法系国家也没有将此种权属纳入立法的先例,所以,本书在资料搜集和比较研究方面仍面临较大的困难。

排污权交易的思想和制度构建均来自于美国。[2] 在 20 世纪 60 年代末,戴尔斯(Dales)首先提出了将满足环境标准的允许污染物排放量作为许可份额,准予排污者之间的相互有偿交易。[3] 70 年代初,蒙哥马利(Montgomery)

---

[1] 当然,也有外国学者从环境执法的限制要素等角度对排污权交易的前景提出了质疑。See Daniel H. Cole. Polltuion and Property: *Comparing Ownership Institutions for Environmental Protection*, New York: Cambridge University Press, 2002, pp.70—72.

[2] 〔日〕大塚直:《环境政策的新手法》(日文版),载《法学教室》2002 年 1 月第 256 号,第 98 页。

[3] See. Dales, "Land, Water and Ownership", *Canadian Journal of Economic*, Vol.1, (1968), pp.791—804.

率先应用数理经济学方法,严谨地证明了排污许可交易体系具有污染控制的成本效率,即实现污染控制目标最低成本的特征。① 这一体系后来为政府环境决策机构所采用,这即是最初的"泡泡政策"。泡泡政策自产生之日起便一直被认为是一项法律化的经济手段,为适应不断变化的环保需要,它自身也经历了由单项制度到综合性制度的发展过程。

1986年11月18日,美国政府签发了国家环保局《排污交易政策总结报告书》,并于1986年12月4日正式颁布。这份报告全面阐述了排污交易政策及一般原则,并取代了1979年颁发的"泡泡政策",成为美国国家环保局在《清洁空气法》下指导各个已被认定的"泡泡"削减污染物的主要依据。② 该制度由四个部分组成,它们是泡泡、总量控制、排污补偿和排污削减使用的银行贮存。排污交易制度最初仅在空气污染控制方面适用,后来从钢铁行业建立"水泡"开始,逐渐推广至水污染控制领域和其他领域。90年代,美国在对《清洁空气法》、《清洁水法》的修改中,都确立了这一制度。其他一些国家也不同程度地接受了这一制度,甚至发展成为世界范围内的一项交易政策。③

据不完全统计,自20世纪80年代中期以来,中国至少在10个城市进行过排污权交易的试验,涉及的污染物包括大气污染、水污染物以及生产配额,并建立了包括排污权交易内容的部门规章和地方法规。按照交易的性质,国内的实践活动可以分为两类,即排污补偿和排污权交易。补偿是初级的交易,它的范围与公开程度都低于交易。排污补偿又分为两种:企业内部的排污补偿和新改扩企业与城市低矮面源之间的排污补偿。④ 所谓企业内部的排污补偿是指同一企业运用淘汰排污量大的老旧设备的模式,大规模上马排污量小的新设备,同时保持原有排污总量不变的方式。而新改扩企

---

① See Luken and Fraas, "The US Regulatory Analysis Framework: A Review", *Oxford Review of Economic Policy*, Vol.9-4, (1993), pp.96—106.

② 〔日〕大塚直:《排污权制度的新展开》(日文版),载《法学家》2000年2月1日第1171期,第81页。

③ 参见吕忠梅:《论环境使用权交易制度》,载《政法论坛》2000年第4期,第127页。

④ 在城市化进程中,"低矮面源"通常指建筑年代久远而又污染严重的准工业区和棚户区。

业与城市低矮面源之间的排污补偿是指由环保主管部门与新建或扩建企业协商出资消除原有的低矮面源之间的污染源,同时,将消除污染源相对应的排污权颁发给新建或改建企业。目前国内平顶山市、太原市、开远市、天津市、本溪市均已开展这种排污补偿的试点工作。近来,为控制大气污染物排放,广东省与香港特别行政区也开始了有关大气二氧化硫排污权的交易试点。① 本书所要探讨的排污权交易是指不同企业之间的交易,不包括企业内部的交易。目前我国对这种交易形式也开展了卓有成效的试点工作,其中尤以上海市和江浙等省的实践最为典型。② 这些鲜活的实例将成为本书的实践基础。

(四)无形财产权理论与启示

作为本书研究对象的环境容量要想成为一种可以交易的商品,客观上需要用法律的形式对其所蕴含的财产利益予以确认,并由法律为其创设可据以流转的权利载体。因此,有必要对在其权利化和体系化过程中占据重要位置的无形财产权(intangible property right)理论进行考察。

在大陆法系的财产权体系中,无形财产常被纳入物权和债权领域,作为一个特殊问题对待,结果是使无形财产只能局限于有限的理论空间,并常常与传统理论相抵触。这种尴尬的境遇不仅严重地阻碍着需以无形财产制度作为理论基础的司法实践的开展,而且也引发了学者们重新审视固有的物权理论并藉此重塑大陆法系的财产权框架的冲动和决心。

"无形财产"渊源于古代罗马法,绵延至今,作为一个尚未被严格定义的法律概念,在不同的法制环境下形成了三种差异甚大的内涵③:其一,无形财

---

① 参见北京青年报网站,http://bjyouth.ynet.com/article.jsp?oid=11310432,最后访问日期:2006年8月1日。
② 参见黄洪亮:《环境管理走向市场经济的可喜尝试》,载《中国人口·资源与环境》1994年第3期,第71页;王金南:《市场经济与工业污染防治》,中国环境科学出版社1996年版,第198—199页。
③ 参见马俊驹、梅夏英:《无形财产的理论和立法问题》,载《中国法学》2001年第2期,第102—103页;马俊驹、梅夏英:《财产权制度的历史评析和现实思考》,载《中国社会科学》1999年第1期,第90—95页。

产指不具备一定形状,但占有一定空间或能为人们所支配的物。这主要是基于物理学上的物质存在形式而言。其二,无形财产特指知识产权(intellectual property),这主要是基于知识产品的非物质性而作出的界定。另外,通常基于知识产品的无形性,在习惯上学术界将知识产品本身也视为"无形物"或"无形财产"。如德国在不承认传统的"无形物"前提下,将知识产品从客体角度视为"狭义的无体物"①。其三,无形财产沿袭罗马法的定义和模式,将有形物的所有权之外的任何权利称为"无形财产",知识产权仅是其中一种"无形财产"。

对上述三种概念究竟应如何采信,学界历来存有较大争议。近来,随着理论研究的深入,学者们从财产权体系建构的角度开始倾向于第三种概括。有学者指出,早期无形物的出现实际上是法学理论中所有权思维模式和物化思维模式的共同产物。自罗马法创造"物"和"所有权"概念以来,有形物便是衡量财富多寡的唯一标准,而其他财产权利(如债权)则因其无形而很难为人们更好地理解。为使人们能更真切地感受到他们对权利的拥有,基于思维习惯的作用,法学家们开始在观念上将权利物化。将权利拟制为物,权利的移转便如物的交付一样形象生动,易于理解。由此可见,通过实在物来把握权利的概念与法律发展早期人们的实体化思维有关。但在法制大昌的今天,如再要人为地去将权利拟制为物,而不恢复其本来面目,就实在难觅充分的理由了。事实上,将无形财产置于物的地位已受到学者的强烈批评,法国学者佛鲁尔(J. Flour)和罗倍尔(J. Aubert)指出:"物和权利具有完全不同的性质,将之放在同一范畴里进行论述是毫无道理的。从逻辑上看,不应将物视为财产,因为具有经济价值的是物所包含的'财富'而非物自身,物仅仅是权利的标的。无任何人享有权利的物根本就不是财产。"②因此,从某种意义上说,一切财产都是无形的,这主要是因为我们在表述物成为财产的时候,实际上是在表述"物的所有权"是一种财产。无形财产作为一种

---

① 参见孙宪忠:《德国当代物权法》,法律出版社1997年版,第3页。
② 尹田:《法国物权法》,法律出版社1998年版,第55页。

独立的权利,与所有权具有相同的性质和地位。所以,"享有物的所有权"和"享有某种权利"属于同一层次的表述,无形财产与所有权本都是权利人拥有的权利利益①,抛开权利的内容而仅就权利的外观而言,两者没有本质区别。因此,将无形财产确认为除有形物所有权以外的其他权利的定义模式是具有可采性的。据此,作为本书研讨对象的环境容量与基于环境容量而形成的排污权便可基于立法论的立场获得在民事财产法中的应有定位。其中,环境容量应作为无形物来看待,而排污权则应属于一种无形财产权。

明晰无形财产概念与性质的又一重要意义在于可以据此归纳出无形财产所具有的制度调整功能,对此,有学者就曾指出:目前,大陆法系的财产权二元划分体系已很难覆盖形式各异的无形财产,虽然学术界在传统理论基础上尽量予以变通解释,但无形财产日益朝向独立性和分散性发展的总趋势最终仍是不可避免的。因此,在民法理论和立法上有必要正视无形财产的自身特点和独立性,建立适应当代财产权制度实际状况的财产权体系。②而无形财产理论的提炼与丰盈对上述体系的早日形成显然具有推动作用。本书在探讨未来排污权的理想化定位时,将主要以上述认识为据展开论证。

三、研究范围与研究方法

(一) 对研究范围的说明

环境容量是一种既具有经济价值,又具有生态价值的极为宝贵的稀缺性自然资源,对人类社会具有基础性的地位和作用。环境容量的这种特殊性使采用体系化的方法对其进行法律调整显得十分必要。③ 本着立法技术

---

① 马俊驹、梅夏英:《无形财产的理论和立法问题》,载《中国法学》2001 年第 2 期,第 106—109 页。
② 同上注,第 105 页。
③ 这里所说的体系化是指以环境容量保护、管理和开发利用的法律关系为对象,运用多种法律调整手段对其施以综合性的规制。

和法律逻辑的需要,我们认为在理想状态下调整环境容量的法律规范体系大体上应由三部分构成,分别是调整环境容量的民事法律制度、环境法律制度和行政法律制度。①

应当指出,就整个法律体系而言,这三者的地位是同样重要的,正是由于有上述三个法律部门的协作和配合,才会有环境容量使用、收益的便捷和高效。② 但这只是事物的一个方面,当我们变换观察的角度,着重考察它们在现实法律关系中的调整作用时,情况就会发生变化。由于三者的特点大不相同,因而它们在环境容量用益关系的法律调整中所发挥的作用也各不相同。我认为在这三者中,发挥基础性作用的是民事法律制度。因为民事法律制度调整平等主体的环境容量用益关系,规定民事主体对环境容量的权利及其转让(交易)。在实现个人利益最大化的同时,它使短缺的环境容量得到合理的配置,从而使环境容量的经济效益和生态效益得到充分的发挥。若没有民法进行调整,环境容量的权属关系就无从确定。而权属关系的模糊将直接成为权利移转的制度障碍。③ 这一前置障碍的存在使作为稀缺资源的环境容量无法纳入市场配置的轨道④,这对社会经济的影响显然是负面的。此外,即使"环境容量权属关系不明"这一障碍可以克服,但环境容量用益关系据以发生的制度载体同样还是需由民法来构建。因此,对于环境容量用益关系而言,民事法律调整将是不可或缺的。基于上述认识,本书将选取以研究排污权制度建构中的民事法律问题为基点,以解决相关的环境、行政法律问题为目标的行文主线。这也就是笔者在书名中将本书的研

---

① 王清军:《论水资源法律体系及完善》,提交给"2001 年环境资源法学国际研讨会"的论文,福州大学 2001 年 11 月,第 752—755 页。

② 例如,正是由于《中华人民共和国行政许可法》第 9 条对行政许可的转让问题作出了"依法取得的行政许可,除法律、法规规定依照法定条件和程序可以转让的外,不得转让"这样一种兼具原则性与灵活性的规定,才使得本书所探讨的排污权(许可证)转让问题的法律障碍得以突破,使在我国建构排污权交易市场的设想能够成为可能。

③ Richard A. Posner: *Economic Analysis of Law*, 6th ed., CITIC Publishing House: Aspen Publishers, Inc., 2003, pp. 75—80.

④ 〔美〕理查德·布隆克:《质疑自由市场经济》,林季红译,江苏人民出版社 2000 年版,第 85 页。

究范围明确为"一种基于私法语境下的解读"的原因。

(二) 研究方法

本书的论题聚焦于私法视域中的排污权,论题的定位在大体勾勒出本书内容的同时,也为本书论证和释疑带来了相当的难度。为此,本书在论证的过程中,采用了如下的研究方法。

1. 演绎与归纳相结合的研究方法

本书在整体理论框架的推演论证上,采用了演绎的方法,即从一般到特殊,本书通过第二章的分析,概括出了排污权确立的理论基础和实践根据。作为贯穿全文的主线,上述原理和规律在随后的各章中得到了充分的尊重和体现。而在对上述原理和规律进行探寻的过程中,则采用了归纳的方法,如对环境问题产生原因的多视域分析。因此,在行文顺序上本书是通过先归纳后演绎的方法完成对理论结论的阐释的。

2. 系统分析的研究方法

所谓"系统",是指同类事物按一定的关系组成的整体①;而所谓"法律制度",是指调整某一类社会关系或社会关系某一方面的法律规范的总称,一种法律制度可能包括几个法律部门。② 因此,当我们将"排污权"作为核心来研究环境容量的用益关系问题时,实际上环顾于其左右的各种法律制度便已经构成了一个相对独立的法律系统。为尊重这一既定的制度体系,本书在行文中运用了系统分析的方法来全面解读围绕核心论题而生的各种外围论题。如在构建排污权的制度框架时,便将与论题相关的权利分类、取得、登记、效力、移转等规定物化为一个法律系统来看待,这对最终形成统一的认识起到了积极的促进作用。

3. 比较分析的研究方法

"他山之石可以攻玉",适当的借鉴和吸收国外法制的优秀成果,是提高

---

① 《现代汉语词典》,商务印书馆 2002 年版,第 1352 页。
② 《法学词典》,上海辞书出版社 1989 年版,第 670 页。

我国立法质量和法学研究水平的重要途径。因此,本书在尊重我国实际并确保研究对象具有同一性的基础上,采用比较分析的研究方法来解决排污权建构过程中的现实问题。如在介绍排污权交易时,便引入了对美国等先进国家实际情况的介绍和比较分析。

4. 实证分析、案例分析的研究方法

"理论总是灰色的,而实践之树常青",因此采用实证分析和案例分析的方法会使论证更加严谨,增强论证的事实依据和说服力。同时,运用实证分析和案例分析的方法还可以做到以点带面,清晰直观,有利于提高论证的效率,改善论文的语体结构。据此,本书在论述中大量使用了上述研究方法。如在引言部分,通过列举大量真实的数据材料来充实论证的逻辑力量,而在对现有排污权交易实践进行评介时,则采用了案例分析的方法。

5. 经济分析的研究方法

环境问题产生的原因是多维、多元的,但绝大多数的环境学家都不得不承认纷繁复杂的环境灾害事件中蕴含着深刻的经济规律。近代逐渐兴起的福利经济学、制度经济学等更是成为人们解释环境问题的重要工具。因此,要对环境问题有较深层次的领悟,必以掌握经济分析这一工具作为基础。据此,本书在论证的过程中,也尝试运用经济分析的方式来诠释和解决问题。如对外部性及其解决途径的阐释便以经济分析为基础。此外,在对现有排污权交易模式进行评析时,也融入了这种分析方法。

第二章 排污权制度生成机理的宏观检视

一、制约排污权生成的现实羁绊
——对环境问题产生原因的多视域分析

排污权及其交易制度是在发达国家广为运用的一种效率型环境法律制度。虽然形式意义上的排污权概念及其制度模型是由美国学者戴尔斯先生在 1968 年提出的[①],但这种权利配置及其交易理念的产生和发展却有着久远的历史和深层的社会背景。排污权之所以能够在现代法制中得以确立,一方面是人类勇于检点自身行为直面环境危机,主动调谐人与自然关系的法律成果;另一方面,它的确立则是人类为扭转和摆脱日益严峻的环境威胁所作出的无奈选择。可见,排污权及其交易制度缘起于环境问题的出现和发展,并以最终疏缓和解决环境问题为目的和归宿。因此,要想把握排污权制度生成的

---

① 1968 年,戴尔斯(Dales)在其《污染,财产与价格:一篇有关政策制定和经济学的论文》(*Pollution, Property & Prices: An Essay in Policy-making and Economics*)一书中首次提出了排污权交易(Emissions-Trading Program)的理论设计。转引自 A. Denny Ellermann, *Market for Clean Air-The U. S Acid Rain Program*, New York: Cambridge University Press, 2000, p.6.

缘由,并从理论上建构适合我国国情的排污权制度体系,就必须将排污权放置在环境问题的宏观视域下加以考察,通过明晰环境问题产生的原因及其对排污权制度生成和走向的意义,发掘出对排污权及其交易制度本质属性的认识。本章即以实现上述目标为中心,在深入分解环境问题产生的经济根源、伦理基础和法制环境的基础上,通过再现三者的矛盾运动来揭示排污权及其交易制度缘起的理论基础和时代特征。

环境问题是环境资源问题的简略。① 广义的环境问题,是指由于自然环境的运动变化而给人类造成的一切有害影响。它包括由火山、地震、洪水等自然灾害所引起的第一类环境问题(又称原生环境问题),以及由人类活动作用于自然界并反过来对人类自身造成有害影响和危害的第二类环境问题(又称人为环境问题或次生环境问题)。② 鉴于排污权制度确立的目的在于疏缓和解决由人类活动带来的环境污染和资源破坏,因此本书探讨的环境问题以第二类环境问题为限。

从严格的意义上讲,从人类诞生之日起就存在着人与环境之间的物质和能量交换,因而环境问题自人类的祖先智猿产生之日起便存在了,这样人类对环境问题产生原因的认识也自然要经历一个逐步深化的过程。起初,人们认为环境问题就是由于科学技术发展的不足而引起的,倾向于仅从技术角度来研究环境问题的解决之道。③ 但事后的诸多事实证明,环境问题并没有随着科技的发展而得以解决,反而愈发严重了。后来,人们又从经济学、伦理学等角度来研究环境问题,环境经济学、环境哲学、环境伦理学、环境法学等新兴学科由此而诞生④,这使得人们对环境问题的认识得到了深化。我们认为,在当代社会,环境问题已远非一个单纯的技术问题或经济问题,它是复杂的社会条件和多元的利益冲突相互作用的结果。因而环境问

---

① 周珂:《环境法》,中国人民大学出版社2000年版,第3页。
② 蔡守秋主编:《环境资源法学教程》,武汉大学出版社2000年版,第8—10页;汪劲:《环境法学》,北京大学出版社2006年版,第12页。
③ 马骧聪:《环境保护法基本问题》,中国社会科学出版社1983年版,第94—96页。
④ 参见吴卫星:《环境问题成因探析》,http://www.riel.whn.edn.cn/shew.Asp? id=768,最后访问日期:2007年1月12日。

题归根结底是人的问题,是文明问题。① 据此,要明晰环境问题产生的原因,必须以多维的视角和多元的学科背景作为基础,本书亦将循此思路展开分析。

(一) 环境问题的经济成因

环境问题的产生有其深刻的经济根源,学者们一般都承认近现代市民社会理论中"经济人"假设对这一问题作出了具有说服力的诠释。"经济人"假设是近现代经济学最重要的理论假设之一。古典经济学从个人功利主义的哲学观点出发提出了单一经济人假设,亚当·斯密(Adam. Smith)和西尼尔(Senior)以完全竞争的市场为背景对人类的经济行为进行了系统的描述,认为人类经济行为在市场价格的引导下表现为趋利避害,谋求自身利益的最大化,每个人都能对所面临的可资利用的一切机会本着小中取大、劣中选优的原则进行优化选择,从而在既定的条件下,实现个人利益的最大化。② 约翰·斯图尔特·穆勒(Mill. John. Stueart)根据上述认识抽象出了"经济人"的概念,并将经济人描述为会计算、有创造性、能寻求自身利益最大化的人。至此,在古典经济学和新古典经济学理论体系中扮演重要角色的"经济人假设"初具其形。尽管20世纪以来,许多经济学家对经济人假设提出了许多质疑,如管理科学便从管理者或决策者追求利益的方式和侧重点的不同入手,提出了"社会人"、"复杂人"等概念以取代经济人假设,但无论如何他们都无法否定追求自身利益最大化这一经济人假设的本质特征③,更无法动摇经济人假设在西方经济学理论体系中的特殊地位。

经济人假设向我们揭示出:在经济活动中自身利益特别是经济利益最大化是个人行为的唯一追求目标,满足个人利益成为一切经济活动的基本

---

① See Jarid Diamond, *The Worst Mistake in the History of Human Race: West Civilization*, Guilford, Conn.: Dushkin Pub. Group, 1989, pp.21—29.
② 叶卫平、孙陶生:《资源、环境问题与可持续发展对策》,福建人民出版社1998年版,第456页。
③ 同上,第46页。

出发点。因此,在近现代市民社会,能够决定具有经济人属性的法律主体是否实施某种经济行为的唯一要素就是利益。对利益的判断及其取舍是践行经济行为的最初源泉,也成为影响主流社会心理的决定性力量。尽管建筑于可持续发展观基础之上的"生态人"概念及其价值体系已初露端倪,但以"利益"为核心的经济人生存模式仍在相当程度上影响着人们的社会经济生活,工业革命以后所出现的实利主义与消费主义潮流便是其著例。

工业文明的显著特征之一是崇尚实利主义和消费主义,不断增加物质财富和不断扩大物质消费成为生活的目的,人的丰富的需求被简约为单一的物质需求,从而使人的完整性开始丧失,有成为经济动物的危险。我们这里所谓的实利主义是指一种贪婪地追求物欲满足的行为模式或价值诉求[①],自近现代工业文明以来,随着经济的迅猛发展和物质财富的剧增,原本仅盛行于富有阶层之中的实利主义被改造成为获得整个社会普遍认同的主流社会心理。正是这种具有普适性的社会心理,约束着当代人类,使人们的生活方式深陷于唯物质主义、唯经济主义的泥潭。[②]

对实利主义在现实生活中所扮演的角色,英国学者舒马赫(Schumacher. E.T)在其所著《小的是美好的》一书中曾作过精辟的论述。他指出:"现代人由于展示了自己的科学技术威力而忘乎所以,他建立起一套掠夺自然界的生产体制和一种肢解人类本身的社会模式。人们认为,只要有了越来越多的财富,其余一切便会各得其所。金钱被看成是万能的;虽然用它买不到无形的价值——正义、和谐、美甚至健康等,但可以用它转移对无形价值的需要,或补偿无形价值的丧失。于是,发展生产和获得财富,就变成了现代世界的最高目的,其他一切目的不管口头上叫得多响,都沦为次要的东西。最高目的的合理性是无需证明的;而其他一切次要目的,最后都必须根据它们对最高目的的实现所起的作用来证明它们的合理性。"[③]后现代理论的代表人物格里芬(Griffin. D.R)则从理性的高度对实利主义作出探讨,他

---

① 蔡拓:《可持续发展——新的文明观》,山西教育出版社 1999 年版,第 169 页。
② 同上注书,第 170 页。
③ 〔英〕E.F.舒马赫:《小的是美好的》,虞鸿钧译,商务印书馆 1984 年版,第 207 页。

认为:"现代社会的一项重要特征可以描述为它的实利主义或者叫做经济主义。"他指出实利主义在现实生活中得到大彰这一事实本身已隐含了三个令其十分无奈的推论:首先,人与物的关系胜于人与人的关系,换言之,物质需要胜于社会关系,社会从属于经济,道德观被经济观取代。其次,"反映在人是经济动物这样一种关于人的信条中,当用这种抽象的方式去看待人类时,无限度地改善人的物质生活条件的欲望被看成是人的内在本性"①。再次,实利主义坚持这样一种信条:无限丰富的物质商品可以解决所有的人类问题。两位学者的分析,在向我们展示了一幅波澜壮阔的工业文明图景的同时,也深刻揭露了人类面对自然的冷酷、无情和不智。人类在实利主义光环的映射下创造了辉煌的物质文明成果,而与此同时,他们的这种热情也以前所未有的力度摧残着其赖以生存的环境、掠夺着本已十分珍惜的自然资源。因而,主张实利主义乃是造成环境问题的重要负面社会心理因素当无可疑。

如果说实利主义是因其所具有的社会心理属性而对环境破坏发挥间接影响的话,那么消费主义则因其对人们行为模式所具有的导引作用而对环境破坏发挥更为直接的作用。所谓消费主义是指当代国际社会存在的一种把消费数量和种类日益增长的物品和服务视为至高无上的生活目的的行为模式(或文化态度)。② 就消费主义追求物质享受这一内在本质而言,它是实利主义的孪生姐妹,但从概念本身讲,它是一个新的术语,是对一种颓废生活模式的新概括。就性质而言,消费主义是对消费的异化,它是当代"人"与"社会"异化的表现之一。因为消费本是人的正常的经济行为和生命活动,但当人们把消费作为目的,并且是唯一目的、最高目的时,消费就变成了异化的消费。从时间上看,消费主义对消费的异化于20世纪中叶走向了高潮。二战后,美国销售分析家维克特·勒博(Viktor. Lebu)开始公开宣称:我们庞大而多产的经济,"要求我们使消费成为我们的生活方式,要求我们把购买和使用货物变成宗教仪式,要求我们从中寻找我们的精神满足和自

---

① 〔美〕大卫·雷·格里芬:《后现代精神》,王成兵译,中央编译出版社1998年版,第19页。
② 〔美〕艾伦·杜宁:《多少算够——消费社会与地球的未来》,毕聿译,吉林人民出版社1997年版,第122页。

我满足……我们需要消费东西,用前所未有的速度去烧掉、穿坏、更换或扔掉。"①显然,这一号召早已变成了现实,而且作为一种行为模式和生活方式的消费主义也从其发祥地美国推广至西欧、日本等发达国家,并逐渐影响到新兴发展中国家,甚至包括中国在内的正在进行现代化的发展中国家,成为一种与现代化伴生的消极影响日益严重的社会现象。

1992年里约世界环发大会通过的《21世纪议程》明确指出:"全球环境退化的主要原因是非持续性的消费和生产模式。"②以实利主义和消费主义为社会心理基础的非持续性消费和生产模式的践行意味着物质消费量的膨胀和环境承受力的减缩。沉浸于此种行为模式中的人们在实施其经济行为时既不会考虑社会利益,也不会考虑长远利益。与他们所竞逐的私利相比,环境公益实在是再渺小不过的事了。长期受此种行为模式的影响,人类必将为其不智的行为支付惨重的环境代价,甚至会逐渐走向整个族群的灭亡。据此,可以说由工业文明畸形发展而创造的实利主义和消费主义这对孪生姐妹既是自然资源的掠夺者,又是环境破坏的加速器。只要它们依然存在并仍对社会经济行为发生着实质性的影响,那么环境问题就无法得到彻底的根治,以疏解环境问题为主旨的诸如排污权一类的新型权利也无法得到适时的创生。因此,要限制并最终清算这一环境问题产生的经济根源,我们就必须寄希望于更为进步与深刻的经济理论的诞生!

(二)环境问题的伦理成因

如果说基于经济功利主义而产生的非持续性生产方式和行为模式对环境问题的产生发挥了重要影响的话,那么长期潜藏于人们内心深处被环境伦理学者称之为"人类中心主义"的主流伦理观念的作用同样不容忽视。所谓人类中心主义,在通常的意义上是指以人的利益和价值为轴心,以人的目

---

① 〔美〕艾伦·杜宁:《多少算够——消费社会与地球的未来》,毕聿译,吉林人民出版社1997年版,第5页。
② 国家环境保护总局:《21世纪议程》,中国环境科学出版社1993年版,第16—17页。

的和要求为尺度去认识、评价、把握一切事物和关系的价值观念或思维方式。① 作为一种伦理观念,人类中心主义的思想渊源十分久远。从古希腊智者普罗塔哥拉(Protagoras)的名言"人是万物的尺度",到《旧约全书》上帝创世说中的文字,都闪动着这种初具人文主义情结的伦理观的身影。② 但人类中心主义论真正取得在思想伦理领域的主导地位却是在世界近代化的过程中逐步实现的,而且与科学的发展和理性精神的勃兴关系紧密。文艺复兴以后,在张扬世俗社会的过程中,上帝的权威渐次失落,人类开始破解宗教的神秘,高扬人性,探究自然的奥秘,寻求能够为自身的生存发展提供更具说服力和亲和力的理念和工具。科学和理性就是从宗教枷锁中挣脱出来的人类所寻找到的两根有力支柱。近代史上科学的进步开启了工业化的历史航程,并掀起了世界性的现代化浪潮。由科技进步所创造的工业文明的奇迹,使人类从根本上改变了受自然奴役的境况,成为事实上而不是观念上的自然的主人,主宰、支配、控制着自然。科技的历史性作用产生了科技崇拜,科技取代上帝,成为最为人们推崇的世界领袖。③ 与此同时,理性主义高歌猛进。笛卡尔(Dsecartes)"我思故我在"的论断,把人的心灵、灵魂,更确切地讲是人的思想、意念提升到了至高无上的地位,使其成为人类与其他世间万物相区别的标志,也是人有权利主宰他物的基本依据。④ 这样,随着科学的发展和理性精神的张扬,人的作用被盲目夸大,人的地位也日益显殊,原本隐含于古希腊神话和宗教文化中的人与自然的冲突和对立,在笛卡尔"主—客体"二分的思辨模型中得到合理的诠释,同时也在科学主义导引下的工业文明的辉煌成就面前被证实。⑤ 于是自然成为人随心所欲改变、利用和征服的对象,它只能服从于人的意愿与目的。至此,人类中心主义确立了

---

① 蔡拓:《可持续发展——新的文明观》,山西教育出版社1999年版,第189页。
② 《旧约全书·创世纪》,现代中文译本,圣经公会出版,第1章,第28节;〔德〕米夏埃尔·蓝德曼:《哲学人类学》,张乐天译,上海译文出版社1988年版,第81页。
③ 蔡拓:《可持续发展——新的文明观》,山西教育出版社1999年版,第190页。
④ 参见〔美〕韦斯特福尔:《近代科学的建构——机械论与力学》,彭万华译,复旦大学出版社2000年版,第32页。
⑤ 参见〔日〕岸根卓郎:《环境论——人类最终的选择》,何鉴译,南京大学出版社1999年版,第199页;蔡拓:《可持续发展——新的文明观》,山西教育出版社1999年版,第190页。

其现代形式,成为工业文明的灵魂。

从实践的角度来讲,人类中心主义引导下的工业文明的历史功绩固然不容否定,但是它忽视了大自然的整体性和价值尊严,它导致了人类对自然界盲目的肆无忌惮的征服和改造。① 在它的作用下,今天的大自然已经千疮百孔,生物圈正遭受着残酷的磨难。以气候异常、资源短缺、环境污染、物种灭绝、土壤沙化、林地锐减等为形式的环境问题层出不穷。此种严峻的生存境遇已向人类发出了严厉的警告,必须在未来的发展中彻底反思和清算狭隘的"人类中心主义"伦理观念,在改善人类生存质量的同时,全面提升人类自身的伦理素养。事实上,也只有在新的更富理性与包容色彩的伦理观念的沃土中,排污权这种超越狭隘个人主义价值取向的权利类型方有创生的可能。

(三)环境问题的法律成因

近代以来,以人与自然之间的矛盾不断激化为外在表现形式的环境问题在本质上反映的是不同个体、不同族群乃至不同阶层的人与人之间在谋求自身利益最大化过程中所产生的矛盾对立关系。这说明在环境问题由调和不断走向激化的曲折过程中,围绕着人与自然之间的矛盾冲突而形成的人际关系与物际关系在实质上仍属于思想意志关系的范畴,并仍应由法律这种社会关系的调谐器来梳理和调整。因此,法律制度领域的缺陷特别是与环境资源相关的法制环境、法律文化、法律资源方面的不足,将对环境问题的出现和日益激化产生不利的影响,在我国这种状况具体表现在以下三个方面:

1. 法律供给不足,且执法环境不严肃

我国的环境保护工作起始于 20 世纪 70 年代初召开的全国环境保护工作会议。这次会议确定了"全面规划、合理布局、综合利用、化害为利、依靠群众、大家动手保护环境、造福人民"的 32 字方针。在这个方针的指导下,

---

① 张梓太、吴卫星编著:《环境与资源法学》,科学出版社 2002 年版,第 12 页。

国家和地方开始有组织地制定有关环境保护的政策、法规和各类标准。在此基础上,我国在 1979 年正式颁布了《中华人民共和国环境保护法(试行)》,它的颁布标志着我国环境保护工作步入了法制轨道。此后,以试行法为依据,我国又相继制定了一些与环境保护相关的规范性文件。截至 2006 年 12 月,我国制定的环境资源保护法律有二十四项,行政法规五十余项,部门规章等二百余件,军队环保法规和规章十余件,国家环境标准八百多项,批准和签署多边国际环境条约五十一项,各地方人大和政府制定的地方性环境法规和地方政府规章共一千六百余项。① 可以说目前具有中国特色的环境法律法规体系框架已初具雏形。但与此同时,上述法律体系框架亦并非尽善尽美,与环境保护法律实践的需求相比,法律供给不足就是其重大缺陷之一,主要表现为:(1)立法空白较多,法律资源配置有失周延,有关化学品环境管理、放射性和核安全管理、生态保护等方面的法律尚未制定;(2)配套立法进展缓慢,导致已有立法难以施行,造成法律的隐性供给不足。例如因有关限期治理、总量控制等方面的配套法规迟迟不能出台,致使已先期制定的多项行政法规被束之高阁;(3)立法调研不够、实践基础薄弱,且条文内容过于原则,欠缺基本的操作性,致使出现有法形同无法的局面。②

除环境立法供给不足之外,环境执法领域中的诸多缺陷同样不容忽视,突出的表现为:(1)环境执法力度薄弱,环境保护行政主体的"环境行政不作为"事件屡屡发生。(2)环境执法不规范,违纪行政、违法执法事件层出不穷。部分行政人员在执法过程中,重对外执法、轻内部监督,重行政权力的行使、轻相对人利益的保护,重处罚结果、轻执法程序,致使环境执法行为成为破坏环境法律秩序的灾区。③ (3)政府部门越权变更、中止环境保护法律法规的施行,破坏法律的尊严及立法的效力。为加速辖区内的经济发展,

---

① 国家环境保护总局网站:http://www.zhb.gov.cn/hjyw/200612/t20061213_97292.htm,最后访问时间:2007 年 11 月 6 日。
② 王玉庆:《繁华环境法学研究、推动环境法制建设——在中国法学会环境资源法学研究会上的讲话》,第 2、4 页。
③ 同上文,第 4—5 页。

我国一些地方政府部门通常采用提供优惠政策的方法来提高引进外资与项目的力度,而减免环境污染收费、降低资源使用税费则成为适用范围最广、减让幅度最大的优惠政策。这种措施一方面降低了地方政府用以弥补环境资源退化的法定政策性投入能力,另一方面又直接加速了环境资源的退化和浪费,成为环保领域久治不愈的顽疾。例如,在 2003 年和 2004 年,我国许多地方政府在制定克服非典型肺炎疫情和禽流感疫情负面影响的扶助政策时就多把"排污费"等由环境保护法律、法规确定的环保措施或手段予以中止。这种做法显然与宪法赋予政府的环保职责相去甚远,也严重践踏了法律的尊严和法制的严肃性。

2. 立法理念落后,"末端"治理思想招致难以治理的尴尬

在现代意义上的环境资源法产生之初,为控制各种层出不穷和急剧发展的环境污染和破坏,首先建立的是一种以废弃物管理和污染控制为核心的管理战略。以此思想为指导,环境资源法主要是以末端处理为依据,采取"命令、控制"的法律机制,强调污染物达标排放或废弃物无害化处理。这种偏重于污染结果产生后的控制模式被称为"末端控制"[①]。末端控制思想虽然对减轻或减少现有污染,保护环境资源有重要意义,但是随着工业化的进程,末端治理的缺陷显露无余。首先,末端控制战略及其立法强调和突出"达标排放",客观上导致污染源单位将其所进行的治理努力只局限在达标上。它孕育出了"污染排放后才控制"、"污染物产生后才治理"等观念[②],形成了所谓只要达标,排放即为合法行为的认识,而未能进一步鼓励、促进污染源单位产生保护环境、最大限度地减少或减轻污染的积极性[③],从而难以从根本上遏制污染的发展,这不能不说是这种治理理念的尴尬之处。其次,末端治理的思想对环境资源法理论研究的掣肘作用同样十分明显。受此理

[①] 蔡守秋:《环保政策法律问题研究》,武汉大学出版社 1999 年版,第 316 页。

[②] See Krupnick, A. J. and E. DE Verg, "On Marketable Air Pollution Permits: the Case for a System of Pollution Offsets", *Journal of Environmental Economics and Management*, Iss: 10, (1983), pp. 233—237.

[③] 张璐:《环境产业的兴起与环境资源法的变革》,武汉大学博士毕业论文,2003 年 5 月,第 4—5 页。

念的影响,环境资源法的理论研究长期致力于环境污染和资源破坏之后责任的分摊。因其侧重点在于对损害结果的认定和对受害人的救济①,所以,在相当一段时期内,所谓的环境法不过就是民法中有关环境污染的特殊侵权责任法的另一种表达方式,而环境责任理论则几乎充填了环境法理论体系的全部内容。正是这种局面的出现,致使环境法能否成为独立学科这一本不应成为问题的问题长期充斥于法学界的争论中。

笔者认为,环境问题的形成和发展是一个不断深化的过程,在不同阶段所表现出来的特点并不相同,这就决定了人们对环境问题及其作用机理的认识也应是一个渐进而非静止的过程。这一认识在相关法律对策设计上的反映,就是要及时反思和检讨不合时宜的法律理念,以开放和务实的态度寻求立法理念的合理提升。②

3. 法律所选取的调整机制不合时宜③

片面依赖行政强制机制使环境法与市场经济条件下的社会行为模式需求相去甚远。行政强制机制(administrative command and control approaches)是世界各国在面临环境资源问题时首选的法律机制,它主要以国家的命令与制裁作为政府介入的基本方式,以相对人的无条件服从作为政府干预目标实现的基本前提,通过对社会个体私益的限制,强行确认各法律关系主体的行为方式和利益格局,是一种以行政权力为主导,以公共利益为基本价值取向的法律调整与控制模式。应当说,早期环境法选择行政强制机制作为其最主要的调整方式原因是多样的,但理论上将法律严格划分为公法与私法的做法,却对上述选择结果的最终形成发挥了举足轻重的作用。正是由于片面地理解和坚持公、私法域的绝对区分,导致各种以私法为基础而形成的法律调整机制无法被环境法引入;另外基于这种绝对主义传统,致使法律

---

① 张璐:《环境产业的兴起与环境资源法的变革》,武汉大学博士毕业论文,2003年5月,前言,第1—2页。
② 金瑞林、汪劲:《中国环境与自然资源立法若干问题研究》,北京大学出版社1999年版,第62—65页。
③ 参见邓海峰:《环境法行政强制机制检讨》,载《河北法学》2005年第3期。

部门林立,彼此争权逐利,无法在环保司法实践中形成合力。

传统理论之所以将环境资源法纳入公法的范畴并以行政强制机制作为其主要的法律调整方式有其自身的认识论基础。近代环境问题形成的重要成因在于世界在完成近代化的过程中对环境资源的无限需求与环境资源自身有限供给之间存在着矛盾。需求与供给的矛盾必然导致针对环境资源的多重利益主张难以得到满足,而自然功能的多样性又进一步激化了多重利益选择之间的摩擦与冲突。如何对有限的环境资源进行合理分配以协调和平衡其所承载的多元利益需求,成为法律所必须面对和回应的问题。① 此时已完成近代化的法律基本上形成了以刑事法、行政法为代表的公法体系和以民法为代表的私法体系。遗憾的是,由于环境资源自身的社会属性无法与当时以个体权利为形式、个人本位为诉求的民法理念相契合,而其物理属性也无法满足当时的物权制度对物的基本要求,这就使环境资源无法被纳入物权制度乃至民事法律的调整范畴而不得不远离私法的管护。法律对环境资源的调整真空实际上鼓励了社会个体对其无限制的利益需求,而这种利益主张的无序竞争与扩张最终又导致了"公地的悲剧"现象的发生。传统的私法已经对此无能为力,为了协调基于环境资源而产生的社会个体利益冲突及其所形成的社会公益损失,必须由政府作为公益的代表对环境资源的使用及分配进行有效的组织和管理,以社会公共利益的实现为导向协调社会、个体利益的冲突。② 当政府的社会作用以法律规范的形式得以确认并被普遍践行时,充满行政强制色彩的环境资源法律调整机制便形成了。

片面地强调和坚持公、私法域的绝对区分同样贻害法制实践。绝对的公、私法二元论划分是对现实社会关系中价值多元化与利益多元化现象的漠视和反动。它以概念法学的方法将法律归纳为两个相互独立、彼此分割的族群,认为立法、司法和法学研究也应该按照这种部门分工来进行。这种情况可能有助于各部门法自身的内部完善,但它的缺点也是明显的。它在

---

① 张璐:《环境产业的兴起与环境资源法的变革》,武汉大学博士毕业论文,2003年5月,第3页。

② 同上。

理论研究上造成了各部门法的自我封闭,人为地割断了各部门法之间本来应有的联系和协同,将本应具有开环与闭环功能、有协调与合作整体效应的网络性法律系统变成了山头林立、争权逐利的孤立个体。① 由于它对不同的法律部门要有各自独立的调整对象、调整方法和逻辑体系的特别强调,致使以行政强制机制为主要调整方法的环境资源法被毫无保留地归入了公法的范畴。这一定性在将环境资源法与私法完全隔绝的同时,也彻底粉碎了将各种以私法理念为基础的调整机制引入环境法的可能。至此,在法制实践中以行政强制机制统辖环境资源法律关系的局面也宣告完成。

从行政强制机制的形成过程不难看出,政府对环境资源使用及分配的最初介入并非主动,而是受迫于日趋严峻的环境资源危机不得已而为之的结果。在发挥作用的方式上,此种机制也多处于被动地位,主要以应对突发性和灾难性危机事件为己任。但是长期依赖这种以行政强制为主,以命令制裁为辅,通过彰显政府行为的拘束性和执行性,来达到使行政相对人无条件服从环境保护需要的法律调整机制,弊端也是十分明显的②,甚至往往导致矫枉过正结果的发生。从实施效果来看,行政强制机制至少有以下四方面的不足③:

首先,行政强制机制在很大程度上是一种不得已而为之的应急举措,它多适用于非正常情势发生的场合。比如,为理顺淮河流域水资源保护管理体制,国家不得已通过《淮河流域水污染防治条例》设立了统辖淮河流域的水资源保护领导小组,并授予其行政权,以行使淮河流域水资源保护的行政管理职能。抛开已有机构,另设临时机构并委以重任,显然是一种无奈的现象;更何况,淮河流域是在污染已十分严重的情况下进行的事后立法。④ 由此可见,这种极端措施的适用在对象、条件、范围和程序上有着严格的限制,

---

① 吕忠梅:《环境法新视野》,中国政法大学出版社 2000 年版,第 68 页。
② Tietenberg, T. H, *Emissions Trading: An Exercise in Reforming Pollution Policy*, 3nd ed., Washington: Resources for the Future Inc, 1992, p.214.
③ 张璐:《环境产业的兴起与环境资源法的变革》,武汉大学博士毕业论文,2003 年 5 月,第 8—10 页。
④ 吕忠梅:《环境法新视野》,中国政法大学出版社 2000 年版,第 251 页。

不可滥用,不能常用。① 这就注定此种调整机制的实际作用必然也是十分有限的。

其次,行政强制机制具有严厉性的特点,它的运作是单向的,完全由政府启动和推进,相对人完全处于从属与被支配的被动地位。这个机制的运行主要是靠政府的绝对权威与相对人的无条件服从来实现,因此就本质而言,其作用效果是以对社会个体利益的限制和剥夺为基础和前提的,这就注定会使此种调整机制缺乏广泛存在和长期推行的群众基础和社会认同感。近期国家环保总局实行的区域、流域限批制度便具有上述特点。虽然该项制度的实行部分地扭转了限批地域政府对环境保护的不作为行为,但是其持续性和公允度仍需要进一步观察。

再次,行政强制机制产生于环境资源法形成与确立的早期,不断恶化和迅速紧迫的环境污染和资源破坏是催生这一机制产生的重要原因,所以,行政强制机制从产生之初就以应对紧急状态和突发事件为己任。在某种程度上,可以认为行政强制机制是对突发或严重的污染破坏事故的"休克疗法",因为其制度功能和实际效果已向我们表明,该机制的主要着眼点在于"治标"而非"固本"。因此,要寻求"标本兼治"的治理良策,必须以首先找到与行政强制机制相匹配的补充机制为前提。

最后,行政强制措施作为政府采取补救的因社会发展失误而导致的大自然报复恶果的应急性行为,往往基于事态的紧急性和所面对问题的迫切性,而无暇预先进行经济效益的衡量与比较,只是通过单方面无条件的命令与制裁措施尽可能迅速地控制事态的进一步发展,并取得相对明显的社会效果。这就决定了行政强制机制的启动与实施在大多数情况下都是不计成本的,往往表现出不经济的一面。这种结果反过来又会使环境法律实施的积极效果大打折扣。

由此可见,完全依赖于行政强制机制来建构环境资源法律的设想和做

---

① 李启家:《治淮目标的递进与淮河水环境保护立法的修改》,载《环境保护》1999 年第 6 期,第 67 页。

法,无论是在理论上还是在实践中效果都不甚理想。事实上,只要由这种机制统揽环境法制的局面不被打破,那么诸如排污权等以市场化机制为运行基础的权利类型也就无从产生。当前,化解这一困局的唯一可行路径就是重新认识和评价行政强制机制的地位和作用,谋求环境资源领域法律调控机制多元化局面的早日形成,而这显然要以法学理论界重新审视和变革绝对主义的公、私法域二元论划分为起点。

二、促进排污权生成的理论准备

尽管前文从经济、伦理和法律等三个层面对环境问题产生原因的分析并不足以十分全面地将这一复杂问题的全貌予以彻底的展示,但上述分析至少向我们提示出这样一个结论,那就是:在当代社会,环境问题已远非仅用一个单纯的技术词汇或经济词汇便可囊括的话题,它是复杂的社会条件和多元的利益冲突相互作用的产物,因而就本质而言,它是人的问题,是文明问题。这一结论使我们进一步认识到,任何谋求解决环境问题的制度安排,包括本书构建排污权及其交易制度的努力,都必须以多维的视角和多元的学科背景作为基础。而恰恰就在此时,前面提到的曾制约环境问题解决的经济学、伦理学和法学等不同学科发生了较大的变化,许多阻碍环境问题解决的落后认识或制度羁绊得以清除,这就为排污权及其交易制度的提出和最终确立作了充分的理论准备。

(一)外部性理论的提出及救济方式的选择

在前面的分析中,我们曾经指出,导致近代环境问题产生并日益严峻的经济成因,来源于每一个市民社会组成分子的"经济人"本性。正是由于在经济活动中自身利益特别是经济利益被市民社会成员无限放大为个人行为的唯一目标,才使满足个人利益成为一切经济活动的基本出发点。可以说对利益的判断及其取舍成为践行经济行为的最初源泉,也成为影响主流社会心理的决定性力量,继而又使建立在此种社会心理之上的实利主义和消费主义思潮成为人们谋求以牺牲环境为代价实施利己行为的内在因素。以此为认识论基点的众多经济学家,先后提出了多种方案以求通过对"经济人"自身行为的矫正达到改善环境状况的目的,然而众多努力都湮灭在"经济人"日胜一日的功利主义情绪之中。后来,学者们逐渐认识到,人们之所以会实施以牺牲环境为代价的经济行为,以实利主义和消费主义为内因的社会心理的存在固然重要,但内因的存在仅是事物矛盾运动过程中的一个方面。内因要想发挥作用,必然需要外部条件的配合。于是学者们开始将注意力转向作为牺牲品的环境自身。事实证明,正是由于环境这种客观实在所具有的特殊属性,迎合了人们利己的社会心理,才最终导致了环境危机的出现。

人们在探讨环境滥用在经济学方面的基本原因时,往往以探讨以下这个环境经济学上的范例作为开始:一群牧民生活在一片草原上。草原是对所有牧民开放的牧场。草场是公有的,畜群则是私有的。相关的另一个基本前提是,每个牧民都力求使个人的眼前利益最大化。站在个人利益的立场上,眼前利益要求尽可能地增加自己的牲畜头数,且每增加一头牲畜所带来的全部收入均由牧民个人独享。另一方面,当草场的畜群承载能力难以长期维持更多牲畜时,每增加一头牲畜都会给草场带来某种损害。但是,这一损害是全体牧人分担的。这一群牧民中每个人都有着足够的聪明,每个人都去努力地增加自己的牲畜,而由大家分摊由此带来的成本。最终的结果是不言而喻的,牧场越来越退化,直至毁灭。① 这则故事是美国学者哈丁在其名为《公地的悲剧》②的论文中提出的解释模型,现在已被作为环境问题研究的范例。通过将这一范例推广开去,我们至少可以收获两点重要的启示。

首先,"公地的悲剧"再鲜明不过地向我们展示出"环境"作为一种公有

---

① Hardin, "The tragedy of the commons", *Science*, Vol. 12, (1968) p. 13.
② 也有译为:"共有地的悲剧"或"公有地的悲剧。"

资源,它所具有的公共物品属性。在经济学中,一般根据物品是否具有排他性和竞争性,将其划分为两类:公共物品(public goods,又译为"公益物品")和私人物品(private goods,又译为"私益物品")。① 公共物品是这样一种商品,它能够便宜地向一部分消费者提供,但是一旦该商品向一部分消费者提供,就很难阻止其他人也消费它。② 公共物品有两个特征:它们是非排他的和非竞争的。如果人们不能被排除在消费一种商品之外,这种商品就是非排他的。如果一个商品在给定的生产水平下,向一个额外消费者提供商品的边际成本为零,则该商品是非竞争的。③ 易言之,非排他性就是我用你也可以用,而非竞争性则是你用多少我也可以用多少。与此概念相对应,私人物品是指那些在消费上具有排他性和竞争性的物品,也就是说,对于此类物品,我用你就不能用,我多用你就得少用。对比上述定义,我们清楚地看到,当环境资源作为经济学意义上的物品出现时,显然具有公共物品的属性。因为对于我们每一个人而言,在如何使用以及使用多少环境资源这一问题上,彼此之间所处的地位都是平等的。正是由于环境所具有的这种可以被称之为外因的特殊属性,连同"经济人"的利己主义社会心理,共同导演了我们今天所看到的一幕幕环境灾难。

其次,"公地的悲剧"还为我们最终在经济理论上破解环境危机的迷局寻找到了立论的依据。它表明在存在私人所有权的社会条件下,公共物品的自由享用促使人们尽可能地将公共物品转变为私有财富,或通过滥用公共物品获得个人的效用或便利,并最终使全体成员的长远利益遭到损害或毁灭。④ 上述对环境要素公共物品属性的概括,为形如"公地的悲剧"现象的环境问题的定性提供了佐证。正是基于这一概括,经济学家得出了"环境

---

① 〔美〕保罗·萨缪尔森、威廉·诺德豪斯:《经济学》(上),高鸿业等译,北京经济学院出版社 1996 年版,第 570 页;See Paul A. Samuelson and William D. Nordhaus, *Economics*, 15th ed., New York: McGraw-Hill, 1995, pp.570—575.
② 〔美〕平狄克·鲁宾费尔德:《微观经济学》(第 3 版),张军等译,中国人民大学出版社 1997 年版,第 481 页。
③ 同上注书,第 530 页。
④ 戴星翼:《走向共同的发展》,复旦大学出版社 1998 年版,第 65 页。

问题"属于外部不经济性范畴的结论。

专栏 2.1　环境产权的特点分析①

1. 环境产权的价值性

根据马克思的价值理论,价值是凝结在商品中的无差别的人类劳动,是抽象劳动的结果。环境产权,如绿地、花草树木、喷泉、雕塑,西方国家已归属个人的山林、湖泊等,也都凝结着产权主体的投入,其本身都含有无差别的人类劳动,都应具有价值。

从产权交易来看,任何交易都是一组权利束的交易,而权利束常常附着在一种有形的物品或服务上。例如,出售私有房屋,出售的不仅仅是房屋的所有权、使用权、收益等权利,其中还包括房屋周围的环境绿地、花草树木、景观等附带环境产权,是环境产权决定着房屋产权价值的高低。再豪华的房屋,若坐落于环境污染相当严重的地域,其房屋价值也要大打折扣;若环境污染超过一定的阈值,房屋价值可能更小。所以,并不是单一产权决定着物品的价值,而是产权束(包括环境产权)决定着物品的价值,其中环境产权更重要。有诸多国外经济学家认为,环境产权价值稀释了经济增长所带来的社会福利;环境产权价值的丧失不仅影响现代,也波及子子孙孙。

2. 环境产权的可分割性

产权概念在西方新制度经济学中是基本的多维度的一个概念。H. 德姆塞茨认为,"产权是社会的工具,其意义又来自于这样一个事实,在一个人与他人交易时,产权有助于他形成那些他可以合理持有的预期","所谓产权,意指使自己或他人受益或受损的权利"。诺斯认为,"产权本质上是一种排他性权利",阿尔奇安认为,"产权是一种通过社会强制而实现的对

---

① 环境产权既是经济学界对环境要素公共物品属性予以概括的前提,也成为受益于上述概括的理论成果。这里辑录有关环境产权的特点分析,用以强化我们对"公地的悲剧"现象的理解。

某种经济物品的多种用途进行选择的权利",E.菲吕博腾和S.配杰齐认为,"产权不是指人与物之间的关系,而是指由物的存在及关于它们的使用所引起的人们之间相互认可的行为关系"。可见,从不同的角度看,产权有不同的定义。关于产权形式,大部分人认为既有私有产权,也有公有产权,其中公有产权按其公有范围大小还可分为集体产权、国家产权(政府产权)和国际产权。

作为一个复杂的生态系统,环境既有私有部分,如花园、草地,西方已被私人拥有的可耕地、森林、湖泊、水源等,也有公有部分,如空气、地下水、土地等。这些公有环境资源或由集团公有,或由某国家公有,或由国际公有,如大气层、公海、极地乃至太空、月球等。因此,存在着环境私有产权和公有产权,其中公有环境产权包括集体环境产权、国家环境产权和国际环境产权。所以,环境是多层次的混合体系,具有可分性。

3. 环境产权的历史延续性

从总体上看,资源不仅属于当代人,也属于后人,它具有历史延续性。洛克曾提出劳动所有权思想,即只要付出劳动,其产品或资源就应属于劳动者。按此逻辑,对于环境而言,那些无劳动能力的人,包括丧失劳动能力的人、尚未具备劳动能力的人,以及尚未出世的人自然就没有所有权。仅限于当代具有劳动能力的人对环境资源拥有完全所有权,环境仅为当代人服务显然是不公平的。这不仅会造成环境资源的过度利用,而且也会影响乃至危及到其他人,包括后代人的生存利益。从伦理道德角度讲,环境产权是人类的产权,不仅属于当代人,也应包括后代人。优良传统应该代代承袭,优良环境产权也应代代相传,即代际分配。所以,环境保护问题至少在伦理道德上应体现出人类的"正义"和"为后人负责"的这种历史公平延续性。虽然代内及代际环境资源的公平分配性在伦理上是有说服力的,但在现实经济关系中却要经受挑战。环境资源分配作为"生产条件的分配,则表现生产方式本身的性质","一定的分配关系只是历史规定的生产关系的表现"。环境的历史延续性在实际生活中随不同历史阶段生产方式性质有不同的历史规定性,最大限度地利用现存环境资源来满足现有生产方式为现在生产关系服务,是历史局限性使然。因此,在当今生态环境危机这样一个特殊的历史条件下,环境资源代际公平分配不能不说具有现实和历史意义。当代人必须考虑后代的生存基础和福利,这是可持续发展及经济有效增长的基本伦理前提。

4. 环境产权的国际分配性

从某种意义上说,环境产权具有国际性。这种国际性在环境产权中的表现就是所有权具有一定的国际融合性。它既在现实上为某一民族国家所有,其占有权和使用权属于民族国家;同时在功能发挥上又具有一定的国际性,属于国际社会。这是由于作为国际公共物品,环境资源使用权、占有权与所有权相分离造成的。环境产权所具有的国际性是环境作为一个不可分割的整体,具有超越一个民族国家的正、负效应的公共品属性使然。例如,某一地域的沙化引起的沙尘会传播到其他国家;某一地域地下水的枯竭、污染会引起其他国家地下水位下降甚至污染和枯竭。因此,环境具有复杂的内在国际传播机制。

5. 环境产权的经济相关性

作为影响经济增长的重要变量,产权已为新制度经济学派所证明。西方经济学大师曼昆的经济增长生产函数告诉人们,国民收入(Y)是产权与生产成果$F(X)$的积,而生产成果的大小又取决于X,X包括劳动力(L)、物质成本(K)、人力资本(H)、资源(N)、技术(A)。这里的产权当然也包括环境产权。可以说在X各种变量一定的条件下,国民收入与环境产权呈正相关关系;在环境资源(N)的利用上不仅同技术(A)正相关,而且环境资源产权的界定也是资源能否有效配置的关键。

马克思把所有制理论视为产权理论的一个高度抽象,认为可以通过变革所有制来解放生产力,从而促进经济增长。这里所说的所有制变革,实际上就是产权的不同分割,当然也应包括环境产权的明晰。无论西方各经济学派,还是社会主义经济大师,在研究经济增长时,都十分注重产权,认为产权是经济增长的重要影响因素。当然环境产权也应是经济增长的重要影响因素,这一点不仅仅在理论上,而且在实践中也得到证明。

资料来源:本专栏引自孙世强、关立新:《环境产权与经济增长》,载《哈尔滨工业大学学报》(社科版)2004年第3期,第78—80页。

经济的外部性概念是由剑桥大学的马歇尔和庇古在20世纪初提出的。作为福利经济学的创始人,庇古对外部性更为重视,对其的阐述和应用也较多,因而外部性理论又被称为庇古理论。他通过研究发现,在商品生产过程中存在着社会成本与私人成本的不一致,两种成本之间的差距就构成了外部性。[①] 外部性的"外部"是相对于市场体系而言,指的是那些被排除在市场机制之外的,在价格体系中未得到体现的那部分经济活动的副产品或副作用。[②] 这些副产品或副作用可能是有益的,但是在现实生活中,绝大多数外部性是有害的,故称之为外部不经济性,或负外部性。大量的环境污染和生态破坏都是外部性的典型形式。[③] 因为在这些活动中,行为人的经济活动对他人、对环境造成了负面影响而又未将这些影响计入市场交易的成本与价格之中,其结果自然是使他人、社会背负了行为人经济活动所带来的环境成本,而行为人自己却独享了因从事该经济活动所带来的全部利益。[④] 因此,要想彻底改变这种一人施虐,众人受罚的局面,就必须从理论上寻找到能够将外部性成功内部化的方法,使行为人自己承担向环境施虐行为的全部不利后果,而无法转嫁他人;同时使实施有利于提高环境质量行为的人得到报偿。

自庇古提出外部性理论之后,围绕外部性内部化的问题,学界共出现了

[①] Tom. Tietenberg, *Environmental and Natural Resource Economics*, 3nd ed., New York: Harper Collins Publishers Inc., 1992, p.52.
[②] Willianm J. Baumol and Wallance E. Oates, *The Theory of Environmental Policy*, 2nd ed., New York: Cambridge University Press, 1988, p.17.
[③] 戴星翼:《走向共同的发展》,复旦大学出版社1998年版,第65—66页。
[④] 蔡守秋:《当代环境资源法中的经济手段》,载《法学评论》2001年第6期,第47—52页。

三种主张。以庇古本人为代表的管理学派认为只要加强和改善政府对市场的干预和管理,就可以有效地解决外部不经济性问题。而干预和管理的手段则包括制定和实施有关计划、政策、法规和措施等政府行为。总之,该理论主要强调通过或依靠政府行为或公力行为来解决外部不经济性问题。以科斯为代表的所有权学派则认为所有权、财产权失灵是发生公地的悲剧现象的根本原因。后来,这种在环保领域的主张被进一步概括为"自由市场环境主义"①,其核心是一套界定完善的自然资源产权制度。这里的产权不仅仅局限于传统的财产所有权或物的所有权,还包括各种涉及环境资源的其他权利,如环境权、排污权及其交易制度、资源开发权、水权、土地的所有权、使用权、转让权、求偿权等。该学派认为:市场能决定资源的最优使用,而要建立有效率的市场,充分发挥市场机制的作用,关键在于确立界定清晰,可以执行而又可以转让的产权制度。如果产权界限不清或得不到有力的保障,就会出现过度开发资源或浪费、破坏、污染资源的现象。② 反之,如果资源权利明确而可以转让,资源所有者和利用者必然会详细评估资源的成本和价值,并有效分配和利用。③ 作为第三条道路出现的公共选择理论产生于20世纪40年代,并于60年代末70年代初形成为一种学术思潮。它试图运用西方主流经济学(新古典经济学)的基本原理和方法来研究政治问题的集体选择问题。公共选择理论的核心思想在于对政府作为一个整体所发挥功能的怀疑和否认,强调一个人只有他自己能够判断什么是"好的",什么是"坏的",并因此推论,无论在私人还是在集体行为中,有目的的个人可以被看作是基本的决策者,也就是说,个人要求最大的选择自由,即根据自己的

---

① 这一理论的核心即为著名的科斯定理:一是"In the absence of transaction costs, the social optimum will be reached (e.g., the optimal level amount of trees cut, of land protected, of refare, of environmental protection, etc.) whether the property right is given to the pollutant or to those suffering from the pollution";二是"Under the assumptions of costless transactions between sources of pollution and those harmed by the pollution, such negotiations can lead to an optimal (economically efficient) level of pollution control," see Coase. Ronald, "The Problem of Social Cost", *Journal of Law and Economics*, Vol. 3, (1960), pp. 1—44.

② see Coase. Ronald, "The Problem of Social Cost", pp. 1—44.

③ 蔡守秋:《当代环境资源法中的经济手段》,载《法学评论》2001年第6期,第47—52页。

意愿选择任意替代方案的自由。① 据此,该理论认为在解决诸如环境问题这样的集体行为时,应通过团体中各成员相互协议的方式寻求最佳的方案。可见在反对政府管制这一点上,它与所有权学派并无两立。而其成员协议的措施,又需以所有权学派提出的产权明晰理念作为前提,因而就其学术主张而言他与所有权学派较为接近,只是其依靠市场化调节的呼声过高而有极端个人主义之嫌而已。因此学界一般只将其学说作为对所有权学派观点的一种延伸来看待。

自上述学说提出之后,有关它们的利弊分析便纷至沓来,在争论的过程中,人们逐渐认识到片面依赖政府管制的学说至少存在以下几点不足:首先,它忽视了政府也仅具有有限理性这一事实。由于人类认识能力具有非至上性,加之环境资源以及人类与环境资源相关的活动又具有多样性、复杂性、随机性和偶然性,这使政府实现有效管制所必需的极大的信息量不能得到满足。后果往往导致政府对环境污染和环境破坏反应迟缓,有时甚至出现误判。其次,政府管理的成本高昂。政府是一个十分庞大的组织体,它的运行具有程式性、机械性和网络性的特点,相对于个人决策而言,政府决策的成本十分高昂。据估计,美国每年执行联邦环境法律的费用高达 800 亿美元②,这笔费用远非尚处发展中阶段的我国所能承受得起。再次,政府执法的中立性和公正性令人怀疑。政府是由各种部门、机构组成的联合体,各部门、机构都有一定的权力及利益。而环境作为利益的客体是多元性的,政府很难在充斥着不同利益集团角力的竞技场上独善其身。退一步讲,即使政府能够作到执法中立,但碍于许多技术性问题掣肘,执法效果依然难以公正。例如,在征收环境税的国家,由于很难制定出符合各行业损害环境要素真实情况的税率,导致纳税人对环境税赋的不均、不公怨声载道。同样,基于现代国际法上主权原则的限制,政府管制往往在跨界环境污染和资源破坏行为面前束

---

① 〔澳〕休·史卓顿、莱昂内尔·奥查德:《公共物品、公共企业和公共选择——对政府功能的批评与反批评的理论纷争》,费朝晖译,经济科学出版社 2000 年版,第 4 页。
② 王金南:《市场方法在现代环境政策领域中的应用及设计》,载《走向 21 世纪,中国青年环境论坛首届年会论文集》,环境科学出版社 1993 年版,第 25 页。

手无策。最后,政府管制行为因缺乏灵活性而显得效率低下。根据交易理论,当事人双方的合意行为是创造高效率的最有效方式。在政府管制条件下,政府理性取代了个人理性,按照统一标准进行一揽子交易,其结果必然造成效率低下。例如,在政府制定了环境标准的情况下,企业只要达到标准即可,因而其自然缺乏进一步削减环境污染和节约资源的压力和动力。①

通过上述理论分析,学者们对庇古理论的认知明显得到了深化。学者们清楚地认识到以政府管制为核心的庇古理论,调整机制的重心仍然聚焦在了作为环境要素破坏者的"经济人"身上。妄图凭借国家的"严刑峻法"迫使具有利己主义社会心理的经济人放弃其逐利的本性,停止实施多种危及环境的行为。但由于该理论完全不对作为利己主义社会心理外因的环境资源公共物品属性进行调整,因而其最终的失败便是可以预期的。据此,多数学者形成了采纳科斯环境产权理论用以解决外部不经济性内部化问题的结论。② 理论界的这一共识,为以科斯理论作为基础的各项环境资源经济、法律制度的发展开辟了道路。这其中就包括本书所探讨的排污权及其交易制度。因为正是基于环境资源要素产权理论这一制度基础,环境容量的权利化才能得以实现,才会使作为环境容量资源所有权派生权利的排污权寻得合适的法理基础。也正是由于上述变化的出现,才最终使经济学和法学这两门学科实现了调整环境问题着眼点的战略性转移。

专栏 2.2 对科斯定理的反思及其适用中应注意的问题③

科斯定理所宣称的产权明确化可以导致最有效率的帕累托最优状态的说法,已经引起国际经济学界的争议。总的说来,科斯定理存在三大疑点。

---

① 吕忠梅:《环境权力与权利的重构》,载《法律科学》2000 年第 5 期,第 82 页。
② 樊纲:《市场机制与经济效率》,上海人民出版社 1995 年版,第 139 页。
③ 笔者虽然赞同应以科斯所提出的环境产权理论为基础建构排污权的制度体系,但这并不意味着科斯定理已经臻于完善。事实上,该理论的适用存在着若干限制性因素。只有全面理解其适用条件,对排污权制度体系的型构方案才能趋于科学。为此,笔者辑录科斯定理的反思专栏用以说明这一问题。

第一，科斯定理假设交易费用为零，而事实并非如此。交易费用指交易者为了缔结契约和达成协议而导致的费用。这种交易费用不可能等于零。即使在较为简单化的例子中也是如此。既然现实中交易费用不符合科斯定理的假设条件，科斯定理所预期的最有效率的后果当然也不会在现实中出现。

第二，即使交易费用为零，也还存在着"策略性行为"的情况，这种情况可能使社会达不到最有效率的状态。所谓"策略性行为"是交易者利用现实存在的条件来使自己得到最大利益所采取的姿态。例如，假设某具有排放烟尘产权的炼钢厂周围有5户居民。为解决环境污染问题，最有效率的状态便是工厂周边的5户居民联合在一起为工厂装置150元的除尘器，每户分摊30元的费用。这时，如果1户采用"策略性行为"，他会设想，即使一毛不拔，其他4户可能拒绝代他支付，从而达不成与炼钢厂的协议。或者4户居民宁可多花钱而各购买一个烘干机，使事情的终结违反帕累托最优状态。此外，炼钢厂的主人也可能要利用除尘器的费用（150元）和烘干机的费用（250元）之间的差额向5户居民提出要求，要求居民在为他安装一架除尘器以外还要给他一笔津贴，具数额在0与100元（250－150＝100）之间。5户居民可能与厂主之间进行无休止的讨价还价以致无法达成协议。总之，即使交易费用为零，"策略性的行为"也会使科斯定理所预期最优状态不能实现。

第三，科斯定理忽略了收入分配效应。科斯定理所企图论证的是不同的产权分配方式不会影响资源的配置，即任何产权分配方式都会导致帕累托最优状态。然而，即使科斯定理的论证是正确的，不同的产权分配方式仍可以造成不同的收入分配，而这种在收入分配上所导致的后果却为科斯定理所忽视。一位西方学者写道："科斯定理的假设条件是收入上的影响很小而交易费用又可以忽视不计，这两个假设条件在实践上不大可能是正确的。"用我们的例子来说，如果工厂具有排放烟尘的产权，那么安装除尘器的150元费用会由5户居民所支付。如果居民有不受烟尘污染的产权，那么除尘器的费用便要由工厂主所偿付。两种情况虽然都代表帕累托最优状态，然而在前一种情况,居民的收入减少了 150 元(因为要支付安装费用),而在后一种情况,工厂主的收入则降低 150 元。即使科斯定理是对的,它也只能保证两种情况都处于帕累托最优状态,而不能避免产权分配所带来的收入分配的改变。换言之,科斯定理所追求的只是最低的成本和最大的产值,至于说谁来支付最低的成本或享用最大的产值则不在该定理涉及的范围之内。

收入分配的差异是不同的产权分配所造成的重要后果之一,甚至可以说是最重要的后果,而不公平的收入分配可以导致生产下降、社会动乱,甚至社会制度的改变。谈论产权的改变而忽视它对收入分配的影响就是抽象掉了这一问题的最主要内容。

基于上述三个方面的原因,在西方,科斯定理的正确性和应用价值在很大程度上受到怀疑与责难,至少可以说,有关该定理的正确性和应用价值的问题仍处于争论之中。由于科斯定理所说的产权指私有产权,因此尽管科斯分析西方生产制度结构的方法可能是有用的,但科斯定理运用于我国所有制改革时,我们应该持特别慎重的态度。

资料来源:本专栏引自王东京:《科斯定理与产权经济理论——现代经济学的主要理论(三)》,载《石油政工研究》2004 年第 3 期,第 25 页。

(二) 自然资源价值论的确立及生态伦理观的生成

前文我们已经指出环境问题产生的伦理与思想根源在于人总是企图征服自然,取得对自然的统治和支配权。人们以占有、索取和改造的方式拥有自然,人相对于自然是征服者、是主人,自然在人的面前是臣民、是奴隶,这就是人类中心主义的基本表现形式。人类中心主义在文艺复兴所倡导的古希腊人文精神的推动下,在西方一直居于主导地位。在主客二分思维模式的怂恿和辅佐之下,它几乎使"整个地球为之震颤"[①]。它不惜伤害来自地

[①] 林娅:《环境哲学概论》,中国政法大学出版社 2000 年版,第 172 页。

球上的任何对手,只求能够最大限度地保存和发展自身,表现出了无限膨胀的主体性。持该观点的人,其依据之一就是,世界上任何事物都是以自我为中心的,从生物进化的角度看,都需要物种的自我中心主义,才能避免灭种的危险。在这种意义上,人类中心主义是无可厚非的,然而他们却忽略了这样一个最基本的事实,那就是自从人类作为自然界的对立而产生之后,特别是进入工业文明以来,除了人类自身以外,已经没有哪一个物种能够威胁人类的存在,相反却是人类正在威胁和毁灭着它身边几乎全部的生物物种;其依据之二是认为当前人们倡导环境保护、治理污染、维持生态平衡也都是从人类的角度,以关心和爱护人类生存为基本价值前提的,是以人的利益为出发点的。一言以蔽之,都是以人类为中心的,离开了人的利益,也就无所谓环境保护的问题。该论据的谬误之处在于:人们的一切要求,包括保护环境,捍卫人类生存的唯一家园——地球,虽然都是为了实现人类发展与社会进步这一终极目标,但这只是人类理性行为的结果,而不应成为人的利益的出发点。因为人类自身的解放程度,取决于人类对自然的解放程度,如果以人的利益和人的价值为出发点来协调人与自然的对立和冲突,就无法实现人类完全一致的利益。[①] 既然我们人类常常将自己自诩为万物之灵,常常夸耀我们拥有区别于自然界其他物种的特质——理性思维,那么我们就更应该对自己的行为进行认知,对自我的需求进行约束与监控。因此超越传统的人类中心主义是环境问题对人类在环境伦理取向上提出的客观要求。我们的基本目标应该是加速改变对于人与环境关系的伦理认识,以便在现有地球生态系统破坏殆尽之前使人类文明的模式进入一种新的平衡。而这种设想在自然资源价值论和生态伦理观生成的过程中,逐渐成为了现实。

就像当初人类中心主义论要经历一场"哥白尼式的革命"才能摧毁宗教神学和伪科学的束缚,确立自己在伦理学中的核心地位一样[②],今天对传统人类中心主义论的破除同样需要有充分的理论积累和事实铺垫。人们要摆

[①] 胡嘉滨、周玉华:《环境立法的伦理取向与价值追求》,提交给"2001 年环境资源法学国际研讨会"的论文,福州大学,2001 年 10 月,第 94—95 页。

[②] 〔英〕彼得·拉塞尔:《觉醒的地球》,王国政等译,东方出版社 1991 年版,第 3 页。

脱人类中心主义论的桎梏在客观上需要有两个基本的理论前提：首先，人们必须认识到，长期以来被人们称之为"取之不尽，用之不竭"的自然资源本身具有不被人们主观意志所左右的客观价值，即自然界拥有为人们所尊重的物质基础；其次，以此为基础，人们必须认识到，长期以来被人们蔑称为仅具有工具理性和使用价值的自然具有脱离人类利益的元价值，即自然界并非人类的附庸，它拥有为人们所尊重的伦理基础。随着日益严峻的环境危机带给学者们的反思，加之近世以来社会科学的发展，现在这两个前提已基本被满足。前者表现为自然资源价值论的提出，而后者则反映为"弱化的人类中心主义"和"非人类中心主义"伦理观念的生成。理论上的跨越式进步，为人类最终摆脱人类中心主义的羁绊奠定了基础，也为在法学框架内建构更为适应环保要求的制度体系提供了可能。

在我们今天的社会生活中，被认为具有重要物质价值的自然资源，曾经经历过在"天赋"和"大自然恩赐"等无价值论阶段的尴尬，是以下三种价值论的提出为其正了名，并在此基础上最终建立起了自然资源价值论的大厦。这三种理论学说分别是把自然资源价值的起源归结为"稀缺性"的以法国人瓦尔拉斯(Leon Walras)和布拉马基(Bramwich)等为代表的稀缺价值论[1]；把自然资源价值的起源归结为"效用"的以法国人孔狄亚克(Condillac)和萨伊(Say. J. B)为代表的效用价值论[2]；把自然资源价值的起源归结为劳动的

---

[1] 稀缺价值论者认为凡是世上过分多余、任何人都可以随意获取的财物，无论它们多么有用，谁也不愿意花代价来取得它们。因而物品的数量与物品的价值成反比。按稀缺价值论分析自然资源，可以得出以下启示：第一，自然资源（除恒定资源外）的价值，特别是不可再生资源的价值是确定的；第二，赋存量越少的自然资源，价值量越大；第三，恒定资源的价值量最低。参见〔奥〕弗·维赛尔：《自然价值》，陈国庆译，商务印书馆1991年版，第51—52、69页；肖国兴、肖乾刚编：《自然资源法》，法律出版社1999年版，第19—20页。

[2] 效用价值论者认为"没有人会愿意用任何物品去换取全然无用的物品，但谁都会让出他已经占有的物品，以换取他需要的物品"。"价值是以财物所提供的需要满足为根据的，正是对需要的满足才具有价值，才'值钱'，才对我们有'重要性'……财物的价值导源于需要的价值。"按照效用价值论分析自然资源，可以得到以下启示：自然资源的价值是无可非议的。无论在什么地方，自然资源的价值都是构成社会财富的物质基础；客观上自然资源有用，主观上人们需要，即其具有客观真实效用和主观假想效用。参见〔法〕萨伊：《政治经济学问答》，载莱昂·瓦尔拉斯：《纯粹经济学要义》，蔡受百译，商务印书馆1989年版，第208页；〔奥〕弗·维赛尔：《自然价值》，陈国庆译，商务印书馆1991年版，第56—78页；肖国兴、肖乾刚编：《自然资源法》，法律出版社1999年版，第18页。

以亚当·斯密和卡尔·马克思为代表的劳动价值论。① 尽管三种学说在阐释自然资源价值的起源上存在分歧,但对自然资源具有价值这一事实却都是予以肯认的(劳动价值论肯认的是市场中的自然资源)。这就为自然资源价值论的成立扫清了障碍,也为在此理论基础上建构相应的法律制度体系(如以环境要素价值论为基础确立排污权及其交易制度)提供了坚实的理论沃土。

在破除人类中心主义论的过程中,另一重要的理论建树便是"弱化人类中心主义"和"非人类中心主义论"的生成。所谓"弱化的人类中心主义"是美国哲学家诺顿(Norton)为与传统的人类中心主义相区别而提出的概念,这种弱化的人类中心主义懂得根据人类价值和理性的归结认识自然界,它更为注重人作为一个"类主体"的整体和长期利益诉求。② 该主张提出以后,受到了包括德国著名哲学家霍尔茨(Holzner)和美国著名学者墨迪

---

① 劳动价值论者认为"商品具有价值,因为它是社会劳动的结晶。商品价值的大小或它的相对价值,是由耗费于、体现于、凝固于各该商品中的相应的劳动量或劳动额来决定的"。在马克思看来,自然资源虽没有价值,但开发利用者却要向资源所有者支付代价,即地租。地租是一种交易成本,是不同产权主体的交易费用。为说明自然资源与地租之间的密切联系,他指出:"资本是能够带来剩余价值的价值,资本化的地租当然是价值体,因此资本化的地租表现为土地价格或土地价值。"因此,我们可以认为那些以劳动价值论为据,否定自然资源具有价值的主张,至少是片面和不准确的。按照劳动价值论分析自然资源价值,可以得到如下启示:第一,自然资源在自然赋存(自然力状态)时是无价值的,但却是价值的承担者——自然基础、使用价值;第二,自然资源作为所有权客体被用来交换时,其他商品或媒介物的价值就会表现在它们身上,使之价值化进而使之资本化。只要自然资源进入市场,它的价值就是现实的和无法否定的。参见马克思:《工资价格和利润》,中共中央马克思恩格斯列宁斯大林著作编译局译,外文出版社1975年版,第34—35页;马克思:《资本论》(第3卷),中共中央马克思恩格斯列宁斯大林著作编译局译,人民出版社1972年版,第704页;肖国兴、肖乾刚编:《自然资源法》,法律出版社1999年版,第21—23页。

② 为展示这种伦理观念的产生及其未来走向,有学者根据人与自然之间的"需要—价值"结构,把人类中心主义分为三个层面。第一种功利层面的人类中心主义,其特点是以人的短期的个别利益为价值,同自然环境建立一种直接的、片面的物质关系;第二种是生态伦理学层面的人类中心主义,其特点是以人类的普遍利益和长远利益为元价值,融合人类的各种短期利益,同自然建立一种长期的物质平衡关系;第三种是哲学人类学层面的人类中心论,其特点是容纳并超越了人与自然之间单纯的物质关系,以人的最终解放为元价值,旨在建立人的完整本质和需要同自然之多维价值的全面联系。在这三个层面中处于底层的功利主义人类中心主义,相当于已被实践否定的人类中心主义;生态伦理学层面的人类中心主义有极大的合理性,它与弱化的人类中心主义相当;而哲学人类学层面的人类中心主义突破了人与自然的片面、狭隘的物质关系,强调了人与自然的审美的、精神的关系,代表着人类中心主义未来的走向。参见丁立群:《人类中心主义论与生态危机的实质》,载《哲学研究》1997年第11期,第58—63页。转引自蔡拓:《可持续发展——新的文明观》,山西教育出版社1999年版,第196—197页。

(Modi)等的支持。① 他们指出:"我们主张的人类中心主义就是努力从人类整体的利益出发考虑人与自然的关系,考虑在与自然发生关系时人与人应该有怎样一种合作和互助精神;主张在一切科学研究成果的基础上进行理性抉择。"②

与"弱化的人类中心主义"同时兴起的还有一种对传统的人类中心主义批判得更深刻、决裂得更彻底的学说——非人类中心主义论。其基本观点是③:第一,人类是自然界中平等的一员,它的存在和行为方式受自然界整体性质与状况的影响。在地球生命共同体中,还有许多非人类成员,它们以自己的方式生存在地球上,所以地球是人和万物的共同家园,而人类则不是地球的主宰。④ 第二,不能仅仅从人类的利益和价值出发去谈论环保,协调人与自然的关系,而应该从有益于所有生物的生存,有益于生态共同体的角度去反思和调整人与自然的关系。因为生态平衡要求我们对人类在地球生态系统中所起作用的认识进行深刻的变革。⑤ 第三,自然的意义是历史地变化的,人与自然的关系也是历史地展现的,因此人类应审时度势,选择与文明发展程度相匹配的人与自然的关系。随着文明的更替,自然的意义经历了"从敌人到榜样,从榜样到对象,从对象到伙伴"的变化⑥,此时仍坚持对象性关系(即视自然为掠夺、征服的对象)是错误的。人类必须挖掘人与自然关系的丰富性,以开放的心态和宽广的胸怀重新定位人在自然界中的位置,与自然建立起协调共生的、全面的关系。⑦

尽管上述两种新学说在协调人与自然伦理关系的思辨方式上存在着不

---

① 〔德〕霍尔茨:《自然、技术、生态》,载《国外社会科学》1989年第8期,第25—29页。
② 章建刚:《环境伦理学中的一种"人类中心主义"的观点》,载《哲学研究》1997年第11期,第49—56页。
③ 参见蔡拓:《可持续发展——新的文明观》,山西教育出版社1999年版,第198—199页;米坦:《环境伦理学理论与实践》,环境出版社2002年版,第111—121页。
④ 〔德〕汉斯·萨克塞:《生态哲学》,文韬等译,东方出版社1991年版,第59页。
⑤ 〔英〕弗里乔夫·卡普拉:《转折点——科学、社会和正在兴起的文化》,卫飒英、李四南译,四川人民出版社1988年版,第405页。
⑥ 〔德〕汉斯·萨克塞:《生态哲学》,文韬等译,东方出版社1991年版,第33页。
⑦ 蔡拓:《可持续发展——新的文明观》,山西教育出版社1999年版,第199页。

同,但它们都将矛头指向了传统的人类中心主义论。结果是,它们与前述的自然资源价值论一起,共同破解了长期钳制人类思想、制约环保行动的人类中心主义论。至此,曾经作为环境问题产生原因之一的伦理因素,完成了由反动向进步的转变。作为这一转变成果的新的环境伦理观的生成,在潜移默化地导引人类行为的同时,也为环境立法的理念革新和制度建构注入了全新的意识流,这就为勾勒排污权及其交易制度的努力提供了充分的伦理基础和逻辑力量。

专栏2.3 环境伦理观的嬗变

进入20世纪60年代后,一度陶醉于征服自然的工业化巨大成就的人类开始意识到,工业文明在给人们带来舒适方便的生活的同时,也给自然环境造成了严重危害。全球性的生态系统失衡和生存环境的不断恶化,不仅促使经济学家和环境科学家为社会的可持续发展寻找着出路,同时也促使哲学家从环境伦理方面进行反思。从人类中心论到生态中心论的演进反映了西方环境伦理思想的发展轨迹。

1. 人类中心论

人类中心论是西方传统的伦理思想,它把人类视为自然的征服者和统治者,把自然界排除在道德范围之外,认为道德是调节人际关系的规范,维护人的利益是道德的目的,而自然界则只是满足和实现人类欲望和需要的工具。

人类中心论观点的来源可以追溯到古代欧洲思想家,苏格拉底曾说,思维着的人是万物的尺度,这其中就包含着以人类为本位来看待人与自然关系的思想。然而,这种观念的大行其道是在17世纪以后,近代科学技术的发展、启蒙运动的兴起、人道主义和理性主义思想的传播,使人类中心论被进一步强化,特别是工业化的迅猛发展,人类以前所未有的规模和速度向大自然开战,在短短两个多世纪中就使我们唯一的家园——地球,变得伤痕累累、危机重重。人类中心论的后果既伤害了地球的生态系统,也伤害到了人类自身。

2. 现代人类中心论

1974年,澳大利亚哲学家帕斯莫尔撰写的《人类对自然的责任》一书出版,这是当代哲学家最早以传统哲学观点反思环境问题的著作,也是现代人类中心论的代表作。帕斯莫尔指出,西方传统哲学思想中虽然存在着建立人与自然正确关系的道德萌芽,但传统哲学和宗教把人类视为自然界绝对主宰的观点是错误的,人类应该热爱和保护大自然。然而,他的伦理观念依旧是以人为中心的,认为自然本身并无内在价值可言,人类关注、尊重自然并对自然负有保护责任完全是人类的利益使然。由此可见,在人与自然的关系问题上,现代人类中心论的主要观点是:人类是自然的主人,是自然的管理者和受益者;人类比自然界具有更高价值,是道德关怀的主要对象;利益是人类行为的始点和终点,人与自然没有实现平等权利的共同基础。显然,现代人类中心论的研究方法基本上没有超出传统理论的范围,它是在传统伦理学框架内建立起来的一种环境伦理学学派。它强调道德权利的社会性,反对把道德权利扩大到人以外的自然界。它遵循的只是这样一种原则:人类的行为必须符合自身的整体利益和长远利益。因此,自然界的某些物种或存在物要是对人类无益,灭绝了或毁坏了也无妨。如此,人类社会的发展必然会对自然界的平衡和完整造成某种伤害。

3. 动物权利论

动物权利论是主张把价值主体的界限从人类扩展到动物的一种环境伦理学观点。20世纪60年代以来,世界各地动物保护组织纷纷成立,有关"动物解放"、"动物权利"的伦理学观点也开始形成。此类观点不但反对虐待动物、提倡保护动物,而且还强调动物应具有独立的生存价值和道德权利。动物权利论的两个主要代表人物是澳大利亚学者辛格和美国哲学家里根,他们从不同角度论证了人与动物之间的伦理关系。判断人或动物是不是价值主体和拥有道德属性的根据是什么呢?辛格在其代表作《动物的解放》(1976)和《实践伦理学》(1979)中指出,这一标准应该是"感觉",即感受快乐与痛苦的能力。他认为在感受能力方面,动物与人是相似的,因此动物理应享有与人一样的道德权利,人类应当承认动物的内在价值,维护动物的平等权益。里根的主要代表作是《为动物的权利辩护》(1985),他提出的动物权利论观点强化了生命主体的概念。他指出,一个生命具有天赋价值的根据不在于他是不是理性的,而在于他是一个"生命的主体"。幼儿、智障者、精神病患者都不具有理性的思维和语言及选择的能力,但谁也不能因此而否定他们是人类中平等的成员。所以,里根认为动物和人一样,也是拥有天赋价值的生命主体,它们应当被当作目的的本身而非工具来对待。同时,人类除了要尊重动物的天赋价值之外,还要赋予它们应享有的道德权利,即不遭受痛苦虐待和被随意宰杀的权利。动物权利论肯定了动物的内在价值,为动物保护提供了理论依据。

4. 生命中心论

生命中心论的代表人物是德国哲学家施韦泽和美国学者泰勒。在《敬畏生命》一书中,施韦泽系统地阐述了生命间平等的思想,他把道德的范围扩大到一切生命,要求人类对一切生命承担道义责任,这种对待生命的态度与一般意义上的动物保护有着明显的差别。他认为,"敬畏生命的伦理学否认高级的和低级的、富有价值的和缺少价值的生命之间的区别",地球上的所有生命(包括植物)都是神圣的、平等的,它们没有人类主观赋予的高低贵贱之分。同时,那种人类认为自己处于自然界最高端的想法也是纯主观的等级划分。泰勒撰写的《尊重自然》(1986)一书代表了生命中心论学说的新发展。泰勒生命中心主义自然观的基本观点有四个方面:人类是自然界的普通一员,人类与其他物种都遵循着同一进化过程;地球生物圈所有物种都存在着相互依存的复杂的种间关系;生物个体是生命的目的中心,其内部功能和外部行为都有自己的目标指向;一切生命个体都具有独立于人类评价者的内在价值,人的优越性是对其他物种的歧视。除此之外,泰勒还针对人类的行为提出了四点原则:不作恶原则,即不毁灭其他生命个体和种群;不干涉原则,即让"自然之手"进行控制和管理;忠诚原则,即人类须认真履行道德代理人的责任;补偿原则,即对被伤害的生物种群予以补偿,保持种群间的自然资源均衡分享关系。泰勒试图用这些原则来化解人类与其他物种间的伦理冲突,并指出人类只有在生命和健康受到威胁时才可对其他生物进行反击。然而在实践中,生命中心论观点却存在着一些难以解决的问题,尤其是当人类和其他生物发生利益冲突的时候,该观点就会陷入一种两难的境地。

5. 生态中心论

生态中心论区别于生命中心论的主要论断是人类应当把道德关怀的重点和伦理价值的范畴从生命的个体扩展到自然界的整个生态系统。这种伦理价值范围的扩张最早来自于美国生物学家利奥波德的"大地伦理"思想。利奥波德的哲学文集《沙乡年鉴》在1949年出版,书中最为核心的环境伦理观点有以下几点:人类与大地是一个命运共同体;人类的伦理道德观念应从人与人、人与社会的关系扩大到人与大地之间的关系;大地的景观审视与伦理审视应当是一致的。利奥波德认为,"大地伦理是要把人类在共同体中以征服者面目出现的角色变成该共同体中平等的一员。它包括对每个成员的尊重,也包括对共同体本身的尊重"。美国哲学家罗尔斯顿三世是当代西方环境伦理学领域的重量级人物。他继承了利奥波德的大地伦理思想,他在书中创造性地提出了自然价值论,这一具有代表性的理论使环境伦理学进一步系统化。他的主要观点可以归纳为以下几点:强调自然价值的客观性和客体性,反对传统哲学的价值的主观性和主体性;自然的价值主要体现在它的创造性,即各类生物在自然环境中生存、依赖、竞争和发展并使自然界本身得以进化;自然的价值是由生态系统的内在整体结构决定的,其全面的协调和发展是人类发展的基础。与动物权利论和生命中心论不同的是,罗尔斯顿在强调自然界的内在价值和系统价值的同时,也承认自然界以人为评价尺度的工具性外在价值,而且他还提出自然界价值的多样性:支持生命的价值、经济价值、科学研究价值、基因多样性价值、历史和文化价值、治疗价值、哲学价值、艺术价值和娱乐价值等等,为人类对自然界的深刻认识和道德关怀拓展了更为开阔的思路。

资料来源:本专栏引自赵晓红:《从人类中心论到生态中心论——当代西方环境伦理思想评介》,载《中共中央党校学报》2005年第4期,第35—38页。

(三) 法律自身的演进及划时代变革的践行

伴随着现代法治进程的不断迈进，前文曾经提到的环境问题的三大法律成因现在均出现了有利于环保方向的发展。一方面，曾经存在过的环境资源法律供给不足的局面已经彻底改观，执法的严肃性也有所加强；另一方面，诸如《清洁生产法》、《固体废弃物污染环境防治法》等一批体现"源头治理"和"全程控制"理念的法律得以颁行，这标志着立法者的法治意识已发生了科学的位移。更为重要的是法学理论和法律自身的革命性变革，一扫环境资源法片面依靠行政强制调整机制的阴霾，为提高环境立法的绩效，建构新型的环保法律规范带来了难得的机遇。

揭开环境资源法律告别行政强制机制大幕的是经济分析法学，它是20世纪20年代的制度经济学派和30年代的法律现实主义运动的共同产物，其代表人物是美国芝加哥大学法学院的理查德·波斯纳（Richard. A. Posner）教授。该学派主张用经济学的准则和价值观判断研究法律问题，淡化法的正义标准（此点值得商榷）而推崇法的经济效益，重视对法律机制进行经济分析，强调促进法的经济效益和选择最优效益。[①] 概括起来，经济分析法学对于环境法摆脱调控机制单一局面的贡献主要表现在：第一，它注重定量分析，从而填补了因环境伦理学、政治学、历史学和人类学等学科片面倚重定性分析造成的选取法律调控机制背景资源单一的缺陷；第二，传统法学往往忽略法律制度和法律措施在经济上的效益，经济分析法学的实证分析方法和价值，能够对具体法律规则、调控机制进行实证分析，填补了上述缺陷；第三，经济分析法学一改传统法学价值评判体系的一维性，在传统的正义和效益之间找到了结合点，开创了法学研究的新视野；第四，经济分析法学虽然有功利主义、实用主义之嫌，但如对其加以理智运用，则对于抓住隐藏在法律问题之后的真正价值，进而为环保法制的进步和发展提供新的思

[①] Richard A. Posner: *Economic Analysis of Law*, 6th ed., CITIC Publishing House: Aspen Publishers, Inc., 2003, pp.14—18.

维模式和分析手段都大有裨益。① 随着20世纪六七十年代该学派在世界范围内的兴起,经济分析法学的理念和方法也被引入了我国的法学研究之中,尽管对其效用究竟如何学界尚未有量化的结论,但其促进了环境法调整机制的多元化却是不争的事实。

除经济分析法学运动之外,将现代法律变革推向高潮的还有源自20世纪初的公、私法融合运动。前文我们曾经提到,正是由于近代法学片面坚持绝对主义的公、私法划分,才导致了环境资源立法对行政强制机制的一味依赖。今天,随着公、私法融合趋势的出现,传统的环境立法已在多个方面体现出了对私法理念和制度的期待和诉求;与此同时,作为私法之魂的民法也在这一趋势的演进中实现了由个人本位向社会本位的转化。而它们两者的良性互动,则为在环保领域形成以行政强制机制为主,多种协调机制并存的法律调控模式创造了条件。

可以毫不夸张地说,于现代法制史上出现的这一变革对各部门法均产生了深远的影响。对于环境法而言,这种影响突出地体现为其对私法理念及其制度保障的追求和向往。这里仅以有关环境法调整对象的理论突破为例加以证明。

如果从存在方式上加以甄别,我们所寄居的地球可以被划分为人类社会和自然生境。而环境法正是在人类与自然这两者的接合处肩负着其艰巨的使命。之所以谓为艰巨,原因在于人类社会与自然生境都有各自独特的秩序表达方式,这就使规范他们两者的环境法具有了一个不同于其他法律部门的鲜明特点:它的视野必须跨越人类与自然这两个既泾渭分明又盘根错节的领域。这也许是实在法有史以来都不曾面对过的。② 因此,其要在这复杂之地,构建法律关系,以期维持这两者各自秩序的和谐,必以首先回答一个基本的世界观问题作为前提,这就是在环境法的视域中,人类与自然的关系究竟为何,换言之环境法的调整对象究竟是什么?

---

① 蔡守秋:《当代环境资源法中的经济手段》,载《法学评论》2001年第6期,第47—52页。
② 李萱:《环境法学的理论困境及其出路》,清华大学法学院硕士毕业论文,2003年7月,第27页。

对于如何求解这个关乎环境法未来进路的问题,理论上给出了两条思路:其一,人类与自然的和谐关系应通过人与人之间"社会关系"的重塑和协调来实现①,在这一结构中,自然仅是人与人之间发生适法社会关系的一个中介。体现在法律上,就是通过对以自然为客体的权利、义务关系的重新配置,在规制人际关系的同时,实现对人与自然关系的调整。其二,扩大环境法的调整对象,认为其不仅调整人类社会,还应调整自然生境。应把自然作为环境法的直接调整对象,承认其法律主体资格,赋予其适当的法律权利。

至此,在如何确定环境法调整对象的问题上,理论界进入了一场源自于两种不同法学思维进路的论战。前者从客体入手,以罗马法上的"公共信托规则"为理论支援②,拟通过重新型构出一个以自然为客体的权利、义务规范体系的方式,实现对自然的法律管制;后者自主体切入,以自然权利论为理论铺垫,拟通过赋予自然主体资格的方式,实现对自然地位的"拨乱反正"。尽管两者在立论基础和思辨模式上大相径庭,但它们在立法技术上对私法制度的依赖却不分伯仲。对于前者而言,要想建构以自然为客体的法律关系,必须首先确认自然作为一种客观实在与既存的法律文化和法律秩序规则不相违背;然后在此基础上还要对有关自然的产权归属、权利分类、用益分配、行使移转、灭失终止等一系列法律制度作出设计,而此间的每一项制度,都是作为私法的民法的重要组成部分。因此,表面上形似公法规范的客体论,其在内容上应有相当部分归属于私法法域。同样,对于后者而言,要想使自然主体的权利得以实现,也必须依赖重新型构与之相适应的民

---

① 该理论又称为社会关系说,认为环境法的调整对象是人与人之间的关系,"人与自然的关系不能也没有必要成为环境法的调整对象,自然物至多只是一个中介,不能成为环境法律关系的主体。同时环境法的调整对象应定位在人——自然——人的系统结构中。在这一结构中,自然本身不是目的,自然背后的人才是归宿。"参见武汉大学环境法研究所:《2001年环境资源法学国际研讨会学术综述》,载《法学评论》2002年第3期,第150页。

② 根据 B. Black's Law Dictionary 的解释,"公共信托规则"(Public Trust Doctrine)是指,对于为公共用途(航行、渔业、休闲)而保有的水域和水下的陆地,政府作为公共的信托人,负有保持和保护为上述公共用途使用这些陆地和水域的权利。公共信托规则具有以下几个要素:(1) 公共信托是一种法律利益。(2) 这种权利由政府行使。(3) 适用的地域限于适于航行的以及有潮汐的水域和海岸线。(4) 其目的是为了公共利益。参见:http://law.utoledo.edu/LIGL/public.trust.doctrine.htm。

事行为能力制度方有可能。在传统法律关系模型中,行为能力的取得和权利的实现需要遵循私法自治的原则,而私法自治的实现需要践行能够使法律行为发生效力的意思表示这一法律工具。① 对于现有的法律主体而言,无论是自然人抑或团体,都有一套意思表示的法律制度,在他们行为能力欠缺时,又会辅之以代理、监护或代表等制度以伺救济。据此自然要想成为真正的法律主体,必以首先在私法法域内建立起有效的行为能力补足机制作为前提。可见,无论环境法选择何种理论来作为其确定调整对象的立论根据,它对私法制度的依赖都成为制度建构的基本前提。由此事例推而广知,我们有理由相信,在公、私法融合的法制背景下,环境法对私法制度的吸收和借鉴将作为一种常见的法律现象,长期存在下去。而这必将进一步激发私法法域中与环境资源相关的各项制度的蓬勃发展。

与此遥相呼应的是作为私法的民法在公、私法融合的时代背景下,也开始出现融入公法色彩的制度和条文。这一现象在民法的发达史上被称作民法的社会化倾向(也有学者将之概括为私法的公法化)。对于如何看待民法自 20 世纪以降所形成的社会化走向,目前学界的观点不尽一致。认为自 20 世纪始,资本主义内部发展阶段的更替,改变了国家的经济职能。国家广泛、深刻地参与、干预传统的私权社会,终使权利本位时代形成的民法三大原则出现了相对化倾向,是为民法社会化位移之产生。② 此种认识在经济学上得到了印证。在著名经济学家曼瑟·奥尔森(Manser. Olson)看来,当今时代经济学乃至整个社会科学领域实际存在着两个基本"定律"。其一是指:在某种情况下,当个人仅仅考虑其自身利益时,集体的理性结果会自动产生。而"定律二"则指出在一定条件下③,"定律一"会失效,即不论个人如

---

① 李萱:《环境法学的理论困境及其出路》,清华大学法学院硕士毕业论文,2003 年 7 月,第 47 页。
② 梁慧星:《民法总论》,法律出版社 1996 年版,第 34—38 页。
③ 经济学界有学者认为这里所谓的"一定条件"是指在自由市场竞争条件下,社会资源所能容忍的每一社会个体自益行为之和的最大极值被突破这一事实的发生。

何精明地追逐自己的利益,社会的理性结果都不会自发地出现。① 此时只能借助于"引导之手"或适当地制度安排,才能取得合理的社会效果。这便是经济学应对"市场失灵"的理论对策。显然,这种对策与前述民法学者的认识是一致的。但是民法的社会化走向在剥离了经济这一基准性因素外,是否还受到其他因素的影响呢?我们认为答案是肯定的。诚然,以上层建筑形态出现并被奉为经济实态晴雨表的民法的任何制度变迁均要以经济的动向为参照和归宿,但是作为一种制度文明存在的民法,一旦形成自己的定式,便会具有相对于其经济基础的独立性。这种独立性形成后,谋求对民法的走向产生微妙而作用持久的影响便是十分自然的。② 我们认为附着于民法的这种独立性便是其历久而弥真的人文主义情怀。③

在近代西方自由主义思辨哲学的作用下,个人本位的民法思想被提炼成为一种以理性为特征的人文主义精神。而作为人与人之间的内在规则,民法所包含的人文精神,首先就体现在其极富个人主义色彩的调整机制上。近代民法是通过满足个体利益的需求来实现对群体和社会利益进行调整的,显然在作用机理上,这是一个由点到面再到片的过程。其立论的依据在于个人是群体和社会的最小分子,只要个人的利益得到了满足,那么群体和社会的利益便自然会得到满足。现在看来,这种认识的缺陷是明显的,其失误之处在于,它在重视和看到个体利益存在的同时,忽略了对三个最基本要素的考察。其一,个体与个体之间存在着利益冲突,对某一特定个体合理的制度安排不见得能满足其他个体的利益。其二,个体与个体的初始境遇不同。不同个体对相同法律环境的认知和评价会因各自所处经济地位和社会地位的不同而不同,有时甚至会相去甚远。其三,个体价值判断标准是社会价值判断标准中最苛刻、最严格的。因为每个人都会对自己的利益格外关注,基于利益的利导作用,个体价值的判断标准要比群体或社会利益判断标

---

① 这种以漠视社会利益为代价追求个人利益的现象即为前文所论及的"外部不经济性"是市场机制调节的盲点之一。
② 邓海峰:《民法发展趋势释评》,载《学术交流》2002 年第 4 期,第 34 页。
③ 同上。

准高得多。因此,让法律以社会利益调谐器的身份,选择以个体利益调整机制作为制度的出发点和归宿点,实有强法律所难之嫌!对民法调整机制的反思帮助人们纠正了过去对人文主义精神的片面理解,而这种属于认识论层面的进步则推动了民法由近代走向现代的历史进程。

经济环境的变化加之对民法调整机制的反思共同促成了民法社会化位移的实现,具体表现为绝对所有权理念受到限缩[1],建立在"环境公共财产论"基础之上的所有权多元化格局初步显现[2];传统的契约自由法理受到挑战,包括广义综合契约在内的新型契约关系渐趋生成[3];过错责任原则统揽责任法全局的局面被打破,民事责任归责客观化和责任形态多样化的趋势形成[4];原有物权体系渐次松动,以准物权为代表的具有公法色彩的制度日臻成熟。[5] 上述发展和变化在增强民法适用性的同时,极大地拉近了其与作为公法的环境法的距离。这就为在民法法域内构建以解决环境问题为目标和评价尺度的新型制度创造了条件。

在公、私法融合的时代背景下,环境法与民法关系的拉近乃至相互渗透在客观上创造出了一种奇异的现象,它将原来处于公法与私法分野之间的空白地带,引入了法律的观察视野。完成演化后的环境法与民法在调整范围上出现了交叉,在制度设计上部分地实现了兼容,这就为重新整合两者的制度体系,将私法的理念和经济调控机制引入环境法中以置换其对行政强制机制的过分依赖创造了条件。至此,我们可以说曾经横亘于法律与环境问题之间的诸多藩篱已随着经济分析法学的兴起和公、私法融合的实现逐渐化解和消融。如今制约将经济调控机制引入环境法的障碍只剩下一个了,那就是落后的法律制度设计。而排污权及其制度体系的引入无疑将成

---

[1] 陈泉生:《论可持续发展与民事私法自治内容的补充》,载《东南学术》2002年第4期,第81页。
[2] 郑少华:《可持续发展与第三次法律革命》,载《法学》1997年第11期,第18—20页。
[3] 江山:《广义综合契约论——寻找丢失的秩序》,载梁慧星主编:《民商法论丛》(第6卷),法律出版社1997年版,第275—281页。
[4] William. H. Rodgers, *Environmental Law*, 2nd ed., St. Paul, Minn.: West Pub. Co., 1994, p.54.
[5] 有关准物权理论可参阅崔建远:《准物权研究》,法律出版社2003年版。

为化解这道障碍的有益尝试。[1]

三、本章小结

本章的论题之所以被定义为排污权制度生成机理的宏观检视,意在交代排污权及其交易制度产生的时空条件和制度基础。我们知道排污权及其交易的理念是在近代环境问题日益严峻的社会背景中提出来的,因此,排污权制度的价值取向和体系构建必然深受环境问题产生原因的影响和左右。事实上,正是由于近代市民社会成员所具有的"经济人"本性,诱使着人们实施各种以牺牲环境公益为代价的利己行为;正是由于人们所普遍认同的"人类中心主义"伦理观剥夺着环境在人们面前本应具有的价值和尊严;还是由于人类社会立法资源和法治理念的贫乏和落后阻碍着社会对环境的救济和支援。因此,人们要彻底疏缓和根治环境问题,为排污权正名、立形,就必须首先在上述三个领域取得重大的理论突破,亦即排污权及其交易制度的确

---

[1] 当然,在分析法律自身变革的同时,我们亦不应忽视环境法自身价值理念的不断提升为制度建构层面带来的诸多积极变化。建构于人类中心主义伦理观之上的不可持续发展观引发的生态环境危机使人类陷入生存和发展的困境,也唤醒了人类对日益严峻的环境问题的关注,开始采取多种举措,包括通过加强环境法制建设以应对环境危机。受人类中心主义、生态中心主义和可持续发展观的深刻影响,环境法的价值理念也经历着从"人类优先"到"环境优先"再到"可持续发展"的艰难转型。20世纪末可持续发展新战略被确立后,当代环境法也逐渐确立了符合生态环境保护的可持续发展的价值理念,即环境法已经由以人类利益保护为中心朝着以人类和地球自然、环境和生态系统的全体利益保护为中心的方向发展,环境法的目的除了为保护人类的健康而保护环境外,还包括为了世代间的利益、实现可持续发展以及保护人类对环境的享受权和自然的权利。如1990年韩国的《环境政策基本法》第2条对其立法目的作了如下规定:"鉴于环境容量及其保持,保护舒适的环境并且维持人类环境之间的协调和平衡,是国民健康、文化的生活以及国土保持与国家可持续发展所必不可少的要素……应当对环境保持予以优先考虑。在当代国民能够广泛享受环境恩惠的同时,使后代得以继承。"日本1993年的《环境基本法》第4条规定:"必须以健全经济发展的同时实现可持续发展的社会构筑为宗旨,实现将社会经济活动以及其他活动造成对环境的负荷减少到最低限度,其他有关环境保全的行动由每个人在公平的分配负担下自主且积极地实行,既维持健全丰惠的环境,又减少对环境的负荷"。由上观之,西方发达国家的环境法基本上都体现了将环境保护与经济发展、社会进步有机结合起来的可持续发展价值理念。而上述变化为我们型构同样体现可持续发展理念的排污权制度创造了有益的法制基础。转引自贺思源、曹钟安:《论环境伦理观的嬗变对环境法价值理念的影响》,载《法制与社会》2006年第10期,第218页。

立必须以导致环境问题产生的经济根源、伦理基础和法制环境发生彻底改观和飞跃作为制度前提。值得庆幸的是,这一使命在20世纪被学者们先后完成了。庇古对"外部不经济性"的认定以及科斯环境产权理论的提出,为排污权制度的确立提供了坚实的经济学依据;自然价值论的兴起和使自然环境得以扬眉吐气的"弱化的人类中心主义学说"和"非人类中心主义论"的生成为排污权制度的确立铺陈了充分的伦理基础;执法环境的改善和法学研究的进步为排污权制度的确立营造了适宜的法制氛围。在众多时空条件的共同催生下,作为解决环境问题新型制度工具的排污权及其交易制度终于缘起于20世纪的美国,现代环境法制至此翻开了崭新的一页。

第三章 排污权内涵的界定

在上一章中,通过对排污权制度生成机理的宏观检视,我们大体明晰了排污权得以生成的现实羁绊和理论准备。本章将在此基础上把研讨的触角伸入到排污权制度的本体之中,由分析作为排污权客体的环境容量入手,初步寻找到由物权法对排污权加以规制的法理基础,并据此对包括排污权的内涵、特征和分类等在内的一系列重大论题作出界定。

一、作为权利客体的环境容量[1]

在前文的论述中,我们曾经指出"本书拟确定的排污权是一种以对环境容量进行使用和收益为内容的财产权",因此,能否将作为排污权客体的环境容量纳入到民法财产法的调整范围,便成为关系到排污权废与立的重大问题,据此本章的论述自然应以对环境容量的考察作为开篇。

---

[1] 参见邓海峰:《环境容量的准物权化及其权利构成》,载《中国法学》2005年第4期。

(一) 自然科学中的环境容量

1. 概念诠释

环境容量并不是一个法律术语,而是环境科学的固有称谓。一般认为环境容量的概念首先是由日本学者提出来的。① 20世纪60年代末,日本为了改善水和大气环境质量状况,提出污染物排放总量控制的问题②,即把一定区域的大气或水体中的污染物总量控制在一定的允许限度内。这个"一定限度"就是以日本学者1968年提出的环境容量为依据的。③ 之后日本环境厅委托日本卫生工学小组提出《1975年环境容量计量化调查研究报告》,环境容量的应用逐渐推广,成为污染物治理的理论基础。④ 欧洲国家的学者较少使用环境容量这一术语⑤,而是用同化容量、最大容许排污量和水体容许污染水平等来表达这个概念。⑥ 经过多年的研究和总结,目前国内外通常将环境容量的概念理解为:"在人类生存和自然生态不致受害的前提下,某一环境所能容纳的污染物的最大负荷量。"⑦析言之,自然界对外界侵入物(污染物)具有某种能使之无害的净化能力。但自然界的这种净化能力又是具有一定限度的。当污染物的入侵度低于这一限度时,这种功能能够维持正常运行,并能被人们循环永续地利用,但当污染物的入侵度高于这一限度的极值时,这种功能就会急剧地受到损害,甚至被彻底破坏,这里所说的限度就是"环境容量"⑧。

---

① 〔日〕阿部泰隆、淡路刚久:《环境法》(日文版),日本有斐阁1995年版,第53—67页。
② 〔日〕牛山积:《现代的公害法》(日文版),日本劲草书房1976年版,第80—90页。
③ 〔日〕阿部泰隆、淡路刚久:《环境法》(日文版),日本有斐阁1995年版,第53—54页。
④ 周密等著:《环境容量》,东北师范大学出版社1987年版,第8—10页。
⑤ See *Council Directive on Pollution Caused by Certain Dangerous Substances Discharged into the Aquatic Environment of the Community*, [1976] OJL 129/23, as amended by [1990] OJL 353/59 and [1991]. OJL 337/48.
⑥ 张永良、刘培哲:《水环境容量综合手册》,清华大学出版社1991年版,第138—139页。
⑦ 参见曲格平:《环境科学基础知识》,中国环境科学出版社1984年版,第41页。
⑧ 参见鞠建林:《浅谈环境容量资源之配置[I]》,载《环境污染与防治》1997年第4期,第10页。

2. 特征界分①

由上述概念,我们可以看出在自然科学的视域中,环境容量具有如下特征:

(1) 具有整体性和相对独立性。环境容量所栖生的水、大气、土壤和生物资源是自然环境的组成部分。地球的自然环境是由大气圈、水圈、生物圈和岩石圈共同组成的一个闭合的生态系统,由于组成这一系统的各种环境要素需要通过彼此之间不间断地进行物质和能量交换以维持系统的运行,这就在各种环境要素之间形成了彼此依存、相互作用的关系。其结果便使栖生于不同环境要素中的环境容量之间也具有了相互关联的属性。同时,由于大气圈、水圈、生物圈和岩石圈在运动的过程中,自身也发生着物质和能量的转换,这又为栖生于其中的环境容量创造了独立于异种环境容量的条件。它的这一特征为我们以所辖环境要素数量不同为据对环境容量展开分类研究提供了可能。

(2) 具有稀缺性。地球上自然资源的储量是有限的。对于非生态资源而言,随着人类消耗量的增加,资源储量会逐渐减少直至完全耗尽;对于生态资源而言,如果人类的利用速度超过其更新的速度,也会导致枯竭。这最终将使蕴含于不同自然资源之中的环境容量资源也一体耗尽和枯竭。② 因而相对于自然系统的自益需求和人类社会的生存需求而言,环境容量资源具有明显的稀缺性。它的这一特征为其实现价值化创造了条件。

---

① 也有学者基于研究角度的不同将环境容量的特殊性概括为如下两点:(1) 可拥挤物品。即当使用者的数目从零增加到某一个可能相当大的正数时,它的表现很像纯粹的公共物品,即在此范围内不存在消费的竞争性和排他性。不过,使用者的拥挤达到一定程度(超过容量限制)后,增加更多的使用者,将减少所有使用者的效用,甚至会产生负效用。例如,若一条河流在其纳污能力以内向其排放少量污水,其水质尚可保持一定水平,但排放过量污水后,河水就会迅速发黑变臭。(2) 外部不经济性。环境容量资源在使用上的复杂性,决定了其被利用时的外部性尤其是负外部性特征。这主要表现在以下四方面:一是污染物的排放者和受害者往往是多元的;二是排放的污染物往往会随着环境介质的流动而扩散到很大范围;三是多种污染物被排放后,常常会混合在一起形成综合性的危害;四是环境污染所导致的危害往往是隐蔽的,不易觉察的,并长期潜伏。参见黄江莺:《环境容量——一种非常重要的资源》,载《政策瞭望》2006 年第 2 期,第 36 页。

② 王庆礼、邓红兵等:《略论自然资源的价值》,载《中国人口·资源与环境》2001 年第 2 期,第 25 页。

（3）具有相对的稳定性。尽管环境容量所栖生的水、大气、土壤和生物资源无时无刻不在发生着形态的变化和能量的转移,但就某一特定时段而言,各种资源的总量是相对恒定的。这就使蕴含于各种资源之中的环境容量能在某一特定的时间段内,保持相对的稳定。环境容量这一属性的存在,使其在遭受损害时,不易在第一时间被人们所发现。因此,它提醒我们,在设计与环境容量相关的制度规范时,要注意时间上的滞后性。

（4）具有地区差异性。地球表面太阳辐射量的差异和海陆分布的不规则性,造成了地球生态系统中两种地带性规律的存在。受其影响,同类自然资源在不同地域的分布、储量、质量等方面都会产生巨大的差异。① 因此,不同地域的环境单元对污染物的容纳量也具有不规则性,即环境容量也具有地带性变化。它的这一特征,提醒我们在构建排污权交易体系时要注意排污总量的区际差异及跨区域排污的补偿问题。②

3. 类型甄别

依据不同的分类标准,我们可以对环境容量作进一步的类型化。按照创生途径的不同,环境容量可以有广义狭义之分。狭义的环境容量常指自然界固有的污染净化能力,而广义的环境容量则还包括基于人类有意识的积极活动而使环境容量扩大的部分,如植树造林、污水处理等。③ 按照污染来源的不同,可以分为有机污染物环境容量（又可复分为易降解和难降解的两类）、重金属与非金属污染物环境容量。按照所辖环境要素数量的差异,可以分为整体环境单元的环境容量和单一环境要素的环境容量。④ 在单一环境要素环境容量内部,按照其所辖环境要素的不同,又可以划分为土壤环境容量、水环境容量、大气环境容量和生物环境容量。明确这一分类方式对

---

① 参见周密等:《环境容量》,东北师范大学出版社1987年版,第5—6页。
② See Krupnick, A. J. and E. DE Verg, "On Marketable Air Pollution Permits: the Case for a System of Pollution Offsets", *Journal of Environmental Economics and Management*, Iss: 10, (1983), pp. 233—237; Mc. Gartland, A. M., "A Comparison of two Marketable Discharge Permit System", *Journal of Environmental Economics and Management*, vol. 15, (1988), pp. 35—44.
③ 除依据劳动取得原则获得排污权的场合外,本书其他部分的论述均是在狭义的层次上使用环境容量这一概念的。
④ 除特殊说明外,本章是在整体环境单元的范围上使用环境容量这一概念的。

环境容量概念体系的周延化和排污权分类体系的科学化都具有重要意义。因为只有将栖生于不同物质载体的环境容量分别抽象出来，我们才能进一步归纳它们各自的属性和特点，以型构出完整的环境容量概念体系；同样，也只有完成了上述划分之后，我们才能进一步提炼出土壤环境容量资源所有权、水环境容量资源所有权等具有法律意义的概念，并以此为基础派生出包括土壤排污权、水体排污权等在内的完整的排污权分类体系。除此之外，按照环境容量确定方法的不同，还可以分为绝对容量和可利用容量。其中，前者是指环境容量所栖生的物质载体在自然状态下所能提供的最大污染物容纳能力。它与人们的意愿无关，不受人为社会因素的影响，反映的是特定物质载体纳污能力的客观性。而后者指的则是环境容量所栖生的物质载体在满足生态和人体健康最低需求以及符合社会平均技术条件和经济承受能力的前提下，所能提供的最大污染物容纳能力。它是特定环境要素的自然规律参数与社会效益参数共同作用的结果。它不仅与特定物质载体的自然属性有关，更重要的是它以满足人为规定的环境标准（即下文所阐述的总量控制原则）为约束条件，因而这种意义的环境容量已具有了社会性。它的这种属性使它获得了与前者截然不同的法律地位。因为我们所考察的排污行为是发生在人类社会之中的一种具有社会意义的法律现象，这就要求这种社会现象的发生或终止必须体现人类社会的关切并包容人类智力与物力的缺陷。绝对容量所彰显出的超然于人类意志的品质使其仅具有自然科学的意义，而融入人类价值判断与经验法则的可利用容量则兼顾了上述要求。它的这种质的规定性为其脱俗入法奠定了基础，使其具有了成为法律规制对象和法律权利客体的现实可能性。对可利用容量性质的认识对本书后续的论述具有重要影响。正是基于对其社会性的承认与尊重，本书才将其认定为是环境容量资源所有权的物质承载者，是作为本书研讨对象的排污权在严格意义上的客体。①

---

① 由于人们通常在使用环境容量这一概念时所指的都是可利用环境容量，因此，除特殊说明外，本书所言的排污权客体均指可利用的环境容量。

专栏3.1　资源环境要素承载力[①]

资源环境系统是由各个要素子系统组成的,目前资源环境要素承载力研究有:土地资源承载力、矿产资源承载力、城市水环境承载力、大气环境承载力研究、生态环境承载力等。其中目前研究最深入的是土地资源承载力研究。

1. 土地资源承载力

中国科学院自然资源综合考察委员会对土地资源人口承载力的定义是:在一定生产条件下土地资源的生产能力和一定生活水平下所承载的人口限度。这一定义明确了土地承载力的四个要素:生产条件、土地生产力、人的生活水平和被承载人口的限度。实际上,现在人们对土地资源承载力的研究是着眼于人类生活和社会生产发展的支撑与保障能力。

2. 矿产资源承载力

矿产资源的承载力主要是指在可以预见的时期内,通过利用矿产资源,在保证正常的社会文化准则的物质生活条件下,用直接或间接的方式表现的资源所能持续支撑的经济社会发展的保障能力。

3. 城市水环境承载力

有的学者采用系统研究方法,对城市水环境承载力的概念、实质、功能及定量表达方法作出了分析,认为:城市水环境承载力是指某一城市、某一时期内在某种状态下的水环境条件对该区域的经济发展和生活需求的支持能力,它是该区域水环境系统结构性的一种抽象表示方法。它具有时空分布上的不均衡性和客观性、变动性和可调性的特征。

[①]　目前我国对环境容量的类型化研究尚不深入,与此相对应的研究多以资源环境要素承载力的形式出现。但是后者显然更加关注资源环境要素与社会生产和生活模式之间的互动。这里辑录相关研究成果,以阐释本书对环境容量类型化研究的主要背景及其与资源环境要素承载力在概念和内涵上异同。

4. 大气环境承载力

对大气环境承载能力研究多局限于大气环境对污染物的消纳能力。有的学者认为:"在一定标准下,某一环境单元大气所能承纳的污染物最大排放量。"

5. 旅游环境承载力

针对旅游环境承载力,有的学者认为:"在某一旅游环境的现有状态和结构组合不发生对当代人及未来人有坏变化的前提下,在一定时期内旅游地所能承受的旅游活动强度"。它由环境生态承纳量、资源空间承容量、心理承受量、经济承载量四项组成。

6. 生态环境承载力

生态环境承载力是指在某一时期某种环境状态下,某区域生态环境对人类社会经济活动的支持能力,它是生态环境系统物质组成和结构的综合反映。生态环境系统的物质资源以及其特定的抗干扰能力与恢复能力具有一定的限度,即一定组成和结构的生态环境系统对社会经济发展的支持能力有一个"阈值"。这个"阈值"的大小取决于生态环境系统与社会经济系统两方面因素,在不同时间、不同区间、不同生态环境、不同社会经济状况下,"阈值"的取值是不同的。

资料来源:本节引自齐亚彬:《资源环境承载力研究进展及其主要问题剖析》,载《中国国土资源经济》2005年第5期,第8—10页。

---

4. 确定方法

排污权中所包含的权利界限是以排污权效力所及范围内某一特定环境要素的环境容量为基础的,因此掌握自然科学中环境容量的确定方法便成为确立排污权制度的科学前提。自20世纪80年代以来,我国的自然科学工作者在环境容量研究方面取得了多项重要成果。其中最为引人注目的莫过于探索出了与我国环境系统相适应的环境容量确定方法。其原理为某一特定地域、特定环境要素对某种污染物质的绝对容量为:特定环境要素的体积乘以每立方米该污染物的极限密度。某一特定地域、特定环境要素对某种污染物质的可利用容量为：特定环境要素的体积乘以（每立方米污染物的极限密度减去每立方米环境要素自含污染物的平均密度之差）。受本书主旨和篇幅所限，这里仅以水环境容量为例，简单阐释上述原理在实践中的具体应用。①

所谓水环境容量是指一定水体在规定环境目标下所能容纳污染物的数量。一般而言，水环境容量数值的大小主要受水体特征、水质目标、污染物特性、污染物排放方式以及污染源的时空分布等因素的影响。根据不同的应用机制，水环境容量大体可以分为如下两类：

（1）自然水环境容量：当以污染物在水体中的基准值为水质目标时，则水体的允许纳污量称为自然环境容量，即前文基本原理中所说的绝对容量。概念模型为：$E = \int_V K_{自}(C_{基} - C)dV$。其中，$E$ 代表水环境容量；$C_{基}$ 代表污染物在水体中的基准值；C 代表污染物在水体中的浓（密）度；V 代表水的体积；$K_{自}$ 代表水体对污染物稀释和自净能力的自然规律参数。

自然（绝对）环境容量反映水体和污染物的客观性质，即反映水体在自然状态下的污染物容纳能力，它与人们的意愿无关，不受人为社会因素影响，反映着水环境因素的客观性。

（2）管理环境容量：当以污染物在水体中的标准值为水质目标时，则水体的允许纳污量称为管理环境容量，即前文基本原理中所说的可利用容量。其概念模型为：$E = \int_V K_{自}(K_{社} \cdot C_{基} - C)dV$。其中 $K_{社}$ 表示以技术经济指标为约束条件的社会效益参数，一般 $K_{社} \geq 1$；$C_{标}$ 表示污染物在水体中的标准值，$(C_{标} = K_{社} \cdot C_{基})$。

管理（可利用）环境容量以满足人为规定的水质标准为约束条件，它不仅与水体的自然属性有关，而且与技术上能达到的治理水平及经济上能承

---

① 以下有关水环境容量确定方法的介绍参见张永良、刘培哲主编：《水环境容量综合手册》，清华大学出版社1991年版，第145—146页。

受的支付能力有关。管理环境容量是水环境的自然规律参数与社会效益参数等两类参数的多变量函数。由于基于此种算法确立的环境容量代表现实生活中实际可用的环境容量,因而其实践意义远胜于自然(绝对)环境容量。这是我们将其作为排污权客体的又一重要原因。

与水环境容量的确定方法相类似,有关大气、土壤和生物资源环境容量的确定方法也都遵循前文所介绍的基本原理,不同之处仅限于基于不同介质的物质特性所产生的理化技术参数的差异。因此我们只需认识到基于现代科技的发展,不同环境要素的环境容量已可以精确测定这一结论便足够了,而对于其具体确定方法则不再赘述。

专栏3.2 资源承载能力、环境容量与可持续发展的关系

环境容量是指区域自然环境和环境要素(如水体、空气、土壤和生物等)对人为干扰或污染物容许的承受量或负荷量,资源承载力是指资源能够承载经济发展规模和速度的能力。可持续发展是围绕人的全面发展,以生态环境容量、资源承载能力为前提,以实现自然资源持续利用、生态环境的持续改善和生活质量持续提高、经济持续发展的一种发展形态。

一是在可持续发展中,经济是地球生态环境系统的一个子系统。经济发展的规模和增长的速度(流量),从原材料输入作为开端,然后转化为商品,最后形成废物输出的流程,都限于地球环境资源系统的再生和可吸收的容量范围内,可持续发展就是经济子系统的增长规模绝对不能超出地球生态环境资源系统可以永久持续或支持的容纳范围。

美国著名学者戴利认为,经济研究应考虑两个基本前提:其一,是经济系统与生态系统的相互关系问题;其二,是在此基础上宏观经济规模问题。对于第一个问题,早先的主流经济学(即新古典经济学)是不考虑生态问题的,或者说它把生态环境资源系统作为经济分析的一个外生变量来加以处理。1960年以来,随着全球环境问题凸显,经济学开始越来越多

地关注生态、环境、资源问题,并运用庇古提出的外部效应理论和后来由科斯等人发展起来的产权理论,建立了处理外部成本问题的一套体系和方法,环境经济学的建立就属于这一努力的一个成果。在环境经济学中,生态环境、资源的因素虽被作为内生量来加以处理,但是在研究方法论上,它同时也把生态系统作为经济系统的一个子系统来看待。戴利认为,主流经济系统与生态系统相互关系的看法是根本错误的,"正如经济的每个微观个体(厂商或者家庭)是作为一个更大系统(一个集合系统或者宏观经济)的一个部分来运作一样,经济也是作为自然生态大系统的一部分来运作的"。

宏观经济是生态系统的一个子系统并在两个方面完全依赖于它,即低熵物质(能量)的投入和对高熵物质(能量)的排放。在此基础上,戴利给出了他对于第二个问题的看法,"规模是关于物质—能量的一个物理量,这里物质—能量指的是从环境中获取的低熵原料,以及返回环境的高熵废物。规模可以认为是人口数量与人均资源消费量的乘积。它以绝对的物理量度量,但它的意义是与生态系统的资源承载力和环境容量相关的,且在可持续发展的基础上输入能量、更新资源和吸纳废弃物的能力。经济被看作是一个更大的、但有限的而且是非增长的生态系统的子系统。生态系统的规模是固定的,经济规模相对于生态系统的规模非常重要。适度规模至少应是可持续的,不随时间推移而有损环境承载能力的。最佳规模则至少是可持续的,但是除此之外,我们也无需牺牲生态系统的服务功能,而目前,这个服务功能的边际价值远大于通过扩大资源利用规模获得的生产的边际利润"。

二是生态环境容量和自然资源承载能力的总量及通量是有极限的。经济发展对自然资源的开采利用有一个限量,对排放到自然环境的废弃物也有一个限量,而不是无限的。这些废弃物,包括废气、废水、固体废物等,进入自然环境,进行降解、吸收和转化,自然环境所能吸纳废物的总量及单位时间有效降解转化量,也都在一定的极限之内。如果我们将自然环境对废物的吸纳降解容量理解为一个仓库的话,这一容量便是极限。梅多斯等人将这一废物降解库称为沉库(sink),这一沉库对污染、废弃物的吸收净化能力与自然资源的更新、再生能力一样,构成人类经济体系发展所必须遵从的一种通量极限。

资源承载能力、环境容量的总量,是将环境资源作为一个自然系统的总体来看待它所能够承受经济发展规模和增长速度的压力和冲击。国际自然保护同盟便是从总量的角度来看待资源承载能力和环境容量的。该同盟认为,任一特定生态系统或整个地球的资源承载能力、环境容量为它所能承受的最大压力。在此限量以下,该系统或地球便可得以持续。要使整个系统不致崩溃,这个压力必须不能超出一定量的范围。

资源承载能力、环境容量的速率(通量)是指总体系统所能提供用于经济活动所消耗的环境和资源速率量。这样,资源承载能力、环境容量就不是一个总体量,而变为一个系统在可持续前提下可输出的速率限量。它包括污染承受速率、可更新资源利用率和枯竭资源的消耗率。资源承载能力、环境容量总量和速率,都是自然环境资源物理量。它们表明的是,可用于人类经济活动的消耗而不影响环境资源持续的限量水平。但另一方面,它没有表明环境资源利用同经济发展水平、技术的联系。同等量的资源,在不同经济水平、技术条件下,可支撑的经济规模、增长速度相差甚远。因此,资源承载能力、环境容量不是一个简单的量的概念,它是一个变化的量,受着自然的、经济的和技术等诸多因子影响,不是确定的量点,而是相对不同地域、生态环境条件和经济、技术条件下的相对区间。

三是环境资源的开发利用具有不可逆的特征。对于可枯竭资源,如石油、天然气储量是有限的。这种资源的开发与消耗过程是不可逆的;对于生物种群或生物群落的消失也是不可逆的,将导致自然界生物多样性和生态系统的稳定,影响人类的生存。同时,生态系统的稳定有一个阈值,当经济发展超越了生态环境资源系统对其承载力的阈值,将导致这一生态环境资源系统的不可逆变化或毁灭。因此,环境和资源对可持续发展不仅是内生变量,而且对其发展规模和增长速度具有刚性约束。实现可持续发展,必须要使其经济的规模和增长速度(通量)控制在自然环境资源的资源承载能力、环境容量范围内,否则就不可能实现可持续发展。

资料来源:本专栏引自余春祥:《可持续发展的环境容量和资源承载力分析》,载《中国软科学》2004年第2期,第131—132页。

(二) 作为物权客体的环境容量——基于解释论的思路展开

前文我们从自然科学的角度对作为排污权客体的环境容量进行了描述,这使我们对其的特征、分类乃至确定方法有了初步的了解,但所有这些对于建构一项法律权利而言显然是不够的。排污权要想从经济学家的手稿中走到法律殿堂的制度里,它还必须符合有关立法技术的基本要求,而首当其冲的便是能够被纳入物权客体的范畴之中。

1. 传统物权客体的选择机理与解释论思路的生成[①]

法律上的概念定义是一种根据主体的价值判断,通过对被定义对象本质属性的描述而使之法定化的工作,析言之,即在概念法学的"主—客体"法律逻辑体系中,哪种客观实在能成为法律客体以及法律客体的外部范围止于何处都是以作为法律关系主体的人的好恶为标准确定的。时至今日,在法学各分支学科中,这项工作主要是通过价值定义法来完成的,而这里所谓的"价值"通常又表现为被认识的对象对于主体主观需求的满足程度。可见,人类为了特定目的而产生的需求是现今"主—客体"法律逻辑体系中的最终价值判断标准,显然这是一个以"经济价值"为核心的极富功利主义色彩的判断标准。

物权法对于作为物权客体的物的选择也遵循了上述机理。物权法上的物之所以不是物理学意义上的物,其原因也就在于作为物权的客体,这些物必须迎合主体的价值判断,并且能够满足主体的权利诉求。因为自从近代

---

① 以下内容参见吕忠梅:《论环境物权》,提交给"2001年环境资源学国际研讨会"的论文,福州大学,2001年10月,第169—171页。

市民社会理论将民事主体假定为"理性的经济人"以来,追求利益最大化便成为主体行为的内在动力,乃至生存的最高目标。这就将主体享有权利的目的紧紧地锁定在了获取经济利益这一点上。因此,对于民事主体而言,只有那些能够为他所实际控制、支配并感知得到的物才有可能成为物权的客体。[①] 因为它们可以被其占有、使用和收益,可以为其带来经济利益。至于那些不能为其所控制和支配的物,由于它们无法满足增加主体经济利益的目的,因而也就被理所当然地剥夺了作为物权客体的资格。可见,虽然物权法具有久远的历史,但对物的价值判断标准却只有一个——那就是能否为主体带来经济利益。所以,尽管每个人生存都需要水、空气等物质资源,但因为它们在传统观念中不能为某个人所控制、支配,更不能为某个人带来经济利益,所以,它们不能进入民法法域,更无法充当物权的客体。

但是,就像人的需求会发生变化一样,以经济价值作为判断标准的核心也不是永恒不变的。现在,随着环境问题的日益严峻和人类环境意识的不断增强,人类终于认识到以追求经济利益为单一的价值目标,结果只会对人类自身的生存构成毁灭性打击。在现时社会条件下,人类已经不仅仅是"理性的经济人",而应当成为"理性的生态人"。与经济利益相比,包括后代人在内的全人类的可持续生存和发展是第一位的,经济利益的追求必须服从于人类持续生存的需要。

在这样的背景下,要使物权法尽可能地适应新的社会生活,客观上有两种选择可资参考。其一,采用立法论的思路,全面重构物的概念,改变有关物的属性的描述,使之符合主体新的需求。但是这种方法的使用所带来的混乱也必将是震撼性的。首先,可能遇到的麻烦是,为了使大众明白新采用概念的含义,人们必须不厌其烦地向他人逐一解释什么是新价值、新旧价值的区别以及采信新价值判断标准的依据。果真如此,新标准必然湮灭在无休止的争论与质疑声中。其二,可能遇到的问题是,过去民法中物的概念是

[①] 这也是我们在解释论视域内选择将可利用的环境容量而非绝对的环境容量作为排污权客体的原因之一。

以"经济人"假设为基础的,而现在对物的认识却建立在"生态人"的假设之上,由于这两种前提是不能随意转换的,因此一旦改变物的价值判断标准,必将使法律规范的适用发生困难,后果同样令人担忧。更为严重的是,传统的物权法之所以能够存续至今定有其合理的一面,况且物权法上除了资源形态的物之外还有其他形态的物。如果我们以其存在某一方面的不足而否定全部制度体系,必将使原本就应由物权法来规范的一部分社会关系被不当剥离出物权法域,这非但不能解决环境要素的物权化问题,反而可能导致新的混乱。① 这样看来,恐怕采取第二种方案即解释论的思路,来克服传统物权法为环境要素物权化设置的障碍在短时期内更具可采性。

所谓解释论的思路,即在保持传统物权法制度体系和以经济价值作为核心的客体选择机理的同时,通过将环境要素生态价值经济化的方式②,将兼具经济价值与生态价值的各环境要素纳入物权客体的范畴,从而实现环境要素的物权化。按照这一思路,现在作为物权客体的物不仅包含了经济价值,同时也成为了生态价值的载体。此时,"理性的经济人"再为民事法律行为时,不仅要考虑传统的经济利益得失,还会特别留意以经济利益的形式反映出的物的生态价值,从而使其在事实上成为一位"理性的生态人"。

2. 自然资源生态价值向经济价值转化的历史规律与解释论思路的成立

我们之所以认为解释论的思路较为可取还在于这一思路完全符合自然资源生态价值向经济价值转化的历史规律。每当我们提及自然资源的价值这一概念时,通常人们都认为其所指的是自然资源的经济价值。应该说采取这种理解在多数情况下并无大错,因为在人与自然这两者的矛盾互动中,经济关系是最普遍、最常见的,因此人们通常会将"自然资源的经济价值"一词看作是"自然资源价值"的等价物。但是,如果在严格规范的意义上使用这一概念,则这种认识便是片面的,其偏颇之处在于它忽略了"自然资源价

---

① 参见吕忠梅:《论环境物权》,提交给"2001 年环境资源法学国际研讨会"的论文,福州大学,2001 年 10 月,第 170 页。

② 吕忠梅教授将这一过程概括为"生态资源的价值化"。

值"体系所具有的多元化特性,漠视了作为"自然资源价值"重要表现形式的"生态价值"。从字面上看,"生态价值"可以理解为"生态的价值"和"生态性价值"。前者的侧重点在于生态二字,它是以自然资源作为主体时,方可成立的一个概念;而后者的侧重点则在于"价值二字","生态"只是对某种价值所具有的特定属性的描述和限定,在表意效果上其大体上相当于"具有生态属性的价值"一词。可见这两者与我们所援用的概念均有距离。事实上,本书所指的与"自然资源经济价值"相对应的"自然资源生态价值"是在人类价值观体系范围之中使用的概念,它指的是当以人类作为主体时,生态对于满足人类需要所具有的意义。① 尽管与"经济价值"相比,"生态价值"很少为人们所提及,甚至处于几乎被遗忘的尴尬地位,但是作为自然价值的固有成分其所具有的历史却远早于"经济价值"的出现。就世界范围而言,自然资源的生态价值是伴随着地球的形成而产生的,也就是说早在史前文明(即智人出现之前)时期,自然资源的生态价值就已经存在了。② 因为自然资源调节地球上物质运动和能量转换的功能并不以人类的产生为条件,也不以人类的意志为转移。此时,自然资源的经济价值却无从产生,因为其所服务的主体——人类,及其所栖生的制度基础——产权规范均未出现。待至智人产生以后,客观形态的生态价值由于寻获了其所服务的主体,在被纳入人类价值观体系之后,实现了由客观形态向主观形态的转化。尽管当时智人的思辨程度尚不足以认识自然资源生态价值究竟为何物,但其与自然之间普遍存在的物质循环和能量交换却已是不容否认的事实。这说明在人类的历史上,首先接触的是自然资源的生态价值而非经济价值。

  待至人类进入阶级社会,随着私有制和国家的出现,人们与自然资源之间的关系发生了深刻的变化。原始的以维持生存为主要内容的物质循环和

---

  ① 越海月:《论生态价值的特性、形态与表现》,载《电子科技大学学报》(社科版)1999年第3期,第68页。
  ② 需指出的是此种自然资源的生态价值是自然本身所具有的生态属性所表征的价值,是一种客观形态上的价值,它与前文所说的生态价值的重要区别在于,前文所指的生态价值是以人类作为主体的一种主观形态上的价值,表征的是生态对于满足人类需要所具有的意义。

能量交换关系被新的对自然资源的改造和利用关系所取代。这样,自然资源之于人类的价值开始了由生态转向经济的位移。此时主要以"经济形态的物"为表征的自然资源开始进入新兴国家的法权体系,并最终形成了原始的产权秩序立法。自奴隶社会以降的数千年法制史中,由于人类认识能力的局限性,人们无法对自然资源生态价值给予充分的认知,因此以人对具有经济价值的自然资源的支配和利用为核心的立法便占据了人类法制文化的主流。这说明自智人产生以后,基于法权规范和社会认知心理与习惯的限制,以物的经济价值为判断标准的价值体系仍是决定人类价值观的主导力量。

今天,自然资源存在生态价值的事实已经不再被人们否认了,而且随着环境问题的日益严峻,自然资源的这种价值会愈发受到人们的重视。然而无奈的是在现有的社会条件下,基于人类认知标准的一维性,自然资源生态价值要想获得法律的肯认进而获得行使的平台,仍需要按照上述标准进行"经济化"改造,套嵌于价格机制之中。这种形成于现代社会的对自然资源生态价值进行经济化改造的历史规律与前述将环境要素纳入物权客体范畴以实现环境要素物权化的变通措施一样,都是人们在理论困惑情势下的妥协性选择,不同的是前者的成立在为生态价值鸣不平的同时却又为后者的采行提供了更为充分的事实依据。据此,我们认为以解释论的思路为基础建构排污权的制度体系,在事实层面上亦具有可行性。

3. 环境容量的物权化特征

按照解释论的思路,我们要想实现环境容量物权化的使命,证明环境容量具有物权特征是不能回避的一项课题。传统物权理论认为,物权法上的物是指存在于人体之外、人力所能支配,并能满足人类社会需要的有体物及自然力。[①] 作为准物权的客体,环境容量要想完全达于上述各项所列的要求确有相当的难度,因此,有学者曾据此对观察和界定准物权客体的思维模式

[①] 参见陈华彬:《物权法原理》,国家行政学院出版社1998年版,第49—51页;梁慧星、陈华彬编著:《物权法》,法律出版社1997年版,第27—29页。

及方法作出有别于传统物权客体的概括。① 但是站在解释论的立场上,作为排污权客体的环境容量仍在相当程度上能够满足物权客体的相关特征,这里仅从以下三方面加以论证:

(1) 环境容量具有可感知性。环境作为一切生物生存和发展的物质基础和生境前提,其所具有的物质性是不容置疑的。相对于任一个体日常生活中所使用的各种物质资源而言,与一切生物的生命进程相关联的环境资源是一个具有复杂结构的功能性生态系统。它通过生命系统的食物链和非生命系统的物质流组成了物质循环、能量流动和信息传递的生物圈。尽管以系统形式存在的环境资源不易被人们所感知和亲近,但环境资源的各种功能却始终围绕在各种生物的左右。这在环境容量所表征的环境自净能力发挥作用时,表现得尤为突出。在人们的日常生活中,清洁水体对污染物的溶解和稀释、土壤对污染物的降解和融蚀、森林对粉尘和污浊空气的吸附和过滤、大气对污染气体的稀释和转化等自然现象都是人类仅凭感官器官就可以感觉得到的生态过程。据此,认为环境容量具有可感知的属性当无疑义。

(2) 环境容量具有相对的可支配性。环境资源是一个无限广阔的生态系统,无论是其范围,还是其功能,到目前为止都还不能为人类所支配。因为作为生态系统的一个组成部分,人类的认知能力和驾驭能力都还不足以对其所栖生的整个系统产生根本性的影响。但是随着科学技术的不断发展,人类对于环境资源的一些基本规律已经有所掌握,并在此基础上创造了许多已为实践所验证的认知和驾驭部分环境要素的方法。例如,法学理论中对"物所具有的独立性"的变通理解,便为环境容量的确定和交易创造了条件。"依据传统的民法观念,物必须具有物理上的独立性,才能成为独立物。物理上的独立性是指物必须在现实形态上与其他物相区分,并为主体所占有和控制。然而,随着社会的发展,独立物的概念正在发生变化。一个物具有物理上的独立性固然可以作为独立物而存在,但如果不具有物理上

---

① 参见崔建远:《准物权研究》,法律出版社 2003 年版,第 33—38 页。

的独立性,也可以交易上的观念和法律规定作为标准来确定某物是否具有独立性。"[①]环境容量虽然在物理上与其所栖生的物质载体相互连接,但在交易时只要依据时空结合等判断标准将其划分为若干种类或若干部分的独立交易单位,就不妨其成为独立物,以获得为民法所认可的可支配属性。此外,经济学和管理学界的许多技术性创新也为环境资源具有相对的可支配性提供了论据。在日本,经济学家曾经采用替代方法将森林的涵养水源功能、防止土壤沙漠化功能、防止水土流失功能、供人休闲享受的保健休息功能、保护野生动物功能和提供氧气功能等分别进行了量化计算。[②] 这些计算,客观上使特定时间、特定地域的特定环境要素的某项功能实现了与环境资源整体生态功能在观念上的分离,这就为将分离出来的环境要素功能纳入价格体系,在市场主体之间依据价值规律进行优化配置铺平了道路,也从事实层面证明包括环境容量在内的各种环境要素在特定条件下具有相对的可支配性。

(3) 环境容量具有可确定性:前文在探讨自然科学中的环境容量时,我们曾详细介绍了环境容量的确定方法。它向我们表明,在现代自然科学的视域内,环境容量已不再高深莫测,只要遵循科学的方法,环境容量的具体数值是可以被精确测算的。结合上文对环境容量可支配性的探讨,我们更有理由相信,环境容量的测定问题不仅不会成为构建排污权制度的障碍,反而会为推动排污权交易制度早日走向成熟提供技术层面的支撑。

通过对环境容量法律层面特征的研讨,我们得出了以下的结论:客观地说,与传统形态的物权客体相比,环境容量的物权性并不十分完满,特别是涉及支配性等物权的根本属性时,还需要站在解释论的立场上借助于较为开放和宽容的思辨方能合于既存理论的要求,因此,我们将以此类客体为基础建构的权利定性为准物权,而非纯粹意义的物权。与此同时,我们也应当注意到这样的事实,那就是传统的物权理论在面对日益丰富多彩的人类物

---

① 参见王利明:《物权法论》,中国政法大学出版社1998年版,第36页。
② 吕忠梅:《论环境物权》,提交给"2001年环境资源法学国际研讨会"的论文,福州大学,2001年10月,第171页。

质生活时,已愈发地体现出其僵化和固执的一面。随着人际关系与物际关系的超常规发展,今后类似于环境容量这样的具有物权属性的法律客体会不断地涌现。因而理性地接纳并适度地规制准物权客体,要较一味地抵制和拒绝承认此类客体明智和务实得多!据此,笔者认为已基本具备物权客体特征的环境容量作为一种物质性存在具有充当权利客体的资格。

二、建基于环境容量的排污权[①]

前文分别从自然科学和法学的角度对作为排污权客体的环境容量的自然属性和法律特征进行了分析,得出了环境容量具有物权化属性的结论。这样,以环境容量作为客体建构排污权及其交易制度的设想便在解释论思路的界域里获得了生存的空间。下面将以上述法理基础作为逻辑始点,深入探究排污权制度的本体论。

(一)排污权的内涵及其与相关概念的甄别

排污权,顾名思义,是权利人依法享有的对基于环境自净能力而产生的环境容量进行使用、收益的权利。准确地说,排污权这个概念并不是民法学术语。按照民法学通常的语意规则,作为一种以环境容量为客体,并以对环境容量的使用、收益为内容的物权形态,其本应称之为环境容量使用权,简称为环境使用权。但作为一个舶来语,由于排污权这种提法已被包括我国在内的世界各国的环保机构、经济学家和法学家所普遍接受,甚至已被《联合国气候变化框架公约》及其《京都议定书》所援用而成为了一个专有名词,因此,为尊重这一具有较为久远历史的习惯用法,并便利对其他资料的介绍和评价,本书在行文中也将继续使用排污权这一称谓。由于排污权是以环境容量作为客体而形成的物权(更严格地表述应为准物权),因此准确

---

① 参见邓海峰、罗丽:《排污权制度论纲》,载《法律科学》2007年第6期。

地界定其与环境容量资源所有权和环境容量所有权的关系便成为科学理解排污权概念的关键。而这种界定又因各国对资源产权制度立法模式的不同而有所不同。

资源产权是一国自然资源法律安排的对自然资源私人支配或国家支配,并排除他人干涉的权利。它是自然资源所有制在法律制度上的典型表现。自然资源是一切生命存在与发展的基础,是一切社会物质财富生成的前提,是一国能否实现可持续发展的关键,因此,任何国家都会基于主权对其领土内自然资源实行永久拥有与支配。国家对自然资源的永久主权是一国经济独立、领土完整及与其他国家平等交往的基本条件,是一国经济和社会发展的自决权,是一国政治与经济独立的"宪法性权利"[1],属于公权的范畴。而作为对其具体落实的自然资源所有权则是一国行使自然资源永久主权的逻辑结果,是一国通过法律安排本国各种自然资源支配、利用秩序的财产性权利,在性质上它属于私权的范畴。自然资源所有权是最为典型的资源产权,它直接反映了一国自然资源的所有制形式与安排,集中表现了一国自然资源产权的价值倾向及制度绩效,充分揭示了自然资源是否交易或交易的范围、程度与成本。因此,自然资源所有权是法律对一国自然资源支配方式进行的最高选择,是一国资源产权制度中最核心的部分。从各国已有的自然资源法律的规定看,有关自然资源所有权的制度设计主要有两种模式:一为国家或政府代表的一元化自然资源公共所有权模式;二为公共所有权与私人所有权并存的多元化自然资源所有权模式。[2] 由我国宪法的相关规定我们可以看出,我国采用的是第一种模式。在这种模式下,环境容量资源所有权可以被定义为国家或政府代表全体人民依法对环境容量资源享有的使用、收益和处分的权利,尽管这一权利与排污权一样,也以环境容量作为权利客体,但它却是以排污权母权的身份出现的。

按照物权法原理,他物权必然产生于自物权,自物权是他物权的母权;

---

[1] 肖国兴、肖乾刚编:《自然资源法》,法律出版社1999年版,第69—70页。
[2] 同上注书,第71—72页。

无母权则无他物权。在整个物权体系中,排污权属于准物权的序列,而准物权则涵盖于他物权之中,因此,排污权也应当有其得以派生的母权。众所周知,所有权与他物权之所以两立,他物权之所以从所有权中派生,是因为所有权人以及所有权人以外的其他人都要使用、收益同一个所有物,而二人的利益又各不相同。法律解决这个冲突的办法是使所有权人依其意思"让出"其所有权中的若干权能,准确地说,是让他人分享所有权的若干权能,并掌控分享这部分利益所具有的法律上之力,即他物权或谓定限物权,这就造成了当他物权与其母权(所有权)要分享同一个物上的利益时,两权会并存于同一物上,并拥有同一客体这一法律现象的发生。循此发现,我们可以推知在此种情形中他物权客体上承载的所有权就是该他物权的母权。① 回到本书,排污权相对于环境容量资源所有权而言,是他物权;在行使权利的过程中,它们又拥有共同的客体——环境容量,因此依据上文的结论,环境容量资源所有权与排污权之间是母权与子权的关系。

前文提到,我国的资源产权制度采用的是国家或政府代表的一元化的自然资源公共所有权模式,因此在我国环境容量资源所有权属于特殊主体所享有的权利,其权利主体仅以国家为限。其他主体如若行使环境容量资源所有权的权能,则必须通过创设作为这一权利他物权的排污权的形式方能实现。可见,排污权系从环境容量资源所有权中派生,分享了后者中的使用权与收益权而形成的准物权。但是我们同时也应该看到,权利人设定排污权的目的很少是为了据有排污权本身,而更多的是为了通过行使排污权将原由国家持有的环境容量资源所有权转化为权利人自己持有的环境容量所有权,并以此为据享有因对其的支配所创造的利益。② 由此可见,当排污权人行使排污权时,便会基于对作为权利客体的环境容量的消耗在事实上取得环境容量所有权,换言之,环境容量所有权是基于排污权的行使而产生的法律后果。

---

① 参见崔建远:《准物权研究》,法律出版社 2003 年版,第 88—89 页。
② 这种支配在客观上表现为对具有可消耗物性质的环境容量使用或消耗。

(二) 排污权的属性及其表征

1. 排污权在性质上属于准物权

尽管排污权所栖生的有些物质载体在法律上属于"动产",如水、大气等,但排污权却属于不动产权益。因它以权利人对环境容量的使用和收益为权利内容,而不以担保债权的实现为目的,故排污权属于他物权;又因它与一般的用益物权在权利对象、行使方式、权利效力等诸方面存在着明显的不同,所以学者们一般将其定性为准物权。①

所谓准物权(quasi-property)不是属性相同的单一权利的称谓,而是一组性质有别的权利的总称。按照通说,它由矿业权、水权、渔业权和狩猎权等组成。② 也有学者认为权利抵押权和权利质权也包含在准物权的范围之中。③ 在现代法制的推演过程中,准物权制度的出现不是偶然的,它是现代社会中土地利用关系走向多元化趋势的必然结果。在传统大陆法系民法中,土地的归属和利用关系主要是通过土地所有权及其用益物权制度架构来进行规制的。在此种模式下,与土地相关的自然资源被视为是土地的附属物,有关自然资源的利用、转让等法权关系也比照不动产物权规则来处理,以确保其时刻依附于土地之上的法律秩序能得以维系。但在当代的社会条件下,这种已显僵化的立法模式遭到了前所未有的挑战。一方面,矿产资源、水、渔业和森林等附属于土地的资源的开发和利用行为已具有了独立的价值,并逐渐开始脱离土地所有人的效力范围;另一方面,基于对自然资源的开发和利用形成的权利也不再是单纯的民法上的不动产用益物权,而有渐次形成具有相对独立性的新权利体系的趋势。④ 不同的价值追求加之

---

① 也有学者和国外的立法将其命名为特许物权、类物权、附属物权或自然资源使用权。本书援用准物权的称谓,其具体的命名规则参阅崔建远:《准物权研究》,法律出版社 2003 年版,第 24—28 页。
② 同上注书,第 20 页。
③ 王泽鉴:《民法物权》(第 1 册),台湾三民书局 1992 年版,第 6 页。
④ 参见梅夏英:《特许物权的性质及立法模式选择》,中国民商法律网,http://www.civillaw.com.cn/2002/12/23,第 1 页。

各异的权利体系使准物权制度开始寻求对传统不动产物权制度的超越,而在这一进程中,两者的差异也日趋明显了。

首先,在法律目的上,传统不动产物权制度的价值目标在于对不动产本身的占有和归属设定法律秩序,而准物权制度的目的则是在不动产物权已存在合法权利人的情势下,为他人对附属于土地而又有别于土地资源的其他自然资源的开发和利用行为提供法理基础和制度支持;在权利对象上,传统不动产物权瞄准的是土地本身,而准物权则指向了土地上附属的其他资源;在权利效力上,由于不动产物权制度的目的在于实现权利人对不动产的占有和控制,因此法律通常在设计不动产物权时赋予其排斥他人干涉的属性,所以在不动产法权关系中,坚守严格的"一物一权"主义结构原则,在同一不动产上不允许效力相互冲突的权利存在。而准物权制度不以实现权利人对不动产的占有和控制为价值目标,所以法律可以允许相同种类的准物权类型同时存在于同一客体之上,亦即准物权制度不具有传统物权的排他性,不受"一物一权"原则的严格限制;在权利取得方式上,传统物权法恪守意思自治原则的要求,按照不动产所有权人与他物权人之间的意思合致设定各种他物权类型,而准物权制度中的各种权利类型由于关涉国家自然资源主权及社会公益,因而其权利设定除遵循意思自治原则的要求之外,还需要获得公权力机关的批准或许可。① 上述诸项不同,凸显出了准物权制度区别于传统物权制度的独有属性,也为排污权制度的应有雏形打下了伏笔。②

2. 排污权是准物权体系中一种独立的权利类型

如果说经过充分的说明,学者们会基本赞同排污权在性质上属于准物权这一事实的话,那么对排污权在准物权体系中究竟能否成为一种独立权利类型的争论则很难轻易平息。有学者认为,排污权虽然在性质上属于准物权,但其在准物权体系内部则不再具有独立性,应被包含于基于其所栖生的物质载体而设立的物权之中。如土壤排污权应包含于土地所有权或土地

---

① 参见梅夏英:《特许物权的性质及立法模式选择》,http://www.civillaw.com.cn/2002/12/23,第1页。

② 关于排污权制度所具有的准物权属性,本书将在下文中详细阐述。

使用权之中,水体排污权应包含于水所有权或水权之中等。笔者不同意上述观点,我们认为排污权不仅在性质上属于准物权,而且属于准物权中的一种独立的权利类型,其不应被包含于基于其所栖生的物质载体而设立的物权之中。理由有三:首先,排污权的客体与基于其所栖生的土壤、水、森林等物质载体而形成的土地所有权、土地使用权、水所有权、水权、林木所有权等权利的客体不同。前文已述,排污权的客体是基于环境自净能力而生成的环境容量,是一种法律意义上的无形物,而基于其所栖生的物质载体而形成的各种物权类型的客体则多为各种物质载体本身,如土地所有权的客体为土地、水权的客体则为水体自身,它们都是法律意义上的有体物。在物权法的界域内,将与母权具有不同客体的权利视作子权,显然违反基本的法律逻辑。其次,将排污权归入其所栖生的载体物权将造成权利体系的混乱。这里我们以水权关系为例,加以说明。前文已述,水体排污权的母权是水环境容量资源所有权,如果将水体排污权视作是基于水权的某一项权能而形成的法律上之力,那么其结论必然是在物权法体系中属于他物权的水权里包含有水环境容量所有权。这与大陆法系既有的权利位阶观念显然是冲突的,且在水权的权利人非为国家时,这种权利布局违反国家自然资源永久主权原则。最后,排污权与基于其所栖生的物质载体而设定的物权在权利行使的理念和法律基础上存在不同。前文已述,准物权制度设立的价值目标主要是为了实现准物权人对附属于不动产之上的其他资源的利用,而不在于对不动产自身的占有和控制,对于排污权而言,这一权利的兴奋点在于对栖生于各种不同物质载体之中的环境容量的利用,而不在于对排污权所栖生的各种物质载体行使占有和控制权。与此相反,对于基于排污权所栖生的各种物质载体而设定的各种物权类型而言,除了同具有准物权性质的水权、矿业权、渔业权、狩猎权等少数权利外,其他各项权利,如土地所有权、土地使用权、水所有权、林木所有权等均是典型的传统物权,均以对权利客体的占有和控制为第一目的,这与排污权的制度价值显然是南辕北辙的。综上所述,我们似应可以得出排污权是准物权体系中一种独立权利类型的结论。

此外，笔者认为承认上述结论的意义是十分明显和积极的。其一，尽管排污权与基于其所栖生的物质载体而设定的各项物权同属物权序列，且具有较为紧密的关联性，但上文所提到的它们之间既有的多项差异同样很难克服，如果不将排污权从各物质载体物权中分出，那么法律很难创设一项制度准则去协调它们彼此之间的冲突。在此种情势下，作为各载体物权的一项权能或权利内容存在的排污权，基于法律调处不同权利位阶关系基本原则的要求，必须融入有关载体物权的主要体现占有和控制价值取向的制度规范，这与其自身以"利用"为核心的制度价值是无法弥合的。相反，如承认其为独立的准物权类型，则其与基于其所栖生的载体而设定的物权之间就处在了相同的位阶上，当它们之间发生矛盾时，便可径行适用法律调处不同权利之间冲突的基本规则，此时的制度绩效显然是明显的。其二，排污权所栖生的物质载体种类繁多，并不以一种为限。目前看来，至少以水体、土壤、大气和森林资源作为物质载体建构相应的排污权制度已具有了事实和法律上的可能性。因此，承认排污权是准物权中的独立类型，不仅有利于加快不同类型排污权共同特征和行使规则的抽象以节约立法资源，还直接体现了民法对逻辑化、体系化理想的价值追求。其三，就环保实践而言，将各种排污权与基于其所栖生的物质载体而设定的物权相分离，有利于明晰和简化排污权法律关系，为尽快在实践中构建涵盖四种环境容量客体的排污权交易市场提供制度平台和法律保障。

3. 排污权准物权属性的具体表征

（1）排污权的客体具有特殊性：排污权的客体是环境容量，它赋存于自然界的水体、土壤、大气和森林等物质载体之中。由于作为其物质载体的水体、土壤、大气和森林在常态下分别是其所对应的各种自然资源所有权和自然资源使用权的共同客体（如土地所有权与土地使用权的客体同为土地资源），因此在现实世界中，排污权自设定时起直至行使之前，客体与作为其母权的环境容量资源所有权的客体是同一的，均为环境容量本身。这说明在物理学意义上，排污权客体的独立性是很难识别的。而在法学意义上，按照传统的特定物界定标准则可以直接得出排污权客体不具有特定性的结论。

我们知道,物权系主体直接支配客体的权利,只有客体特定才能实现支配,因此,客体具有特定性是物权的重要特征。① 换言之,排污权如果要证明自己属于物权,那么其必须首先能够满足客体具有特定性的物权特性。可以说在大陆法系国家,此点是制约各种准物权形态完成法典化的重大理论障碍,也是前述解释论思路所必须揣摩和突破的一个命题。在制定物权法的过程中,理论界发现了这一问题,并给出了目前看来较具说服力的阐释。前文我们在概括环境容量法律特征的时候曾对王利明教授变通理解"物的独立性"的观点作过介绍,而崔建远教授在研究同为准物权权利形态的水权时,也对这一问题给予了说明。他认为,传统衡量物权客体特定性的标准过于僵化,在社会日新、法制日兴的时代背景下,应用开放和发展的眼光对既有制度的合理性予以重新审视。一应反思客体一律自物权设定之时就必须具备特定性的僵硬模式,承认支配力及其内容的不同对客体何时具备特定性的要求并非一致;二应反思特定性等同于同一性的结论②,承认客体特定性的含义和表现形式在不同类型的物权中不尽相同;三应探讨准物权客体的特定性能否通过对客体量化的方式来体现,解释客体的特定性可以有一定的弹性。③ 因为物权客体的特定性并非物权的初始要求,它来自于物权人支配客体的需要,更终极地说来自于实现物权目的的需要。所以界定物权客体的特定性,主要应从支配客体的要求与实现物权目的的需要两方面着眼,并兼顾登记与公示的技术要求。据此,如果用具有一定弹性的标准来重

---

① 〔日〕我妻荣:《日本物权法》,有泉亨修订,李宜芬校订,台湾五南图书出版公司1999年版,第10页以下。

② 客体的特定性等同于客体的同一性的结论,来自对所有权人、一般用益物权人支配客体现象的直观归结。所有权以特定的有体物为客体,该特定物灭失,所有权便归于消灭,显然该特定性在客体的存续上即表现为同一性。因为在客体为有体物的场合,用益物权人是通过往复不断地使用该有体物来实现其用益目的的。这就要求该有体物必须于权利存续期间内保持同一性,否则以其为客体的用益物权将不能成立。相反,不以对客体实现用益目的的担保物权,基于其所具有的物上代位性,便不强调权利客体于权利存续期间内必须保持同一性。可见客体在时间上和空间上有无同一性,对于一般用益物权的存废而言,具有重要意义。但这种理论模式应具有准确的适用范围,如将其扩展至准物权领域,则明显僵化不当。参见崔建远:《准物权研究》,法律出版社2003年版,第261页。

③ 参见崔建远:《水权与民法理论及物权法典的制定》,载《法学研究》2002年第3期,第40页。

新认定准物权客体的特定性问题,那么特定的空间、特定的期限、特定的地域和相对合理的量化方法都可以用作判断的依据。具体地说,对于不以登记为成立要件或者对抗要件的物权而言,客体于行使物权时能被特定化即可,而无需要求在设定时已实现特定;对以登记为成立要件或者对抗要件的物权而言,基于准物权排他性较弱的属性,待物权行使时再对其客体予以精确化,不会产生不适当的后果。另外,若通过特定的数量、特定的地域、特定的期限或者特定的空间等方式能使物权人直接支配客体,达于权利的目的,也可以认定该客体具有特定性,至少在权利行使时具有特定性。① 根据上述认识,对排污权客体特定性作出辨识便相对容易了。如对森林排污权、土壤排污权可以特定地域为标准实现权利客体的特定化;对水体排污权、大气排污权可以特定期限为标准实现权利客体的特定化;而对大气排污权、土壤排污权和水体排污权还可以特定空间为标准实现权利客体的特定化。

(2)排污权在占有权能方面具有特殊性:前文我们在描述准物权及排污权的特点时,曾列举过这类权利类型与传统物权的不同,究其要者,有三点差异不容忽视。一是排污权制度的重心不慕支配而侧重于利用;二是排污权与环境容量资源所有权的客体同一,无法分离;三是排污权在行使效果上追求在无害环境质量的前提下,实现环境容量资源价值最大化。正是以上三点的存在使排污权在行使的效果上表现为基本不具有占有权能,现分述如下。就第一点而言,当排污权将制度价值定位于"利用"权利客体而非支配和控制权利客体时,权利内容中是否包含对客体享有占有的权能对权利行使的实际效果基本不发生影响;就第二点而言,由于排污权与作为其母权的环境容量资源所有权的客体发生了融合,因此法律为保证这两种权利类型的共生和并存,必须在立法技术上创设一种较为平和的制度工具以维护权利存续秩序,而这种制度工具在这里就具体地表现为抽空两种权利的占有权能。就第三点而言,排污权作为一种具有社会意义和公益价值的权

---

① 参见崔建远:《水权与民法理论及物权法典的制定》,载《法学研究》2002年第3期,第40页。

利,其在行使过程中,必然追求"权利享有"的平等性。这就会造成多主体同时对某一环境容量资源予以用益的情况发生。为保障这种体现排污权制度目标的法律秩序的持久和稳定,立法者唯一能作的就是降低享有权利的门槛,剥夺排污权的占有权能。可以说正是上述三个分别植根于法律价值、法律逻辑和法律社会基础的原因,共同促成了排污权占有权能缺失局面的生成。需要强调指出的是,尽管就总体而言,不具有占有权能这一属性适用于排污权的各种具体形态,但根据排污权所栖生的物质载体的不同,排污权各种具体形态所包含的占有权能的强弱也存在差异。对于以某一地域为确定标准特定化了的排污权而言,如土壤排污权,因其载体相对稳定,所以其所具有的占有权能通常较强;而对于以某一空间或一定期限为确定标准特定化了的排污权而言,如水体排污权、大气排污权,因其载体稳定性较差,所以此种权利类型基本无占有权能可言。

明晰排污权这一属性的意义是明显的。因为绝大多数排污权不具有或仅具有十分微弱的占有权能的事实,促成了同一物质载体可能同时承载多项排污权这一法律现象的发生,这就必然促使立法者创设出一套机制用以解决同一物质载体上不同排污权间的效力冲突问题。因此,我们可以说排污权在占有权能上的特殊性是激发和完善准物权效力冲突调控机制的重要法理基础。

(3)排污权在排他性方面具有特殊性:所谓物权的排他性又称之为物权的排他效力,是指于同一标的物上,依法律行为成立一物权时,不容许于该标的物上,再成立与之有同一内容的物权。[①] 所有权和用益物权均具有排他性,排他性原则解决了这些物权之间的效力冲突,因此这一原则成为近代物权制度的重要基石之一。物权的排他性依通说发端于物权对于标的物的直接支配权性质,换言之,即发端于物权所具有的占有和支配权能。由于排污权不具有严格意义上的占有权能,它的成立不以占有环境容量及其物质载体为必要,这就为数个排污权同时并存于某一环境容量资源物质载体之

[①] 陈华彬:《物权法原理》,国家行政学院出版社1998年版,第91页。

上提供了可能。如对于以某一空间或一定期限为确定标准特定化了的环境容量资源而言（如特定水体环境容量或特定大气环境容量），就存在多个权利人同时享有在这一环境容量资源净化能力范围内排污的权利。

应当承认排污权不具有严格的排他属性是具有一定积极意义的。因为这为高效利用环境容量，提高环境保护的绩效创造了条件。但与此同时，由于它的存在使传统物权法界域内调控相同权利之间效力冲突的机制无法发挥作用，这又为法制的完善带来了新的课题。事实上正是由于准物权在占有和排他属性等方面所体现出的特殊性，为法律寻求建立诸如优先权等形式的新的权利冲突调控模式提供了契机和动力。①

（4）排污权是具有公权性质的私权：关于排污权在性质上究竟属公权亦或私权的问题，学界并未展开深入的探讨。但对于作为排污权上位制度的准物权的权利属性，学界却存在着争论，并形成了五种学说。因此，将排污权的法域归属问题放在准物权的框架内进行探讨，对于我们完成去伪存真的分析任务是大有裨益的。

学界有关准物权公、私属性域位归属的争论共形成了以下五种各具特色的学说②，分别是基于历史沿革自然确定说、基于权利作用对象的性质确定说、基于权利准据法的性质确定说、私权说及折中说。基于历史沿革自然确定说渊源于日本，该说主张通过某种准物权类型在历史发展中所实际体现出的权利性质自然地确定这一准物权类型属于公权还是私权。应当承认这种尊重习惯法效力的立法文化确实值得我国借鉴，但由于排污权作为一种新的准物权类型，存续时日有限，而其在我国连法典化都尚未完成，所以以此说作为立论根据阐释排污权的权利域位归属欠缺社会基础。基于权利作用对象的性质确定说同样渊源于日本，但却勃兴于法国，法国行政法中的公产所有权理论的提出和成形是其走向巅峰的标志。我国的一些学者在对

---

① 有关排污权实现过程中的冲突协调机制，将在后文用专章具体阐释。亦可参见邓海峰：《排污权与不同权属之间的冲突和协调》，载《清华法学》2007年第3期。

② 参见崔建远：《准物权研究》，法律出版社2003年版，第41—64页。

水权具有公权属性的论证中,也渗透出该种学说的学术思想。① 简而言之,该说主张用权利客体的性质来决定权利本身的公权或私权属性。由于该说在区分何种权利客体专属于公权客体而不得为私权所染指的问题上备受质疑,加之作为其立论基础的公产所有权理论②也随着实践的发展越发难以自圆其说,因此以此说作为判断标准阐释排污权的权利域位归属欠缺法理支持。基于权利准据法的性质确定说曾经在法学界获得过较为广泛的支持。③该说认为应以规定权利的准据法的性质确定权利的性质,如果某一准物权类型被规定于公法中,性质就属于公权;反之,若其被规定于私法中,则其性质就属于私权。如果说该说在公、私法决然分野的法制时代尚有适用余地的话,那么在公、私法已然呈现出融合趋势的当今时代,仅仅根据权利所出何处就妄下结论,便显得过于轻率了。在现有的立法技术条件下,私法中涉及到公权的规定已远非屈指算来便可以枚举,而公法对私权作出规制与限制也不再是什么罕见的法律现象,许多学者在描述水权的法域定位时便已经指出:从水权产生的领域看,自应属于私权,但水权的取得须得到许可的事实又给它打上了公权性的烙印。④ 因此,适用此说强行将之归属于任一权利类型均显偏颇,因为此时公权说着眼的是权利的形式,而私权说更注重于权利的内容。⑤ 所以,较之于前两种学说,以此说为据研判排污权的性质同样显得僵化和不合时宜。私权说为近代通行的说法,按照该学说在阐释准物权属性时着眼点的不同,又可以细化为单纯物权否定说和形成权说两个

---

① 裴丽萍:《水权制度初论》,载《中国法学》2001年第2期,第95—96页;裴丽萍:《水资源市场配置法律制度研究》,载韩德培主编:《环境资源法论丛》(第1卷),法律出版社2001年版,第121—155页。

② 有关法国公产所有权理论的详细内容可参阅王名扬:《法国行政法》,中国政法大学出版社1988年版,第302—315页。

③ 我国台湾地区的学者在阐释渔业权具有私权性时采此说;日本美浓部达吉博士及某些公法学者在阐释水权具有公权性时亦采此说。参见管欧:《中国行政法总论》,蓝星打字排版有限公司1981年版,第454—461页;许剑英:《海洋法与渔业权》,龙文出版社股份有限公司1993年版,第139页;〔日〕园部敏、田中二郎、金泽良雄:《交通通信法·土地法·水法》(日文版),日本有斐阁1969年版,第83页。转引自崔建远:《准物权研究》,法律出版社2003年版,第44—45页。

④ 〔日〕金泽良雄:《水法》(日文版),日本有斐阁1969年版,第84页。转引自崔建远:《准物权研究》,法律出版社2003年版,第45页。

⑤ 东高判昭和35年10月14日行裁集11卷10号2917页。

分支。前者承认水权、矿业权等准物权具有支配力和对世力等物权属性,但反对把上述各种权利的客体视为民法上的物。后者又称为物权取得权说,它把水权、矿业权等准物权解释为一类形成权,认为上述准物权类型不仅以直接支配标的物为内容,还能够通过行使权利的特定行为取得标的物的所有权。① 据此,认为无论适用上述哪种解释,准物权均应被划归私权序列。该说的可贵之处在于不再徘徊于以"公、私法划分为研判准则"的表层研究领域,而是深入私权内部从权利建构的逻辑基点和权利衍生的逻辑关联上探讨准物权的权利性质问题。但仅寻求在私权内部作到逻辑完满的做法,反而导致该说出现以偏代全的失误。最后,我们再看折中说。折中说认为水权、矿业权等准物权在具有私权属性的同时,还兼具有公权的属性,属于一种混合性的权利。② 我国学者主张该说的较多。③ 如有学者在描述水权时便指出:一方面,水对权利人来说是一种财产,水权由此呈现出私权性;同时,水资源又是一种公用物,因为水资源上附着了一些不具有竞争性和独占性的生态环境功能和社会公共利益④,这又使其具有了公权的色彩。笔者在排污权的权利属性法域归属问题上也持折中说的观点,承认排污权是具有公权属性的私权,理由如下:首先,就权利生成的法律根据而言,排污权是依据相关公法规范的规定而产生的,此点是其与普通私权的重要区别之一;其次,就权利的功能和社会作用而言,排污权不仅能满足主体经济利益的需要,更重要的是其具有社会公益性和生态功用性。与主要调整私权关系的私法规范相比,排污权的社会功用需要更多地借助于公法规范的强制性作用方能实现,此点决定了其必然具有一些区别于普通私权的设立条件和行使准则。这些独具的特色,将准物权制度由纯粹的私权领域引入了公、私权

---

① 参见崔建远:《准物权研究》,法律出版社2003年版,第61页。
② 〔日〕园部敏、田中二郎、金泽良雄:《交通通信法·土地法·水法》(日文版),日本有斐阁1969年版,第84页。
③ 参见林柏璋:《台湾水权及其法律性质之探讨——公水之特许使用》,载《台湾水利》2001年9月第49卷第3期,第100—101页;崔建远:《水权与民法理论及物权法典的制定》,载《法学研究》2002年第3期,第45—46页;裴丽萍:《水权制度初论》,载《中国法学》2001年第2期,第95—96页。
④ 裴丽萍:《水权制度初论》,载《中国法学》2001年第2期,第95—96页。

利交叉的重叠地域,赋予其身兼两职的双重权利属性。尽管排污权制度在我国尚未广泛确定,但从少数推行排污权交易的试点城市的实践活动中所映射出来的"依行政许可设定"、"依当事人意思自治转让"等体现不同价值取向的制度设计,已再清楚不过地向我们表明了环保实践给予排污权的最终定性。

明晰排污权在权利性质上属于具有公权性质的私权是具有积极意义的。它有利于更为准确地把握法律对排污权效力尺度的设计;有利于建构一个包括民法、行政法、经济法、环境与资源保护法、刑法及诉讼法等在内的综合法律调控体系调整排污权法律关系,并合理配置各种环境资源要素;有利于充分整合政府管理与市场调节的各自优势,达到经济利益、社会效益和环境公益的最佳平衡。因此,以折中说为据来解析排污权权利属性法域归属的做法是可行的,应予坚持。

(三) 排污权的类型化

表面上看排污权形似一个固化的概念,但事实上基于赋存载体、设立目的、权利功能、效力范围及登记要件等方面的不同,作为整体意义上的排污权在实践中很难具有可操作性,因此我们认为有必要将其进一步地类型化。依据分类标准的不同,排污权至少还可以细化为以下四类:

1. 以所栖生的物质载体的不同为分类标准

排污权可进一步类型化为水体排污权、土壤排污权、大气排污权和森林资源排污权。前文在阐释排污权的客体环境容量的时候,我们曾经对自然状态下环境容量资源的赋存物质载体作过介绍。尽管组成生物圈的物质成分多种多样,但在目前的科技条件下,可为人类认知和掌握的环境容量资源主要赋存在水体、土壤、大气和森林资源中。因此,以这四种资源作为基础构建初级的排污权体系较具现实可行性。在它们当中,水体排污权是指以水体环境容量为客体而设定的排污权,是权利人依法享有的对基于水体环境自净能力而产生的环境容量进行使用、收益的权利。该种权利的母权是国家所有的水体环境容量资源所有权,而其物质载体则是在自然科学意上具有自净能力的流动水体及非流动水体。这里所谓的土壤排污权是指以土壤环境容量为客体而设定的排污权,与水体排污权相对,它是权利人对土壤环境容量进行使用、收益的权利。其母权是国家所有的土壤环境容量资源所有权,其物质载体是一切为法律所允许的在自然科学意义上具有自净能力的土壤。与前述概念相仿,大气排污权和森林资源排污权是分别以大气环境容量和森林环境容量为客体,以国家所有的大气环境容量资源所有权和森林环境容量资源所有权为母权的排污权类型。

将排污权作上述分类的法律意义在于:其一,上述各具体类型排污权的目的不同。尽管从总的方面来说,所有排污权的设定目的均在于平衡人类活动与自然物自净能力之间的关系,以达于可持续发展的社会理想,但就具体排污权类型而言,其侧重却各有不同。例如,水体排污权设定的目的主要在于防止水环境的过度污染,改善亲水生境的生存条件;而森林排污权设定的目的则更偏重于调动植树造林和管护育林的积极性,弥补因实施有益生态的行为而给权利人带来的外部性损失。[①] 其二,上述各具体类型排污权的物质载体不同。物质载体的不同至少在两方面会影响各种具体类型排污权的行使。首先,不同的物质载体决定了不同的环境容量计算和确定方法,这最终会影响各具体排污权的比价关系;其次,法律对各种物质载体的规定各有不同,这必然会影响到栖生于其上的排污权的行使。其三,以物质载体为标准进行分类为构建各具体类型的排污权交易市场提供了制度平台和法理保障。以这一分类基础为据,我们可以进一步探讨分别适用于水体、土壤、大气和森林资源等四种具体排污权类型的交易理念和具体规则,也为建立不同性质的交易平台(包含四种类型排污权交易的综合交易系统或仅包含个别类型排污权交易的单一系统)奠定了基础。其四,这种分类方式为我们进一步探讨这四种排污权交易类型各自的特性并制定协调它们彼此之间效力冲突的规则提供了可能。

---

① Krupnick, A. J. and E. DE Verg, "On Marketable Air Pollution Permits: the Case for a System of Pollution Offsets", *Journal of Environmental Economics and Management*, Iss: 10, pp. 233—237.

2. 以排污目的为分类标准

排污权可以进一步类型化为民用排污权、市政用排污权、农用排污权、工业排污权、运输业排污权、生态用排污权及休闲用排污权等。任何地球生物的生存和发展都以同自然界发生不间断的物质和能量交换作为基础。存在着物质和能量的交换，就必然存在着最终代谢产物的转移和排泄，这就使排污成为与生命相伴生的一类永恒的自然现象。基于生命运动的形式和目的的多样性，与之相伴生的排污行为也必然具有不同的样态和目的性。在这其中，民用排污权是指在家庭、旅馆、餐饮场所、度假胜地、有组织的临时性营地或聚居区、军队营区发生的，以满足自然人的生活或简单物质生产为目的的排污权。民用排污权中的"民用"二字其范围窄于日常人们对它的理解，通常此处的"民用"可以解释为家用或日常生活使用。所谓市政排污权，是指市政为达于家庭、商业、农用、休闲或工业使用等各种目的，通过市政管网系统实施排污的权利。市政排污权的范围及于无民用排污权的旅馆、餐饮场所、宗教场所、各类营地、监狱劳教场所、教学科研机构及类似单位。而此处所指的市政管网系统则包括城市给排水系统、农村排污设施、公共区域排污设施、可贮存相当容量污染物的非公有排污设施。[1] 所谓农用排污权是以满足农业生产需要而设定的排污权，多表现为水体排污权、土壤排污权。这里所称的工业其范围广于经济管理学意义上的工业，而相当于第二产业，大体包括加工制造业、采掘业和建筑业。与此相对应，工业排污权的适用范围也及于上述各行业的工业排污活动。运输业排污权是指为保障各种运输工具正常运行及运载途中乘客正常生活需要而设定的排污权。而生态用排污权则是指为满足各种公众休闲娱乐设施和场所以及风景名胜区、自然保护区等的排污需要，在市政排污权之外另行设定的排污权。

将排污权作上述分类的法律意义在于：其一，它为解决排污权排他性较弱的情况预留了制度创新空间。前文述及，基于排污权的排他属性相对薄

---

[1] John. C. Peck and Kent Weatherby, "Condemnation of Water and Water Rights in Kansas", *University of Kansas Law Review*, Summer, 1994, p.94.

弱的事实，在同一环境要素之上经常会出现数个排污权同时并存的情势。而将排污权以目的差异作出分类，客观上就为解决上述数个权利冲突的情势提供了一种制度工具或曰法律选择。例如，在通常情况下，民用排污权都会处于最为优先的顺位。当数个排污权同时并存，而作为各排污权客体的环境容量不足以使各项排污权同时实现时，应按照民用排污权、市政用排污权、农用排污权、工业排污权及休闲排污权的次序首先满足顺位优先排污权的行使需要。其二，此种分类为确立排污权优先权制度并最终形成排污权效力冲突的协调规则提供了可能。其三，权利取得的要件不同。通常各国民用排污权的取得无须获得行政机关的批准，只要在行使处分权时取得行政机关的核准即可，而其他各项排污权的取得多需获得行政许可。

3. 以排污权的行使是否消耗其所栖生的物质载体为分类标准

排污权可以进一步类型化为消耗性排污权和非消耗性排污权。所谓消耗性排污权是指排污权的行使不仅导致作为权利客体的环境容量的减损，还将使其所栖生的物质载体丧失部分或全部功能而无法恢复或恢复明显不具有经济合理性的一类排污权。而所谓非消耗性排污权指的则是排污权的行使虽会导致作为权利客体的环境容量的减损，但不会使其所栖生的物质载体产生不良影响，或虽可产生不良影响，但基于该物质载体的生态属性日后尚能自行恢复的一类排污权。在前述的四种排污权类型中，通常土壤排污权和森林资源排污权属于非消耗性排污权，而水体排污权则多属于消耗性排污权。

将排污权作上述分类的法律意义在于：其一，对排污权权利内容（亦即其所包含的可资利用的环境容量）的确定标准不同。通常对于消耗性排污权多以其所栖生物质载体的单位体积作为基准标准来测算该项排污权所蕴含的排污量。例如，对于水体排污权而言，排污量多是以特定体积的水所能溶解或降解污染物的速率为标准来加以测算的。而对于非消耗性排污权的权利内容则多以特定地域或特定期限为标准来加以测算。例如，对于森林资源排污权而言，排污量就多是以特定地域的森林资源在一定期限内的溶解或吸附速率为标准来加以测算的。其二，是否存在物质载体所有权的转换不同。① 在消耗性水体排污权场合,由于被排入污物的水体很难再自行恢复,因此存在着水所有权从水资源所有权人处转移至水体排污权人处的法律现象;而对于各种非消耗性排污权而言,则基本不存在这种栖生物质载体所有权的转换。其三,这一分类的实践意义在于,它提醒我们为实现可持续发展的基本国策,要尽量控制和缩减消耗性排污权的设定,积极争取通过设定非消耗性排污权,解决日益突出的人与自然、经济与环境之间的矛盾。其四,两种排污权的设定成本存在较大差距,通常设定消耗性排污权的成本要明显高于等量非消耗性排污权的成本。

4. 以排污权生成的阶段和效力的强弱为标准

排污权可以进一步类型化为不完全排污权与完全排污权。在我国大陆首先提出将民事权利区分为不完全权利与完全权利的学者是崔建远教授。在他所著《水权与民法理论及物权法典的制定》一文中,他首次提出并运用上述分类标准将同为准物权类型之一的水权划分为不完全水权与完全水权两类。笔者认为,在准物权领域引入这一划分标准和权利类型是具有积极意义的,故本书亦借鉴这一划分标准对排污权进行再分类。依据前述有关水权的启示,笔者认为这里所谓的不完全排污权是指排污人已存在实际的排污行为但尚未取得排污许可阶段所享有的权利。而完全排污权则是指排污人已获得排污许可阶段所享有的排污权。

将排污权作上述分类的法律意义在于:其一,两种权利的性质不同。不完全排污权属于事实上的权利,或者说是习惯权利,尚未得到法律的正式确认,甚至可能招致法律的否定;而完全排污权则与之相反,是一种依法受到保护的正当权利。其二,两种权利的转换轨迹不同。不完全排污权可能因其补正了所欠缺的合法性要件而转换成为完全排污权,而完全排污权则没有退化为不完全排污权的可能,亦即两种权利的转换轨迹具有单向性和一维性。其三,两种权利的构成要件各异。不完全排污权仅需满足基于私法

---

① 参见崔建远:《水权与民法理论及物权法典的制定》,载《法学研究》2002 年第 3 期,第 48 页。

理念而抽象出的排污权取得原则的要求即可成立,而完全排污权则需根据不同的权利类型履行不同的法定认许程序。其四,两种权利的效力强弱不同。不完全排污权的效力孱弱,通常无权对抗其所栖生的物质载体的所有权人及其他完全排污权人甚至第三人;而完全排污权则具有齐备的法律效力,所受法律保护的力度也强,通常可以对抗除优先位序排污权人以外的一切人。其五,两种权利产生的领域不同。通常不完全排污权会在奉行先占用原则的场合产生,而完全排污权则出自实行河岸权原则的领域。① 其六,两种权利遭受侵害时的赔偿范围不同。不完全排污权受到第三人的不法侵害致使其不能转化为完全排污权时,侵害人赔偿信赖利益的损失,即排污人信赖能按预期获得完全排污权却因该侵权行为而未取得该权所蒙受的损失;完全排污权受到不法侵害时,侵权人应赔偿期待利益的损失,即行使排污权本应取得却因侵权行为而未能得到的利益损失。②

三、排污权的功能和价值

目前理论界对于排污权的功能和价值存在着不同的看法,即使在作为排污权及其交易制度故乡的美国,对该制度的争论也没有平息过。③ 有人对排污权能够在现代法制中得以确立大加赞赏,如美国新墨西哥州参议员派特·多米尼克(Pete Domenici)将之称之为"20世纪80年代出现的最有希望的设想"④;也有人则认为排污权的出现是对污染环境行为的变相纵容,如美国自然资源保护联合会的公益律师、联邦环境局空气污染处前处长在1986年的一次谈话中就将美国排污权制度组成部分的"气泡"政策称为允

---

① 有关排污权取得的原则和条件,将在下文中详细论述。
② 以上参见崔建远:《水权与民法理论及物权法典的制定》,载《法学研究》2002年第3期,第48、61页。
③ Gable, H. L, "Reform of the Clean Air Act: Anther Decade of Waste?", *Sloan Management Review*, Vol. 23, 1985, p. 3.
④ See Senate House Records of America, S14668, 1982/12/5.

许公司增加污染的一个"骗局"。① 我们认为,尽管作为一项初创的制度,排污权及其理论原理和实践操作还存在着许多不尽如人意之处,但对于我国的环保事业和法制进程而言,该项制度的积极意义是不容小视的。

第一,排污权制度的确立有利于较好地协调经济发展与环境保护的矛盾,从而为人类最终解决环境问题创造条件。人类在谋求疏缓和解决环境问题的进程中,最早而且也是被最广泛使用的调控方式便是行政强制措施。应当承认,强制色彩浓重的这种调控方式对人类社会最初抑制污染的恶化和环境问题走向失控起到了非常重要的作用,但是在人类初尝环境质量改善的同时,这种调控方式也严重地激化了经济发展与环境保护之间的矛盾,催生了人与自然之间新的对立。因为此种以规定企业治理污染、削减排污量下限指标为主要手段,以不准新、扩建和改建企业为辅助内容的调控方式,必然束缚民族国家的经济发展,降低区域经济的吸引力和竞争力。美国企业家协会在美国《清洁空气法》颁行后针对企业家所作的关于该法实施效果的调查就对上述分析的正确性给予了充分的证明。② 而排污权制度的确立,改变了传统的以行政强制为基本特征的污染治理政策措施,它使得环境容量能够以价值规律和供求关系为据,实现合理配置和高效运行,从而彻底地解决了环境问题产生的经济根源——外部不经济性。它通过富含市场化机制的制度设计和充分尊重当事人意思自由的结构原则,置换了对新污染源的审查程序,为新建、改扩建企业提供了出路,较好地协调了经济发展与环境保护的矛盾。③

当前,排污权若能发挥上述功能将对我国的环保法制实践产生巨大的推动作用。众所周知,我国目前主要采取发放具有行政许可性质的排污许可证的方式调控各类排污行为。由于行政许可的根据来源于公法,而其目

---

① 王曦:《美国环境法概论》,武汉大学出版社 1992 年版,第 273 页。
② Tietenberg, T. H, *Emissions Trading: An Exercise in Reforming Pollution Policy*, 3nd ed. Washington: Resources for the Future Inc, 1992, p.214.
③ 参见蔡守秋:《论排污权交易的法律问题》,提交给"2002 年中国环境资源法学研讨会"的论文,2002 年 10 月,第 8—9 页。

的又在于加强国家对排污的行政管理,因此,通常情况下国家公权力机关颁发的行政许可都严格禁止转让①,即使是新颁布的《行政许可法》原则上也采用了"禁止转让"的立法态度。② 这就使试图通过赋予目前的行政许可以"转让性"的方式来救治环境容量资源所具有的外部不经济性的设想无法得到现行法制环境的支持。而以环境容量作为客体的排污权,尽管蕴含着浓厚的公权色彩,但因其具有源自于私法的准物权属性,所以法律并没有剥夺其转让的合法性。这就为作为其客体的环境容量资源依法进行市场化配置提供了法律载体,并从制度建构上彻底突破了长期以来基于环境资源的公共物品属性所带来的诸多理论困局。当我们沿此思路进一步赋予排污许可证以双重性质之后③,就会藉排污权的可转让性而获得依法转让的合理根据。这就从法律上彻底解决了排污许可证转让欠缺法理基础和适当权源的问题,从而使其成为了根治我国环境问题的又一利器。④

第二,排污权制度的确立为实现环境立法理念由"末端治理"走向"源头及全程控制"奠定了基础。前文在分析环境问题产生的法律成因时,我们曾经将"环境立法理念始终停留在'末端治理'的层面上"归纳为制约解决我国日益严峻的环境危机的重要原因之一。在我国环境法中直接体现这种落后立法理念的法律现象就是环境侵权责任理论较之其他环境法律制度的异常发达。应当承认,重视对因环境侵权事件而遭受损害的当事人予以救

---

① 参见蔡守秋:《环境行政执法和环境行政诉讼》,武汉大学出版社1992年版,第152页。
② 《中华人民共和国行政许可法》第9条规定:依法取得的行政许可,除法律、法规规定依照法定条件和程序可以转让的外,不得转让。
③ 这里所谓的排污许可证的双重性质是指:一方面其是国家行政机关依法核准排污行为的公权力凭证,另一方面则是具有私权属性的排污权的权利表征。
④ 当然,我们在主张确立排污权这种制度工具的同时,也应当看到作为一种法律制度设计,排污权制度的适用还需要满足特定的条件。如美国学者丹尼尔就曾在其著作中指出:"排污权交易制度要取得成效,至少需要两个条件:一是完善的市场机制,二是精确的点源监测技术。而有些国家和地区根本就不具备这两项条件,因此可以预期:理论上更有效率的排污权交易制度在这些国家和地区未必能取得实际成效。"因此,建构符合上述条件的排污权制度支撑平台是本书观点能否得以实现的重要制约因素。值得欣慰的是随着我国市场经济体制的不断完善,现货与期货交易机制与平台正在得到提升,而我国的环保点源监测控制技术也在趋于成熟。这就为在不远的将来更加广泛地推开排污权交易创造了条件。See Daniel H. Cole, *Polltuion and Property: Comparing Ownership Institutions for Environmental Protection*, New York: Cambridge University Press, 2002, pp. 70—72.

济本是无可厚非的,但是如果法律将抑制环境侵权事件发生的努力完全放在对侵权人责任的认定及追究上,而不创设更有效地制度去激励侵权人主动减少或避免实施危害环境质量行为的话,那么保守一点讲,这种法律制度是有待完善的,当我们更激进一点时,则这种制度就应当被否定。排污权制度的确立,打破了立法基于环境侵权责任制度的存在而形成的以"末端治理"为核心的理念架构,它使人们的视野拓展到了对环境侵权行为自身的考察上。它通过自身所蕴含的价值机理,为人们避免实施环境侵权行为提供了另一种更具经济合理性与社会正当性的选择,并最终为立法理念的彻底转变提供了坚实的制度平台。

第三,排污权制度的确立为我国民法实现生态化积蓄了立法资源。在当代世界的法制进程中,有一个现象已引起各国学者的普遍关注:那就是包括民法典在内的各国民事立法都在不断地寻求和实践生态化。无论是近年来德国、瑞士、荷兰对民法典的修订,还是俄罗斯、越南最近对民法典的重新起草,融入有关环境保护的立法理念,增加与环境保护相关的制度和内容都成为各国立法者的共同选择。① 然而与这种良好愿望不相适应的是,各国民法典可资吸收和利用的体现民法生态化价值追求的理论成果实在是凤毛麟角。这常常会使拥有进步理念的立法者处于一种十分尴尬的境地。作为一种蕴含生态化价值追求的制度创新,排污权制度的出现和法典化至少部分地缓解了立法的被动与立法者的尴尬,它为我国民法典及民法理论体系最终走向真正的生态化积累了法制经验,积蓄了稀缺资源。②

---

① 吕忠梅:《"绿色民法典"制定与环境法学的创新》,载《法学论坛》2003 年第 2 期,第 107 页。

② 对于准物权类型在加快民法体系生态化进程中的积极意义,澳大利亚的立法理由书提供了充分的证明。澳大利亚政府委员会指出,鉴于历史上澳大利亚仅有少量的水资源分配贸易和交易……澳大利亚政府委员会赞同进行设立包含专为环境供水的财产权制度的改革。这一制度的设计目的"是实现有限资源对社区的最大价值,并且资源利用具有生态可持续发展性"。See. R. Bartlett, "Transferability of Water Rights in Australia and the United States," in A Gardner & S Mascher, *Water Law In Western Australia: Comparative Studies and Options for Reform*, AU: Western Australia University Press, 1996, p.92; See Armcanz, *Water Allocation and Entitlement: A National framework for the Implementation of Property Rights in Water*, Vol.10, 1995, p. iii.

第四,排污权制度的确立对民事权利体系的完善具有重要意义。民法在本质上是一个开放的权利体系,否则它绝对不会有永久的生命力。新的权利是民法生生不息的源泉,也是推动其走向进一步辉煌的动力。① 然而近现代社会以来,民法吸纳新型权利的这种朝气和动力却随着概念法学的日益推崇和解释论上向一般条款的逃避而变得愈发的矜持和无力。面对一个权利爆炸的时代,故步自封、猥琐不前的立法态度不仅不会拯救传统民法于水火,反而会使其逐渐湮灭于人们的视野,丧失应有的功能。这一严峻的事实在一定程度上促进了近代以来各国对民法典的重修和校正。在民法典修订的过程中,民法权利体系中出现的一种新类型引起了当事者们的广泛关注,并将其暂称之为准物权。可以说它们的出现,既为民法权利体系的完善带来了新的机遇,也为既存的理论框架平添了难题。民法要实现准物权制度的定型化,必以首先完成对该种权利体系的理论特征和权利架构的抽象为前提,而这显然是不可毕其功于一役的艰巨任务。作为准物权体系中的一分子,排污权制度的确立,不仅扩充了准物权的阵营,还为上述抽象的完成提供了新的素材,因此可以说排污权制度的出现及其法典化对完善民事权利体系而言,具有重要的理论意义。

同时,排污权制度的确立对准物权权利体系自身的建构和发展也具有明显的促进作用。与传统的准物权类型水权、矿业权、渔业权和狩猎权等相比,排污权存在着巨大的不同。其显殊之点便在于其权利客体具有法律意义上的无形性。此点差别的存在,使其在权利行使规则、权利内容界定、权利效力范围、权利移转程式及权利救济手段等许多方面都具有了相对的独立性。这种独树一帜的品格,使其在准物权体系中具有了另类的身份,也使其成为研讨准物权制度时必须专门考察的对象。特殊地位的取得使排污权制度在准物权理论的形成与发展过程中具有了独立的话语权,成为掌控准物权权利体系走向的一支重要力量。仅就此点而言,加强对排污权制度的

---

① 吕忠梅:《"绿色"民法典的制定——21世纪环境资源法展望》,载《郑州大学学报》(哲社版)2002年第2期,第10页。

研习,理论意义也是不容小视的。

四、本章小结

本章是对排污权本体制度进行探讨的第一个章节,核心的目的在于准确地型构出排污权的内涵和性质并对与其相关的权属关系作出逻辑定位。因此,本章首先以对作为排污权客体的环境容量的探讨作为开篇。在初步理解和把握了环境容量的自然属性和法律属性之后,本书沿着解释论的思路在物权法的视域内转入对排污权内涵的界定及其相关属性的探讨,对排污权依据不同的分类标准进行了再类型化,并对排污权确立的理论意义与实践价值作出了交代。

从宏观来看,本章的研讨达到了以下几点目标:其一,通过对作为排污权客体的环境容量的分析和介绍,阐明了将其视为法律上的物的必要性和重要性,从而为全书沿着解释论的思路在物权法视域内研讨排污权问题扫除了理论障碍。其二,通过对排污权内涵和性质的描述,阐明了其作为准物权类型的法域归属,从而为借鉴准物权制度的研究方法和理论成果对其加以研讨提供了可能。其三,通过对排污权进行再类型化,阐明了不同分类的依据和法律意义,从而为进一步研讨不同类型排污权的权利构造和行使规则创造了条件。

第四章 排污权的取得与公示

在上一章中,笔者介绍了作为排污权客体的环境容量的自然科学基础和法制化思路,探讨了排污权的内涵、分类及其法权化的意义。上述任务的完成,为将排污权由现实生活层面引入法律制度领域奠定了坚实的理论基础,因此,可以说前一章已经初步消除了阻碍排污权法权化的理念障碍和价值纷争。但是作为一种现实的权利类型,排污权之所以被提出并加以建构,目的绝不仅仅在于使其跃升为法定权利之后便被束之高阁。排污权的生命和制度价值在于实践、在于融入真实而充满人文关怀的法律关系。因此,在明晰此种权利理论基础的同时,更为迫切的理论任务是建构出符合我国法律体系要求并能满足排污法律关系需要的权利运行机制。据此,下文的论述将以着重探讨排污权在实现过程中所涉及的诸项问题为核心,而在这其中需要首先厘定清楚的就是排污权的取得与公示(登记)制度。

一、排污权的取得[①]

习惯上学界认为法律权利是规定或隐含在法律规范中,实现于法律关系中的主体以相对自由的作为或不作为的方式获得利益的一种手段。[②] 申言之,权利是一种法律允许的自由,尽管这种自由附加有一定的限制,但它却得到了法律的充分尊重。每一个真正的权利就是一种自由,在内容上它表现为权利主体的意志自由和行动自由,在范围上它等量于义务主体的"不自由",在效力上它体现在法律对一切义务主体自由的强制和干涉。[③] 权利的功能和其所具有的强制色彩向我们昭示出这样一条原理,那就是明确的权利来源和清晰的权利界限是构建任何法律权利的基础和原点。因为它不仅关系到权利主体的行为模式,更涉及义务主体的行动安全。以物权性法律权利面世的排污权,在性质上具有绝对权的属性,这使其义务主体具有了不特定性。为此,要维护权利归属秩序的稳定并顾及交易安全的需要,对排污权制度层面的设计应首先以明确权利来源和明晰权利界限为最要,而这高度浓缩在了对排污权取得制度的创设之中。

(一)权利的取得方式

前文曾经指出,排污权是一种具有公权色彩的私权。它在权利属性上所表现出来的这种两面性,同样也影响到了它的取得方式,亦即排污权可分别以公法规范和私法规范为据而得以创生。鉴于本书的主旨是从私法的角度对排污权制度加以建构,因此,在下文中笔者将主要探讨排污权在私法规范指引下的取得问题。在私法视域内,排污权的取得方式,基于观察角度的不同可以作

[①] 参见邓海峰:《排污权私法取得机制研究》,中国法学会环境资源法学研究会2005年年会论文集,中国法学会环境资源法学研究会编辑,2005年8月。
[②] 张文显:《法哲学范畴研究》(修订版),中国政法大学出版社2001年版,第309页。
[③] 公丕祥主编:《法理学》,复旦大学出版社2002年版,第196—197页。

出不同的划分。就取得方式的性质来看,可以将排污权的取得归纳为原始取得与继受取得,前者为不以他人已有之排污权为据而径行取得排污权利的方式,而后者则恰好与之相反。此外,作为后者的继受取得还可以进一步细化为设定取得与移转取得;就取得方式的原因来看,可以将其归纳为基于法律行为而取得和基于法律行为以外的原因而取得①,具体内涵分述如下:

1. 基于法律行为而取得

在理论上,基于法律行为而取得排污权的情形涵盖了前文所述继受取得的两种亚类型,即设定取得和移转取得。

(1) 设定取得。通过此种方式取得排污权的途径是订定以创设排污权为目的和内容的合同。所谓排污权设定合同是指环境容量资源所有权人(国家)与期望对该项资源加以用益的人订立的以创设排污权为目的和内容的合同。② 在该合同满足法律关于物权变动形式要件的规定和有关环境保护的强制性规定后,合同中的环境容量资源所有权人的相对人便取得依该合同所创设的排污权。

(2) 移转取得。移转取得是最为典型的继受取得形式,原因在于依此种方式取得排污权须以他人已享有并自愿让与已有的权利为前提。由于排污权是一种具有物权属性的财产性权利,具有流通性,因而其可以成为权利让与的标的。排污权人一旦将其所享有的排污权让与受让人,受让人便继受原权利人的法律地位并取得排污权。具有权利让与性质的排污权移转,其履行后的法律后果会产生物权的变动,但此种权利变动需以满足法律对物权变动的形式要求和有关的环境保护强制性规定为前提。

2. 法律行为以外的其他取得路径

(1) 继承和承继。尽管排污权被有些学者称之为公法物权,但它所具有的财产权属性并不能据此而被否定。因此当作为自然人的排污权人死亡时,他所享有的排污权可以作为遗产由其继承人继承当无疑义。同时,当法

---

① 钱明星:《物权法原理》,北京大学出版社1994年版,第44—46页。
② 在德国此类合同又被称之为物权合同或物权契约。参见陈华彬:《物权法原理》,国家行政学院出版社1998年版,第520页。

人或其他权利主体作为排污权的权利人时,在它分立、合并的场合,亦应允许其权利义务的承受人承继其所享有的排污权。自然人依继承法律关系取得的排污权于继承开始时当然取得,但非经登记不得处分;法人或其他权利主体承继的排污权自该主体向登记机关办理变更登记之时起依法取得。

（2）时效取得。前文已言,排污权具有财产权的属性,即为财产自得有取得时效适用的余地。一般认为,因时效而取得排污权的,于登记后即生取得之效力。关于在排污权取得过程中,时效原则的适用规则,本书将在排污权取得原则部分详述,于此不赘。

（3）依法律规定取得。排污权是一种以其客体环境容量所栖生的水体、土地、森林和大气等物质载体为基础而生成的不动产物权。基于不动产物权的取得可以由法律直接加以规定的法制传统①,排污权的取得亦可直接缘于法律的规定。由于排污权目前在我国尚未成为一项法定权利类型,因此遍访我国《水法》、《水污染防治法》、《大气污染防治法》、《土地管理法》、《森林法》均未发现直接规定排污权取得的法律条文。但我国《水法》第48条第1款及《取水许可制度实施办法》第3条、第4条有关法定水权的规定,已开创了具有不动产物权属性的准物权依法律规定而直接取得的先例。由此推知,同属准物权的排污权也应有依法律规定而直接取得的可能。对此种取得方式本书将在下文有关排污权取得原则的分析中详加探讨。

（二）权利的取得原则

在研讨排污权的取得原则之前,有必要对与此相关的两个问题首先作出说明。因为它们当中的前者关系到对研讨"排污权取得原则"必要性的认识,而后者则是研讨"排污权取得原则"的必要条件和制度前提。

1. 对传统排污许可授受模式的质疑

由于我国至今未确立排污权,因此政府对社会生活中的排污行为主要

---

① 参见〔日〕高岛平臧:《近代物权制度的展开与构成》（日文版）,日本成文堂1969年版。转引自陈华彬:《物权法原理》,国家行政学院出版社1998年版,第513—521页。

是借助发放排污许可证的模式来进行调整的,也就是说,在我国代行排污权设定与取得职能的是排污许可证制度,即学者通常所称的排污权的初始分配。按照国家环保总局的界定,排污权的初始分配是指环境保护部门在当地污染物排放总量控制的前提下,根据各污染源排放状况及经济、技术的可行性等,经排污单位的申请,核准污染单位和污染物允许排放量,对不超出污染总量控制指标的单位,颁发《排污许可证》,对超出污染总量控制指标的单位,颁发《临时排污许可证》,并限期治理,排污者必须在颁发许可证后才能进行排污活动的总称。[1] 由这一定义我们可以看出排污权的初始分配具有如下几项特征:其一,此种初始分配是一种行政权主导的分配模式,在本质上属于行政许可的范畴,即在法律一般禁止的情况下,行政主体根据行政相对人的申请,通过颁发许可证或执照等形式依法赋予特定的行政相对人从事某种活动或实施某种行为的权利或资格的行政行为。[2] 其二,初始分配行政法律关系的发生是基于排污单位的申请。其三,行政机关在排污权初始分配过程中所依据的标准是各污染源排放状况及经济、技术的可行性。[3] 通过对上述特征的分析,我们认为传统的排污许可授受模式具有较大的局限性,应予完善。

首先,此种模式的效率低下,且易引发行政专横、滋生腐败现象。众所周知,排污是与人类生活和生产活动紧密伴生的一类自然生理现象和社会运动过程。它如同吃、穿、住、行一样必不可少,又成为联结生产、分配、交换和消费的行为桥梁。因此,可以说排污需要和排污行为是人类社会中最为普遍的一类社会现象,将此种社会现象全部纳入行政主体的施政对象既无必要,也没有可能。勉强推行行政主导的排污行为模式除了导致社会生活效率低下之外,还易引发行政专横、诱使腐败丛生,实在得不偿失。

---

[1] 国家环境保护局编:《排污收费制度(试用)》,中国环境科学出版社1997年版,第260页。
[2] 姜明安主编:《行政法与行政诉讼法》,北京大学出版社、高等教育出版社2000年版,第182页。
[3] 参见李爱年、李宗恺等:《总量控制区域排污权的初始分配方法》,载《中国环境科学》2000年第1期,第68—69页。

其次,此种行为模式的作用结果有欠周延,无法涵盖排污权取得方式的全部类型。此种依排污单位申请引发的排污许可证授受法律关系的当事人是行政机关与申请单位。如果不考虑行政许可的国家强制色彩和行政机关社会事务管理者的职能,而仅将其视为国有资源所有权人化身的话,那么这种排污许可证的授受关系实际上就相当于一个合同的订立过程。其本质属性就是前文在描述排污权取得方式时所提及的"排污权的设定取得"。如果在我国只允许依此种方式取得排污权,其结果显然是否定了排污权可依原始取得(如劳动)和其他继受取得方式得以产生的可能性。这无论是在理论上,还是在实践中都是荒谬和难以接受的。事实上,经济学界对于诸如环境资源一类的公共物品的供给方式早有探讨,并分别形成了以庇古税为代表的政府供给学派和以科斯环境产权为代表的市场供给学派。① 经过多年的实践,今天的学者们已对这两种学说的适用条件有了较为清晰的认识。以庇古税理论为基础的政府供给机制适用于经过充分竞争之后而形成的高度发达的市场经济社会。② 因为只有在这种经济氛围中,不同的市场主体才真正具有平等的法律地位,各种政令才有可能依靠政府的公信力和市场主体的法律意识来保障实施。而以环境产权理论为基础的市场供给机制则适用于前市场经济社会或准市场经济社会。③ 因为在这种经济环境中,竞争机制尚未完全形成,因此很难得出不同市场主体已经具有了平等经济地位的结论。这样,要想保证各项政策措施都能够达到公平的实施结果,就必须借助于市场所独有的利导机制来激励竞争,以克服因主体地位失衡而产生的各种弊害。尽管我国自20世纪90年代以来已经开始实行市场经济体制,但就总体而言其发展水平并不高,"大政府小社会"的典型准市场经济特征十

---

① See Tietenberg, T. H, *Emissions Trading: An Exercise in Reforming Pollution Policy*, 3nd ed., Washington: Resources for the Future Inc, 1992, p.214.

② 市场经济十分发达的法国、德国和日本基本采用以庇古税理论为基础的政府供给机制来解决其各自的环境资源供给问题便是这一结论的明证。参见〔日〕阿部泰隆、淡路刚久:《环境法》(日文版),日本有斐阁1995年版,第258页;Code de L' Environnement, Edition Dalloz, 1993—1994, pp. 796,802;《德国环境保护法——法规》,江伟钰译校,香港华艺出版社1993年版,第107页。

③ See Coase. Ronald, "The Problem of Social Cost," *Journal of Law and Economics*, Vol. 3, 1960, pp. 1—44.

分明显,而且政府的行政管理体制,特别是环境行政管理体制仍没能完全摆脱计划经济的影响。上述基本国情使得以庇古税为代表的政府供给机制无法在我国寻得适宜的制度生存空间。正是基于此我们才主张引入环境产权理论来协助打开目前在排污权供给问题上的困局,而这显然需要以对我国现行的排污行政管理授权模式进行检讨为制度前提。

再次,此种模式所依据的授权判断标准不具有科学性,且无法解释排污权的真正权源。按照前述定义,行政机关判断是否授予排污单位排污许可证的标准是"各污染源排放状况及经济、技术的可行性"。在这一标准中,"各污染源的排放状况"是一个事实判断,且处在不断的发展变化之中[①],不符合作为判断标准的确定性要求。同样"污染源的经济、技术可行性"也是一项极具弹性的标准,运用不同的测算方法会得出完全不同的结果,因此也不具有科学性。依据上述标准作为排污权授受的判断基础只能够初步回答是否授予排污权这一问题,而无法回答为什么要授予排污权及不同排污权类型产生的根据何在等有关排污权权源的问题。因为这一标准忽略了排污权在本质上所具有的民法准物权的权利属性,忽略了民事权利取得原则在排污权产生和授受过程中的作用及其在协调权利冲突、解决利益纷争方面的意义。事实上,行政授权模式的上述缺陷只有通过明晰排污权的私法取得原则,才有望得以弥补。因为一方面,取得原则的明确有助于拓宽排污权的取得路径,使千军万马争抢行政授权资源的局面得以缓解,并在有效激发市场机制克服行政管制缺陷潜质的同时,促成排污权取得模式的多元化。另一方面,取得原则的明确还可为依公法规范授受排污权的具体行政行为提供一个相对客观的判断标准。这样,行政主体就可以参照诸项取得原则来实施授权行为,从而一举扭转过去授权标准模糊、授权行为武断、授权结论欠缺公信力的被动局面,真正实践依法行政的庄严承诺。此点裨益对于我国的行政体制改革而言,显然更具现实意义!

---

① 参见李爱年、胡春冬:《排污权初始分配的有偿性研究》,载《中国软科学》2003年第5期,第17—18页。

最后，由于行政授受模式所具有的以时间为基础的一维性和单向性，使其只能以授权先后为标准机械地调处不同排污权之间的权利冲突和利益纷争，这直接导致了对基于不同目的或不同效力而产生的排污权在价值位阶上的混乱和保护方法上的机械与单一。

据此，我们认为传统的以行政主导为主要特征的排污许可授受模式已不能适应当代社会的需要，应采用公、私法相结合的模式，以对"排污权取得原则"的研讨为突破口对其加以扬弃，建立以私法取得为基础、以公法取得为补充并兼顾公、私法优势互渗需要的排污权取得（初始分配）制度。

2. 权利取得原则得以发挥作用的制度前提

我们认为"排污权取得原则"的探讨需以排污权客体所栖生的物质载体的所有权独立于土地所有权作为制度前提。在排污权的权利衍生与位阶体系中存在着三个不同的所有权权利层次，由低至高分别是环境容量资源所有权、环境容量所栖生的物质载体的所有权以及土地所有权。这里我以水体排污权为例说明上述不同层次权利之间的关系。首先，水体排污权的客体是水环境容量，与其相对应的自物权权利形态是水环境容量资源所有权；其次，水环境容量资源所有权的物质载体是水，与其相对应的自物权权利形态是水资源（水体）所有权；再次，水资源（水体）所有权的物质载体是土地，与其相对应的自物权权利形态是土地所有权。在这样一个具有三个层次的金字塔式权利结构中，土地所有权居于最高，原因在于土地是其他各种资源和环境要素的共同物质载体；水资源（水体）所有权居中，其原因在于水体既包含于土地资源之中，又是水环境容量的物质载体；水环境容量所有权居于底部，其原因在于水环境容量既直接蕴含于水体之中，又基于水体与土地之间的包含关系而间接蕴含于土地之中。我们要探讨以水环境容量资源所有权为母权的水体排污权的取得原则，客观上必须具备的前提就是水体排污权已经成为一种独立的权利类型。而要证得这一命题，则客观上必须首先证得作为其上位权利的水环境容量资源所有权已经成为一种独立的权利类型。同理，要证得水环境容量资源所有权的独立性，复要证明水资源（水体）所有权已经脱离土地所有权的束缚而成为一种独立的权利类型。可见，对水体排污权取得原则的探讨需以水体排污权客体水环境容量所栖生的物质载体(水体)的所有权独立于作为其物质载体的土地的所有权作为制度前提。鉴于包括我国在内的当今世界的主流立法已普遍肯认土地所有权与土地所蕴藏成分所有权分别成立的立法体例①,故可推定本书有关排污权取得原则的分析具有法理基础。

3. 诸项原则的内核与构造

经济学家对于公共物品供给制度的效率和有效性向来就存在着争论,并依据观念的不同分化为政府供给与市场供给两大阵营。基于本书以私法角度研讨排污权法律供给方式的立场和前文对行政主导排污权授受模式的质疑,在此我们将主要探讨以市场供给理念为基础的排污权在私法上的取得原则。由于作为本书研讨对象的排污权在各国的法制实践中特别是私法领域并未得到广泛确立,因此本书将参照准物权制度体系中其他权属特别是与排污权具有较强相似性的水权的权利配置和运行模式对排污权各取得原则的内核和构造展开探讨。②

(1) 河岸权原则。河岸原则又称为岸权或岸边权原则③,是指依河岸地所有权或使用权确定排污权归属的原则。由该定义可以看出,河岸权原则

---

① 参见王卫国、王广华:《中国土地权利的法制建设》,中国政法大学出版社 2002 年版,第 29—31 页;See Bverf GE,58,300 (338f). 转引自李建良:《论环境保护与人权保障之关系》,载《东吴法律学报》2000 年第 2 期;常云昆:《黄河断流与黄河水权制度研究》,中国社会科学出版社 2001 年版,第 78 页。See 2 kinney, Irrigation and Water Rights? 1787 (2d ed、1972). 转引自崔建远:《水权与民法理论及物权法典的制定》,载《法学研究》2002 年第 3 期,第 49 页。

② 我国学者近来在研习准物权制度的过程中,在水权领域发表有多篇研究成果。本书在研习排污权问题时,参照了如下最新研究成果:崔建远:《水权与民法理论及物权法典的制定》,载《法学研究》2002 年第 3 期,第 37—62 页;裴丽萍:《水权制度初论》,载《中国法学》2001 年第 2 期;裴丽萍:《水资源市场配置法律制度研究》,载《环境资源法论丛》(第 1 卷),法律出版社 2001 年版;〔澳〕阿勒克斯·加德纳:《水资源法改革》,识摩竹译,载《环境资源法论丛》(第 1 卷);魏衍亮、周艳霞:《美国水权理论基础、制度安排对中国水权制度建设的启示》,载《比较法研究》2002 年第 4 期,第 42—54 页;关涛:《民法中的水权制度》,载《烟台大学学报》(哲社版)2002 年第 4 期,第 389—396 页;A Gardner & S Mascher, *Water Law in Western Australia*: *Comparative Studies and Options for Reform*, p.92;See Armcanz, *Water Allocation and Entitlement*: *A National framework for the Implementation of Property Rights in Water*, Vol.10, (1995), p.ⅲ.

③ 魏衍亮、周艳霞:《美国水权理论基础、制度安排对中国水权制度建设的启示》,载《比较法研究》2002 年第 4 期,第 45 页;〔澳〕阿勒克斯·加德纳:《水资源法改革》,载《环境资源法论丛》(第 1 卷),第 160 页;崔建远:《水权与民法理论及物权法典的制定》,载《法学研究》2002 年第 3 期,第 50 页。

是以相邻不动产在地域上的毗邻关系(非相邻关系)为基础确认准物权取舍关系的一项法律原则,因此它适用于可以与土地形成毗邻状态的排污权的取舍场合。在前文提到的四种排污权类型中,它适合对水体排污权和森林资源排污权的取舍作出判断。由于特定的地表径流或森林分别依附于相邻的土地[1],据此原则地表径流(水体)岸边土地的所有人、森林边缘土地的所有人对与其土地相毗邻的水流或森林当然享有排污权。对于河岸权原则的性质,我国民法学者崔建远教授在分析水权的取得时曾作过具体分析[2],结合本书的主旨,我们认为其在排污权取得的场合应作如下描述:其一,河岸权原则仅适用于特定区域的水体排污权和森林资源排污权。依该原则取得排污权,需满足前文指出的土地与地表径流或森林资源的地域毗邻关系,即客观上存在着河流的地表径流,同时与河流毗邻土地的所有权关系明晰,拥有确定的产权人;或客观上存在着具有环境自净能力的森林资源,同时与林地毗邻土地的所有权关系明晰,拥有确定的产权人。至于拟享有排污权的河流是否贮存有水,水量的大小以及拟享有排污权的森林资源是否已达吸附污染物的密度和吸附能力则属于排污权具体行使中的技术问题或法律政策问题,不影响作为权源的排污权的成立。其二,在该原则项下取得的排污权具有自动、当然生成的属性,权利在取得状态时无须履行行政前置程序,至于权利的行使则另当别论。其三,该原则取得排污权的根据在于不动产之间存在着相互毗邻的关系,而与排污权取得人的作为或不作为行为无关,亦即依此原则取得的排污权不受排污权人对水流或森林有否实际占有使用关系的影响。[3] 由此我们可以推知依此原则取得的排污权在时间效力上具有永续性。[4]

---

[1] David H. Getches, Water Law in a Nutshell, 3nd ed., St. Paul, Minn.: West Publishing Co., 1997, p.77.

[2] 参见崔建远:《水权与民法理论及物权法典的制定》,载《法学研究》2002年第3期,第51页。

[3] 〔美〕约翰·特力克:《美国日本:水权、水价、水分配》,刘斌、高建恩、王仰仁译,天津科学技术出版社2000年版,第32页。

[4] 参见崔建远:《水权与民法理论及物权法典的制定》,载《法学研究》2002年第3期,第51页。

在大陆法系的传统民法上,与河岸权原则较为相似的制度有两项,分别是相邻关系制度和地役权制度。关于河岸权原则与前者的区别崔建远教授在其论文《水权与民法理论及物权法典的制定》及其所著《准物权研究》一书中曾作了详尽论述。他指出两者的差异主要体现为三点:其一,法律关系所涉权利人的地位不同。相邻关系多发生在毗邻不动产的权利人之间;而河岸权原则一般涉及的是不动产权利人与水资源所有权人(本书中应为排污权人,下同)之间的权益互动。其二,相邻关系原则在水资源所有权(本书中应为环境容量资源所有权,下同)未与土地所有权分离的年代,曾经是水权(本书中应为排污权,下同)取得的根据,但在水资源所有权与土地所有权分离后,其不再具有取得水权(排污权)的功能。其三,河岸权原则解决的是水权(排污权)从无到有的问题,而相邻关系原则解决的是有了水权(排污权)之后,该权利在行使过程中发生的利益冲突问题。只有在水权(排污权)制度确立以后,拥有水权(排污权)的上下游土地所有权人或使用权人之间才会基于用水排水(排污)方面的需要,发生相邻用水排水(排污)法律关系。① 笔者赞同上述观点,并认为它们在依河岸权原则取得的排污权与相邻权发生利益冲突时,也同样具有适用余地。下面本书再就河岸权原则与地役权制度的区别作一点粗浅探讨。

所谓地役权是指以他人土地供自己土地便宜之用的权利。② 在分类上,地役权属于一种为增加自己土地的利用价值而利用他人土地的用益物权。③ 就本质而言,地役权是以限制供役地所有权或使用权为目的而产生的一项权属④,在此点上其与排污权所具有的环境容量资源所有权及其物质载体所有权的限制功能具有异曲同工之处,但两者的区别仍是不容忽视的。其一,

---

① 崔建远:《水权与民法理论及物权法典的制定》,载《法学研究》2002 年第 3 期,第 50—51 页。
② 陈华彬:《物权法原理》,国家行政学院出版社 1998 年版,第 539 页;姚瑞光:《民法物权论》,海宇文化事业有限公司 1995 年印刷,第 179 页。
③ 杨与龄:《民法物权》,台湾五南图书出版公司 1981 年版,第 141 页;〔日〕原田庆吉:《日本民法典的史的素描》,台湾创文社 1954 年版,第 115 页。
④ 郑玉波:《民法物权》,台湾三民书局 1995 年版,第 180 页。

物权法定主义项下的地役权,尽管可以依取得时效和继承等方式设定[①],但其更多的产生途径则是基于供役地权利人与需役地权利人之间的意定[②];而在依河岸权原则取得排污权的场合,必须严格遵守岸权法定原则,此时的排污权只依不动产间的毗邻关系满足法律对河岸权原则的规定而产生,别无他途。其二,在地役权创设的法律关系中,供役地与需役地并不以邻接为必要,二者即使不相邻甚至相距较远,也不妨成立地役权[③];而在依河岸权原则创设排污权的场合,则要求排污权人必须拥有与水流或森林相毗邻的土地的所有权,否则不发生权利的取得。其三,地役权从内容上来看,表现为对供役地土地的利用,它在功能上表现为对供役地权利人权利效力的限制,而非剥夺[④];而河岸权原则作用后的结果则不仅表现为对环境容量资源所有权人权利的限制,还表现为对其权利在事实上的置换和作用效果上的消灭。其四,地役权在权利形态上具有从属性,或称之为附从性,它在行使时不得与需役地分离而为让与,也不得与需役地分离而成为其他权利的标的[⑤];而基于环境容量与其物质载体依立法政策所作的独立处断及排污权与河岸土地、森林边缘所有权均为独立权利形态的法律事实,依河岸权原则所取得的排污权则不受从属性的限制。其五,基于法律行为设定的地役权通常具有明确的期限性[⑥];而依河岸权原则产生的排污权则具有永续性,亦即不受时间性的限制。由上述分析,我们看到地役权制度与河岸权原则两者之间的差异之处明显多于而且也重要于它们之间既存的共性,因此,认为两者可以替代的观点是不成熟的。

---

① 〔日〕国生一彦:《现代英国不动产法》,日本商事法务研究会1990年版,第241页;〔德〕曼弗雷德·沃尔夫:《物权法》,吴越、李大雪译,法律出版社2002年版,第171页。

② See Jesse Dukeminier and James E. Krier, *Property*, 3nd ed., Boston: Little Brown and Company, 1993, pp.791—796.

③ 〔日〕我妻荣:《日本物权法》,有泉亨修订,李宜芬校订,台湾五南图书出版公司1999年版,第373—374页。

④ 参见史尚宽:《物权法论》,台湾荣泰印书馆股份公司1979年版,第203—210页。

⑤ 参见〔日〕松坂佐一:《民法提要·物权法》(日文版),日本有斐阁1980年版,第203页;〔日〕高岛平藏:《物权法制的基础理论》(日文版),日本敬文堂1986年版,第258—259页。

⑥ See Daniel F. Hinkel: Practical Real Estate Law, St. Paul, Minn: West Publishing Co., 1991, pp.91—92.

与民法中其他制度相比,河岸权原则的历史并不逊色。在我国古代,水使用权(准物权的另一种权利类型)取得的原则中即有渠岸权利原则①,直到今天我国的用水习惯中也有它的一席之地。② 河岸权原则于我国现行法上也可以寻得承认和适用的根据。2002年8月29日修改通过的《中华人民共和国水法》第3条关于"农村集体经济组织的水塘和由农村集体经济组织修建管理的水库中的水,归各该农村集体经济组织使用"的规定,第25条第2款关于"农村集体经济组织或者其成员依法在本集体经济组织所有的集体土地或者承包土地上投资兴建水工程设施的,按照谁投资谁管理和谁受益的原则,对水工程设施及其蓄水进行管理和合理使用"的规定,按照水权思想解释,就是承认了河岸权原则。③ 在英国,河岸权原则滥觞于普通法。后来随着法制和法律文化的继受和发展,它逐渐传播到了美国,先是普遍适用于美国东部的31个州④,后又被西部一些州的法律所承认。在澳大利亚,河岸权原则的适用同样十分广泛。在其普通法中,明确规定"土地所有人有权利用流动于其土地之下的地下水和从其土地中喷出的泉水。土地所有人有权利用流经其土地地表的未加控制的水流。水道或湿地岸帮的所有人(即河岸权人)拥有对水的水流权和使用权。岸权'从属于'土地,因为岸权仅可为相邻于水道或湿地的土地而行使"⑤。上述不同国家对河岸权原则的广泛适用,在一定程度上印证了该原则在解决准物权权属关系问题上所具有的优越性和合理性。因为该原则充分体现了对长期以来在世俗生活层面形成的"土地所有权人可以基于其所有权取得其他准物权权利"的法律文化的尊重,也是对既有习惯法破坏性最小的一种变通适用。因此建议我国

---

① 参见萧正洪:《环境与技术变迁》,中国社会科学出版社1998年版。转引自常云昆:《黄河断流与黄河水权制度研究》,中国社会科学出版社2001年版,第78页。
② 参见崔建远:《准物权研究》,法律出版社2003年版,第299页。
③ 同上注书,第302页。
④ Frank. J, "Cases and Materials on Water Law", *Resource Use and Environmental Protection*, St. Paul, Minn.: West Publishing Co., 1974, p.127.
⑤ R. Bartlett, et, al, *Water Law in Western Australia: Comparative Studies and Options for Reform*, pp.36—38, http://www.Wrc.Wa.Gov.au/public/publist.Html # wrs/;〔澳〕阿勒克斯·加德纳:《水资源法改革》,载《环境资源法论丛》(第1卷),第160页。

法律在规定排污权取得原则时,引入这一原则。最后应予提及的是,在土地所有权、土地承包经营权、"四荒"土地使用权、国有土地使用权已经分立,且可归属不同法律主体享有的情势下,对河岸权原则据以发生作用的权源亦应作变通理解。其既可以是传统的土地所有权,也可以是对河岸土地或森林边缘土地所拥有的承包经营权、"四荒"土地使用权,甚至国有土地使用权。①

(2)先占用原则。先占用原则又称之为先占原则②,是指按占用环境容量资源的时间先后确定排污权的取得以及不同排污权之间效力位序的原则。由该定义可以看出,先占用原则是以"先到者权优先"为基础确认准物权取舍关系的一项法律原则③,因此,它适用的范围要明显广于河岸权原则,因为它不以环境容量的物质载体是否与土地毗邻为权利生成的参照要件,而是以权利人特定的排污行为这一外观条件作为权利取得的要件和基本公示方式,这样前文提到的水体排污权、土壤排污权、大气排污权和森林资源排污权将全部满足这一原则的适用条件。应当说先占用原则的产生是法律渐次人性化与更加贴近现实生活的反映,因为不拥有毗邻水流或森林资源的土地所有权的其他人在日益现代化的生产和生活中同样会有排污的需要。如果仅以其不能满足河岸权原则所需的条件为由就否定其排污的合理要求显然是片面和不公平的。反之,将其纳入先占用原则的范围之内,不仅因应了社会生活的客观需要,而且还有利于从宏观的角度调控排污行为,掌控污染水平,并弥补河岸权原则无法协调不同排污权效力冲突的缺陷。对于先占用原则的性质,参照我国学者有关水权取得原则的研究成果④,我们认为可作如下描述:其一,由于依先占用原则取得排污权实际上是以限制环

---

① 崔建远:《水权与民法理论及物权法典的制定》,载《法学研究》2002年第3期,第52页。
② 尽管此处所谓的先占用原则与传统民法中的动产所有权先占取得在制度价值上具有一定的传承关系,但这两项制度是彼此独立的,应予区别。
③ 魏衍亮:《美国水权理论基础、制度安排对中国水权制度建设的启示》,载《比较法研究》2002年第4期,第45页。
④ 参见崔建远:《水权与民法理论及物权法典的制定》,载《法学研究》2002年第3期,第52—54页。

境容量资源所有权人及部分河岸权人的利益为代价的,因此,其对占用人排污行为的要求较高,限制也较多。依该原则,排污人的排污行为必须是直接、实际和有益的。① 所谓直接,意指作为一种用益权的排污权,其权利内容仅及于对环境容量的用益,不得超出这一范围,给环境容量资源所有人及环境容量物质载体权利人造成其他损害;所谓实际,意指只有排污行为人依该原则方可取得排污权,而不及于该行为人以外的其他主体;所谓有益,意指排污权的范围由排污行为人实施的有益排污量决定,排污权人不享有超出其实际有益排污量的权利。② 其二,先占用原则的精髓是"先到者权优先",该项标准确立了依先占原则取得的排污权之间的优先位序。申言之,首先或最早的有益排污者享有处于优先位序的排污权。该排污权整体地优先于随后的排污行为人所享有的排污权。在排污权优先位序确定的技术问题上,美国法提供的两种立法例可资借鉴。首先,为自然顺序法,即排污权的优先日期可依所据准据法的指引溯及至排污权人首次排污的日期、被批准许可证申请提交的日期、准据法生效的日期或法律设立保留地的日期等。不同权利之间依自然产生的时间先后确立位序。其次,为法律拟制顺序法,它是指在上一级行政机关依总量控制原则确定拟排放污染物总量后,把份额分割给下一级权利人时拟制出的优先顺序。例如,在美国,1922 年由 7 个州签订的《科罗拉多河协定》,1928 年颁行的《波尔得峡谷工程法》,1931 年加利福尼亚州通过的《七边优先权协定》均具有确认优先权位序的功能。③ 当然该原则亦有例外,在居民行使生活排污权的场合可不纳入优先权的考量范围,而径行取得最优先的权利地位。其三,该原则确立的排污权为一项继续性的权利,以持续而有益地排污而非浪费或破坏为存续条件。④ 排污权人要想保有其所持有的排污权,必须具有持续的有益排污行为,否则便可能

---

① 参见崔建远:《准物权研究》,法律出版社 2003 年版,第 303 页。
② Wells A. Hutchins, Water Rights Laws in the Nineteen Western States, (1971), p.440.
③ 魏衍亮等:《美国水权理论基础、制度安排对中国水权制度建设的启示》,载《比较法研究》2002 年第 4 期,第 45 页。
④ Krista Koehl, Partial Forfeiture of Water Rights: Oregon Compromiser Traditional Principles to Achieve Flexibility, 28 Envtl. L, (1998), pp.1140—1141.

因不排污或破坏性排污而被剥夺排污权。① 申言之,该原则使停止有益排污的排污权人无权阻止后位序的排污权人有益排污,使因纯粹猜想的目的而不行使排污权者不能继续享有排污权。②

　　前文提到,先占用原则的确立将影响到部分河岸权人的现实利益,因此有必要对这两项原则的区别作进一步的探讨。其一,两者成立的事实基础不同。先占用原则成立的事实基础在于权利人特定的排污行为具有时间上的顺序性这一法律事实。而河岸权原则成立的事实基础则在于相邻不动产在地域上具有毗邻关系这一自然事实。其二,两者对权利配置模式的效力不同。先占用原则由于借助了"时间性"这一要素,因此可以通过确立"先到者权优先"的标准为以其为据而产生出的排污权确定权利的优先位序;而由河岸权原则产生的排污权具有唯一性,所以在客观上不会发生优先权问题。其三,两者的排他效力不同。先占用原则由于不妨碍劣后权利的产生,因而其在本质上不具有排他的属性;而河岸权原则由于是以特定不动产的毗邻关系为权利生成的基础,所以,它具有排除非毗邻不动产物权权利人生成排污权的机能,即具有排他性。其四,权利成立的要件不同。依先占用原则取得排污权必须满足持续、直接和有益排污等实质要件,且通常以登记作为权利取得的形式要件③;而河岸权原则则无甚要求。基于两者在以上诸方面存在着明显的不同,加之两者于现实生活中的功能各异,因此我们认为有同时承认上述两者的必要。

　　尽管将先占用原则规定为准物权取得原则是近代法制的重要成果,但将先占与权利的取得相联系的思想和法律实践却拥有久远的历史。从法发生学的角度而言,先占并不是从来就有的,而是人类社会发展到一定阶段的

---

① David. H. Fetches, Water Law in a Nutshell, 3nd ed., St. Paul, Minn.: West Publishing Co., 1997, p. 77.

② Darryl V. Wareham, "Washington Water Rights Based on Actual Use or on Delivery System Capacity? Department of Ecology V. Theodoratus," *Seattle University Law Review*, Summer, 2000, p. 191. 转引自崔建远:《准物权研究》,法律出版社 2003 年版,第 304 页。

③ 参见崔建远:《水权与民法理论及物权法典的制定》,载《法学研究》2002 年第 3 期,第 52—53 页。

产物。正如英国法律史学家梅因（Maine）先生所指出的那样："只有在财产权利的不可侵犯性在实际上长期得到了认可时，以及绝大多数的享有物件已属于私人所有时，单纯的占有可以准许第一个占有人就以前没有被主张所有权的物品取得完全所有权。"①马克思也说："只是由于社会赋予实际占有以法律的规定，实际占有才具有合法的性质，才具有私有财产的性质。"②可见一旦作为一种制度文明的私有制登上了历史舞台，先占成为财产权利取得方式就成为了一种或早或晚的事情。由此，我们可以推知，将先占与财产取得相联系是历史作出的选择，同时也是法律对社会生活需要作出的一种正确回应。

在古罗马时代，"先占"曾被认为是所有权的来源，后来这一思想由荷兰国际法鼻祖格老秀斯继受，并将其演绎成为一项国际法原则。在我国古代，水使用权的取得原则中就存在有限度的先占用原则。③ 日本水法也基于先占用原则的精神将水权分为许可水权与习惯水权，并确立"旧稻田原则"用以调处优先权问题。在美国，先占用原则起初在西部的矿区因矿主在采矿方面承认优先权而成为习惯。后来由于处于干旱地区的农场主对河岸权原则的坚决反对，先占用原则便愈发备受推崇。④ 目前，美国中西部的19个州已普遍采信先占用原则，而东部采信河岸权原则的31个州也已出现改弦更张的动向。⑤ 在澳大利亚，先占用原则已成为水与河流委员会（Water and River Commissions）的正式工作基准，并在许可证的发放与复查中扮演重要角色。⑥ 我国《水法》第48条第1款对"家庭生活、零星散养、圈养畜禽饮

---

① 〔英〕梅因：《古代法》，沈景一译，商务印书馆1959年版，第145页。
② 《马克思、恩格斯全集》（第1卷），人民出版社1956年版，第382页。
③ Krista Koehl, Partial Forfeiture of Water Rights: Oregon Compromises Traditional Principles, to Achieves Flexibility, 28 *Envtl. L.* (1998), pp.1140—1141.
④ 崔建远：《准物权研究》，法律出版社2003年版，第305—306页。
⑤ 魏衍亮等：《美国水权理论基础、制度安排对中国水权制度建设的启示》，载《比较法研究》2002年第4期，第45页。
⑥ Water and River Commission: Water Law Reform: Fuide to legislative Change, *Water Reform Series Report*, No. WR9, p.42,43,44.

用"所需少量取水的规定可以看作是我国立法对先占用原则的肯认。① 鉴于先占用原则所具有的特殊功能及其在准物权权属配置过程中的显殊制度价值,我们认为应赋予其排污权取得原则的法律地位。

(3)取得时效原则。取得时效又称为时效取得,罗马法学家将其定义为"被合法化且在法定期限内连续的占有对所有权实现取得的方式"②,后经学者们的演绎逐渐趋向将其表述为"非权利人以行使某权利之意思持续行使该权利达到法定期间,而取得该权利的法律制度"③。在排污权取得的场合,这一表述可进一步明确为"非排污权人以行使排污权的意思持续实施排污行为达到法定期间而取得该项排污权的原则"。由该定义我们认为适用取得时效取得排污权需满足以下几个要件:其一,行为人须有实际占有依法本不归其所有的环境容量资源的事实④;其二,该占有事实在法定期限内需处于持续状态⑤;其三,行为人对环境容量资源的占有须具有和平、公然的外观。亦有学者认为依取得时效取得权利时,行为人在主观上需具有善意,即不知道、也不应知道自己不享有其正在占有的资源或其正在行使的权利。考虑到取得时效制度在重新配置权利和整合社会资源方面所具有的积极意义,我们认为对于排污权而言,满足前述三点便应承认时效取得的法律后果。

在研习排污权的取得时效原则时,有一个问题值得探讨,那就是排污权是否属于取得时效的客体范围。回溯法史,取得时效的客体并非一成不变。总体而言,其范围呈不断扩大之势。罗马法时期,取得时效的客体仅限于动产与不动产的所有权。及至《德国民法典》,范围延至以占有为要素的限制物权⑥,而在日本和我国台湾地区民法典上,这一范围则被史无前例地推延至所有权以外的一般财产权领域。⑦ 在英美法系,取得时效的客体除了有体

---

① 崔建远:《准物权研究》,法律出版社2003年版,第308页。
② 〔意〕彼德罗·彭梵得:《罗马法教科书》,黄风译,中国政法大学出版社1992年版,第217页。
③ 参见喻文莉:《取得时效之客体研究》,载《法律科学》2003年第2期,第72页。
④ See Van Valkenburgh V. Lutz, 304 N.Y. 95, 106 N.E. 2d 28 (1952).
⑤ See Howard V. Kunto, 3 WASH. App. 393, 477 P. 2d. 210. (1970).
⑥ 《德国民法典》第900条、第1033条。
⑦ 《日本民法典》第163条、我国台湾地区《民法典》第772条。

物之外,还包括了地役权及取益权等权利。① 近来,我国学者对这一问题也有所关注,并通过比较研究的方法论证了在我国包括基地使用权、农地使用权、地役权、典权等在内的用益物权均存在适用取得时效的余地和合理性。② 据此,我们认为属于不动产物权且具有用益物权属性的排污权亦应当被列入取得时效客体的范围。

此外,笔者认为对取得时效原则与河岸权原则、先占用原则同时存在的必要性及其区别也值得探讨。它们的不同主要表现在:其一,依河岸权原则、先占用原则取得的都是真实的排污权,在适用这两项原则的场合,登记仅是国家公权力机关对这种真实的排污关系的一种承认或确认。如取得的是需登记的排污权,则行为人享有的是不完全排污权,如其取得的是不需登记的排污权,则行为人直接享有完全排污权。而在取得时效法律关系中,排污行为人在依法登记取得排污权以前,并不享有真正的排污权,仅是因为其实施排污行为的状态符合河岸权原则或先占用原则效力要件所要求达到的外观,给人一种其享有排污权的错觉。其二,依取得时效原则取得排污权要求行为人必须具有持续的、不间断的、和平公然的排污状态,且此种状态持续的期限需符合法律的要求;而河岸权原则则无此方面的要求,先占用原则构成要件对持续性的要求也远不及此处严格。其三,由于先占用原则的适用以排污人已形成了一种真实的排污关系为前提,因此当这种真实的排污关系产生以后法律仅要求排污人维持持续的排污状态即可获得排污权;而取得时效原则的适用由于不以存在一种真实的排污关系作为前提,仅需具备排污关系的外观即可,因此法律对依此项原则取得排污权提出了较前者更为苛刻的条件,行为人必须达到法定的期限方可经确认取得排污权。以上差异的存在,为法律对三者分别加以规定创造了条件,也为行为人寻求排污根据提供了多重选择。

尽管依取得时效原则取得排污权的立法例尚未出现,但该原则在其他

---

① 喻文莉:《取得时效之客体研究》,载《法律科学》2003年第2期,第72页。
② 同上注文,第74—77页。

领域的适用却历史久远。取得时效制度早在罗马《十二铜表法》出现之前便已经存在,后来基于罗马法的体效应①,该制度在以罗马法为基础而发展起来的大陆法系各国立法中被广泛继受。《法国民法典》作为欧陆罗马法复兴后的第一个私法成就,将其与消灭时效放在一起作出了规定②;《德国民法典》则将其规定在了所有权部分③;《瑞士民法典》在规定取得时效时还依不动产是否登记作了区分④;以《德国民法典》为蓝本的《日本民法典》在规定取得时效时采用了法国模式,将其收入总则之中⑤;而《意大利民法典》却将其放在了占有部分。⑥ 新近编纂的《俄罗斯民法典》、《埃塞俄比亚民法典》、《阿尔及利亚民法典》及《越南民法典》也均收入了这一制度。⑦

英美法上对取得时效的规定源自英王詹姆士一世(James I)制定的时效条例。⑧ 之后经过漫长的发展,英国法形成了两项类似于取得时效的制度,其一为反向占有⑨;其二为时效占有。⑩ 而美国则将其全部整合于反向占有制度中。⑪

在我国古代社会,商品经济不发达,自给自足的自然经济占统治地位。

---

① 〔美〕艾伦·沃森:《民法法系的演受及形成》,李静冰、姚新华译,中国政法大学出版社1999年版,第20页。
② 《法国民法典》:罗结珍译,中国法制出版社1999年版,第519页。
③ 《德国民法典》:郑冲、贾红梅译,法律出版社1999年版,第271页。
④ 《瑞士民法典》:殷生根、王燕译,中国法制出版社1999年版,第184、208页。
⑤ 《日本民法典》:王书江译,中国发展出版社2000年版,第31—32页。
⑥ 《意大利民法典》:费安玲、丁玫译,中国政法大学出版社1997年版,第318—319页。
⑦ 《俄罗斯民法典》:黄道秀等译,中国大百科全书出版社1999年版,第112页;《埃塞俄比亚民法典》:薛军译,中国法制出版社、金桥文化出版(香港)有限公司2002年版,第224页;《阿尔及利亚民法典》:尹田译,中国法制出版社、金桥文化出版(香港)有限公司2002年版,第150页;《越南民法典》:吴尚芝译,中国法制出版社、金桥文化出版(香港)有限公司2002年版,第49、70页。
⑧ 〔英〕梅因:《古代法》,沈景一译,商务印书馆1959年版,第161页。
⑨ 它源于英格兰传统的封建法,是指某人在期限经过之后可能受到成文法的阻碍,而不能对权利侵害者提起回复之诉,它是《时效法1980》的核心部分。See Iris Williams, *Essential Land Law*, Cavendish, 1994, p.230; Raiph E. Boyer and Herbert Hovenkamp, *The Law of Property*, 4th ed., St. Paul, Minn.: West Publishing Co., 1991, pp.34—36.
⑩ 它发端于英国普通法,后来判例法发展出现代授权证书遗失规则以补其不足,主要适用于附属地役权和用益权。参见王利明主编:《物权法专题研究》,吉林大学出版社2002年版,第357页。
⑪ Roger. Bernhardt and Ann M. Burkhart, *Real Proporty*, St. Paul, Minn.: West Group. 2000, p.25; Raiph E. Boyer and Herbert Hovenkamp, *The Law of Property*, 4th ed., St. Paul, Minn.: West Publishing Co., 1991, pp.14—26.

这种经济基础使法律中只有零量的有关时效制度的规定。① 新中国成立以后,高度集中的计划经济体制及对苏联、东欧民事立法的借鉴使取得时效制度被排斥在民事生活之外。改革开放以后,随着商品经济的发展,在司法实践中,已经出现了类似的判例。② 例如,1992年7月最高人民法院出具的《关于国营老山林场与渭昔屯林木、土地纠纷如何处理的复函》及1994年9月2日郑州市人大常委会通过的《郑州市确定土地权属条例》均肯定了取得时效制度在司法实务中的适用。③ 从上述多国立法例及我国司法实践对取得时效的态度,我们可以看出这项制度所具有的独特社会功用。正如英国法律史学家梅因先生评价的那样:"时效取得实在是一种最有用的保障,用以防止过于繁杂的一种让与制度所有的各种弊端","法学专家制定的这个时效取得,提供了一个自动的机械。通过这个自动机械,权利的缺陷就不断得到矫正,而暂时脱离的所有权又可以在极可能短的阻碍之后重新迅速地结合起来。"④鉴于此,我们主张在我国未来的民法典中收入取得时效制度,并明确其对排污权取得的适用原则。⑤

(4) 劳动取得原则。商品是用于交换的劳动产品,商品之所以具有价值,是因为其中凝结了人类无差别的劳动。因此,劳动是商品价值属性的基

---

① 马俊驹、余延满:《民法原论》(上),法律出版社1998年版,第312页。
② 舒广:《取得时效制度研究》,清华大学硕士研究生毕业论文,2003年5月,第5页。
③ 刘保玉、钟淑健:《取得时效制度若干问题探讨》,载杨振山等主编:《罗马法·中国法与法典现代化》,中国政法大学出版社2001年版,第332页。
④ 〔英〕梅因:《古代法》,沈景一译,商务印书馆1959年版,第161页。
⑤ 在未来民法典中对取得时效构成要件进行设计时,排污权取得的期间问题值得特别关注。因为如果期间规定过长,则依该原则取得排污权的情形将十分罕见,甚至可以忽略不计,这实质上是对"准物权取得时效原则"自身的否定;反之,如果期间规定过短,又有对原权利人合法关切失之庇护之嫌。考察各国立法例,在期间问题上,美国等英美法系国家认为动产一般经过3—6年,不动产一般经过10—20年可依此原则取得相应的权利。这些规定与大陆法系国家取得时效制度中的期间设置基本上是一致的。考虑到排污权虽在性质上属于不动产权益,但为兼顾社会成员的合理排污需求,及时确认并保护既定的排污秩序,我们认为在依取得时效原则取得排污权的场合,其期间设置应比照动产的规定执行。至于具体时限设置为何,则可留待民法典起草时再进一步明确。在我国民法典制定之前,为满足实践中对取得时效原则的适用需求,我们建议通过扩大解释《物权法》第102条第4款关于其他物权善意取得的规定,暂时处理该原则的适用问题。参见 Barlow Burke, *Personal Property*, 2nd ed., St. Paul, Minn.: West Publishing Co., 1993, p.350; Roger Bernhardt and Ann M. Burkhart, *Real Property*, 4th ed., St. Paul, Minn.: West Publishing Co., 2000, p.25。

础,是价值的真正源泉。在排污权取得的场合,劳动取得原则的含义是指各种生产活动的主体可以凭借其对环境容量物质载体的加工、修复、还原或转化等劳动,获得各种已暂时或永久丧失环境自净功能的物质载体因其劳动而恢复或新增的环境容量所有权,及以此为基础的排污权。例如,污水处理企业可以获得与其处理水体自净能力相等的排污权;林业部门可以获得基于其新种补种树木而恢复或新增的森林资源排污权;化工企业可以获得基于其安装净化设备而减排或削减的气体排污权。需强调指出的是,这里所说的劳动取得原则与其字面上的理解并不相同,它并不仅仅适用于基于创造性的劳动而创生出环境容量的场合,还适用于基于创造性的劳动而节约本应消耗掉的环境容量的场合。析言之,该原则涵盖了环境容量基于劳动而积极增加和消极增加的两种情势。而后者与美国排污权交易制度中的"排放减少信用"有异曲同工之处。[①] 就性质而言,依劳动取得原则而获得的排污权属于原始取得,其应满足以下几项条件:其一,特定劳动行为拥有足够的科学根据,且其劳动成果可以度量;其二,劳动行为符合法律和国家产业政策规定;其三,依此原则取得的排污权需拥有必要的公示方式,应获得环保行政主管机关的确认;其四,劳动过程中又产生其他污染的,应与其成果相互抵减。

应当指出,该项原则并非典型的物权取得方式,之所以将其作为排污权的取得原则,最为核心的原因便在于其有利于创造环境保护的正外部性。前文已言,当前环境危机频繁暴发的重要原因在于环境要素本身具有明显的外部效应。通过此种变通补贴的方式,客观上为环保企业或个人创造了一种营利机制和途径,这不仅有助于调动不同市场主体向环保项目投资的积极性,也为从根本上扭转环境领域的外部不经济性提供了制度保障。

(三)权利的取得条件

前文我们已对排污权取得的方式和原则作出了探讨,但这并不意味着

[①] 关于"排污减少信用"的详细介绍参见第六章"美国排污权交易的现状与启示"中的相应词条。

满足前述方式和原则,排污行为人就能当然取得排污权。事实上,排污行为人只有在具有排污权取得原则所规定的各种情势,同时又不违反排污权取得条件的前提下,方能具有被承认或授受排污权的可能。据此,我们有必要对排污权取得的条件作进一步的探讨。就功能而言,所谓排污权取得的条件实际上是对满足排污权取得原则的各种排污行为所做的进一步限制,其目的在于维护国家对排污行为的有效管理和践行环境保护与可持续发展的国策,其后果是在排污权私法取得机制之中为行政权力的适当介入提供预设的制度接口,以全面彰显排污权所具有的公、私权双重属性。实践中,它包括两项具体的条件,即总量控制原则和有益排污原则。

1. 总量控制原则

所谓总量控制是指以控制一定时段内一定区域内排污单位排放污染物总量为核心的环境管理方法体系。[①] 就概念和制度运行模式而言,它一般是相对于"浓度控制"而言的。浓度控制是一种以控制污染源排放口排出污染物的浓度为核心的环境管理方法体系。其核心内容为国家环境污染物排放标准。我国的"排污收费"、"三同时"、"环境影响评价"等都是以浓度排放标准为主要评价参数的环保制度。国外也有类似的政策,如美国的新污染源性能标准等。[②] 相对于浓度控制,总量控制具有明显的优越性。它只控制排污行为人的排污总量,而不规定每个污染源的具体排放量,因此是对污染源在更高层次上的控制,是一种完整和宏观意义上的控制;它一般以年度为单位,将总量指标控制到具体的排污行为人,这既增强了执法的可操作性,又节约了行政成本;它以控制区域内污染物的排放总量为目标,允许排污行为人在总量控制目标内自主制定排污方案,使制度在增强合理性的同时,更富有人性化色彩。[③] 因此,近年来构建以总量控制为主,辅之以浓度控制的排污监控制度体系已愈发成为备受各国青睐的制度选择。因此,笔者建议

---

① 宋国君:《论中国污染物排放总量控制和浓度控制》,载《环境保护》2000 年第 6 期,第 11 页。
② 宋国君:《总量控制与排污权交易》,载《环境科学》2000 年第 4 期,第 146 页。
③ 同上注文,第 146 页。

在我国现有总量控制制度的基础之上,全面整合其与排污权取得原则之间的关系,建构以私法调整为主体,辅之以行政干预的新型排污权取得机制。具体运作模式为在不违反总量控制原则和其他排污权取得条件的前提下,允许排污行为人依各项排污权取得原则的指引依法获得对排污权的确认或授权。

在排污权取得的问题上引入总量控制原则的实质意义在于:其一,实行总量控制原则是环境容量资源所有权界定的基础。资源权利化的前提是资源本身具有使用价值和物权意义上的稀缺性。总量控制是公权力机关对环境容量资源稀缺性的认可和客观评价;是坚持以可持续发展为价值取向的前提下,维持环境容量资源稀缺性的必要手段;是将环境容量生态价值予以量化并赋予社会化评价的技术基础,因此民法要确立环境容量的资源所有权并以此为基础进一步明确引入排污权,必须首先确认总量控制原则作为自然科学前提。[1] 其二,总量控制原则是克服单纯依靠市场机制配置排污权所带来的缺陷,实现有效行政管理的制度载体。[2] 实行排污权市场化配置的根本目的在于环境容量资源的可持续开发利用。而要确保这一目的的实现,就必须处理好个体利益与社会利益、当前利益与长远利益、当代人利益与后代人利益的关系,保证环境容量资源的经济效益、社会效益及生态效益同步实现。[3] 但在完全依赖市场机制的场合,往往无法寻获上述各项利益的最佳临界点,其原因在于市场机制在调控资源稀缺性的问题上并非尽善尽美。[4] "在资源稀缺的情况下,高的价格既可以导致较低的消费或寻求替代品,也可能导致更多的开发。"[5]这往往成为过渡市场化机制造成不可逆环境损害的诱因。此外,"市场机制的最大失败是它无法考虑未来人们的利益

---

[1] 排污权的客体——可利用环境容量的产生和具体数值的确定也需以总量控制原则的确立作为科学前提。

[2] See Cropper, T. D. and Oates, W. E, "Environmental Economics: A Survey", *Journal of Economic Literature*, Iss: 30, (1992), pp.675—688.

[3] 裴丽萍:《水资源市场配置法律制度研究》,载韩德培主编:《环境资源法论丛》(第1卷),法律出版社2001年版,第130页。

[4] See Oates, W. E, "Marketable Pollution Permits and Acid Rain Externalities: A Comment and some further Evidence", *Canadian Journal of Economics*, Vol.18, (1985), p.3.

[5] 〔美〕理查德·布隆克:《质疑自由市场经济》,林季红译,江苏人民出版社2000年版,第185页。

……市场具有一种强烈的短期倾向。虽然价格机制可以保证现在供需的均衡,但它未必会使这种均衡的机会在未来也达到最大化。其中一个原因是现在与未来的人们对快乐的看法不可能完全相同,另一个原因是未来的人们不可能在现在的市场上出价。"① 所以,世界各国在公共物品的供给方面,通常保持或多或少的行政力量。而这即为总量控制原则的采信提供了理论与事实层面的基础。该原则的确立,使行政权力获得了介入排污权私法取得机制的合适孔径,从而为"行政理性"排除"市场任性"作了必要的铺垫。其三,总量控制原则是排污权行使和交易的前提,它的确定和践行使排污权的权利界域具有了得以量化的基础,使排污具有违法性的传统伦理基础被淡化,为环境侵权民事责任采用新的归责原则创造了条件。其四,总量控制原则为从技术上解决环境生态在"价值维护和价值实现"的过程中代理成本过高的问题提供了可能。② 由于目前在立法技术层面尚无法给某些环境要素(例如风景名胜区,生物多样性保护区等)确定具体的权利主体,因此当这些环境要素受到侵害时,往往基于权利主体的缺位而无法得到及时的声请与保护。通过明确特定区域允许排污总量的方法,可以从宏观上制约对上述敏感环境要素的侵害,从而暂时缓解由立法技术的落后所造成的被动。

总量控制正式作为中国环境保护的一项重大举措,是在1996年全国人大通过的《国民经济和社会发展"九五"计划和2010年远景目标纲要》中。③后来,我国在《中华人民共和国水污染防污法实施细则》、《淮河流域水污染防治条例》、《关于修改〈中华人民共和国水污染防治法〉的决定》等法律法规中,对其也作了初步规定。此外,地方性环境保护法规和规章也有关于总量控制的规定。这些规定为我国进行总量控制制度立法奠定了基础,对克服浓度控制在污染防治方面的弊端,促进产业结构调整和升级都发挥了重

---

① 〔美〕理查德·布隆克:《质疑自由市场经济》,林季红译,江苏人民出版社2000年版,第181页。
② 裴丽萍:《水资源市场配置法律制度研究》,载韩德培主编:《环境资源法论丛》(第1卷),法律出版社2001年版,第132页。
③ 参见宋国君:《论中国污染物排放总量控制和浓度控制》,载《环境保护》2000年第6期,第11页。

要作用。但上述制度建设也存在一些不足,其中最严重的缺陷莫过于只建立了片面的总量控制机制,未能全面整合总量控制原则与私法权利取得方式和原则的关系,从而严重地降低和减损了该项制度在环境保护方面的制度价值。今天,弥补这项制度价值缺失的机会已经出现,那就是尽快结合我国的排污权权属和交易立法,重新型构出具有前文所述特征的排污权取得机制。

此外,作为一项公法措施,总量控制原则的具体实施程式和救济手段问题也值得探讨。对此美国联邦法和州法通过赋予公权力机关具有优先顺位水权的方式实现公权力机关通过私法模式提供公共物品的做法殊值借鉴。美国中西部各州为了协调水权和作为公共物品的其他水权的关系,以达到保护水资源和公共环境利益的目的,创造出一种公权力通过私法途径实现和寻求救济的方法。具体做法是:首先由联邦或州法确认一些保护内河径流的水权,纳入水权优先权的序列,然后把它们赋予各公权力机关,以备行使。[①] 当水资源出现明显不足或其他水权人过量用水将要或已经威胁到公共环境利益时,公权力机关便可以经由私法程序通过诉讼实现其享有的水权,以排除其他水权人行使水权的行为。此种方法的实质是运用财产法的私法法理来解决代理成本极高且极易发生寻租现象的公共物品的供给与保护问题。多年来,美国沿此思路已形成了法定内径流水权、法定用以保护内径流的其他水权及判例法内径流水权等优先水权[②],并先后通过在"萨拉曼多河鲑鱼案"、"美国诉新墨西哥案"和"科罗拉多第一号分水案"等案件中的适用完善了公权力机关在私法程序中的诉讼规则。[③] 循此规则,我们也可以尝试建立我国的总量控制私法实现模式,即首先由国家或地方立法机关遵循总量控制原则的指引在水体、土地、大气、森林的立法中确认一些以保护环境容量资源为目的的特种排污权,赋予其较为优先的法律效力,并交由

---

① 魏衍亮等:《美国水权理论基础、制度安排对中国水权制度建设的启示》,载《比较法研究》2002年第4期,第51—52页。

② See. State Water Resource Control Board: Information Pertaining to Water Rights in California 1990.

③ See. Reed D. Benson, "A Water Issue: The Role of Streamflow Protection In Northwest River Basin Management", *Environment Law*, Vol. 26. No. 1. 1996, p. 207.

环保行政主管机关行使。当环境容量资源明显不足或其他排污权人过量排污将要或已经威胁到公共环境利益时,环保机关可依私法程序对劣后于其排污权的排污权人提起诉讼,主张暂停或终止该劣后排污权人权利的行使。相信,此种制度的采行,将赋予总量控制原则以新的内涵,并促其完成由静态向动态的转化。

2. 有益排污原则

在前文有关先占用原则性质的描述中,我们曾经指出排污行为人依先占用原则取得排污权时需满足有益排污的要求,此处所言的"有益排污"即为本节所要探讨的"有益排污原则"。有益排污原则的制度蓝本源自美国水权立法中的"有益用水原则"[1]。澳大利亚西部地区水与河流委员会在制定《水权与灌溉法》及考虑许可证申请程序的过程中也贯彻了该项原则。[2]

通常认为有益排污原则具有两项功能:其一,是与先占用原则相配合,组成排污权取得的制度体系,决定排污权的取舍。在这一功能中,有益排污原则的作用是对先占用原则进行限制,将满足先占用原则要求,但不符合有益排污条件的排污行为人排斥在排污权授权之外。其二,是决定依据先占用原则取得的排污权的权利内容或称为权利边界。参照美国立法的经验,依先占用原则取得的排污许可证中所确认的允许排污量的大小应由有益排污量决定。这说明有益排污原则已被赋予一种度量或设定权利边界的功能。

---

[1] 我国民法学界首先介绍这一制度的是崔建远教授。他在研习水权取得条件时,曾通过对 Department of Ecology V. Theodoratus 一案的评价,为我国水法领域引入该原则作了初步尝试。该案案情如下:1973 年,Feorge Theodoratus 向华盛顿州的生态部申请水权许可。依照审核报告,生态部授予其抽取地下水的许可证。尔后,华盛顿州以输水系统的输水能力而非 Theodoratus 的实际用水量为根据,签发了定量之水的水权证书。1992 年,用水许可期满失效。于是 Theodoratus 申请将其延长至 2001 年。此次,生态部对水权证书的签发系以有益用水的实际水量为根据。而不再是先前的输水系统的输水能力。Theodoratus 不同意此变更,遂先后上诉至污染控制听证会、高级法院及州最高法院。后经州最高法院裁决,生态部只能在申请人实际的有益用水之后才能签发给他用水许可证,无论是普通法还是制定法均未允许生态部以输水系统的输水能力为根据签发用水许可证。据此判决,"有益用水原则"被正式确立。See Department of Ecology V. Theodoratus, 135 Wash. 2d pp. 586,587,588,589,957, 2d. P 1243—1248 (1998)。转引自崔建远:《准物权研究》,法律出版社 2003 年版,第 320—321 页。

[2] See Water and River Commission: Water Law Reform: Guide to legislative Change, *Water Reform Series Report*, (No. WR9), pp. 42—62.

但正如有学者所指出的完全依赖"有益用水原则"处理水权的取得会产生用水人在取得水权之前缺少合法用水根据及难以保证用水人未来用水需要一样,"有益排污原则"的适用在排污法律关系中也会产生上述问题。① 据此,参照我国学者有关"有益用水原则"在水权取得中变通适用的折中设计,我们认为在依先占用原则取得排污权的场合,"有益排污原则"应坚持以下几点适用方针:其一,为解决排污行为人实际有益排污的合法性与先占用原则相冲突的问题,应承认在行为人无排污许可证的情况下,基于有益排污行为可以取得不完全排污权;该不完全排污权可依行为人嗣后取得排污许可证或获取其他有效权利确认凭证时转化为完全排污权。其二,为防止尚未具备必要排污设施的排污行为人以有益排污原则为据申领优先位序的排污权影响其他排污行为人权利的行使或影响公共利益,对申请未来排污的申请人,在其排污设施尚未齐备之前,不得授予其排污权。为保障必要的生产或生活,需要进行一定排污行为的,可参照前述不完全排污权的授受措施执行。② 应当承认在我国法律尚未承认"有益排污原则"的情况下,实现上述制度群的联动具有相当的难度。但在理论上先行构建出这一制度体系显然是必要和有益的。

二、排污权的公示(登记)制度③

作为一项具有财产权属性的准物权权属,排污权要得到社会的承认和

---

① 参见崔建远:《准物权研究》,法律出版社2003年版,第324页。
② 参见崔建远:《水权与民法理论及物权法典的制定》,载《法学研究》2002年第3期,第59页。
③ 按照现代各国物权法的规定,物权的公示方法因权利属性的不同而有所区别。不动产物权以登记和登记之变更作为权利享有与变动的公示方法;动产物权以占有作为权利享有的公示方法,以占有之移转(交付)作为权利变动的公示方法。由于排污权在性质上可视为不动产物权,因此,应以登记及登记之变更作为权利享有与变动的公示方法。因此,本章有关排污权公示制度的研讨将以排污许可证的登记制度为核心展开。参见魏振瀛、王小能主编:《民法》,北京大学出版社、高等教育出版社2000年版,第223—224页;钱明星:《物权法原理》,北京大学出版社1994年版,第61—63页;李开国:《民法学》(专题讲座),西南政法大学1995年印刷,第367页。

接受,除需满足前文所论及的取得原则和条件外,还必须具备特定的认许途径和公示方式。一方面,排污权具有一定程度的公法属性,对其的创设或认许须以公权力机关实施特定行政行为为前提;另一方面,排污权所具有的私法属性又要求其行使须以满足私权利运行的特定模式为要件,这就使兼具行政管理与权属确认双重功能的登记制度成为排污权行使环节中不可或缺的制度链条,并在兼顾其公、私法属性的同时,将两者有机地整合在了一起。我国由于尚未正式确认排污权,因此立法和行政领域也没有与之相对应的登记制度。实践中替代这一制度发挥一定环保效能的是排污许可证制度,这里就暂以排污许可证制度为模板,对相关问题展开研讨。

(一) 我国排污许可证制度概况

环境资源法中的许可证通常也称为执照、批准书或特别许可证等,指凡是对环境资源有不利影响的各种开发、建设项目的排污设施及其经营活动,需要经过申请,经主管部门审查批准颁发许可证后,才能按照规定的要求或条件进行建设和排污活动。[①]

对环境资源保护许可证特别是与污染排放相关的许可证的颁发和管理是国家环境资源管理机关的重要日常性工作,也是一项牵涉面广、利益纠葛突出的行政管理工作。按照《水污染物排放许可证管理办法》的规定,我国水污染排放许可证的颁发和管理大体上可以分为以下几个步骤:

(1) 排污申报登记:即由排污行为人向环境资源管理机关(一般为各级环保机关)提出书面申请,并按照相关要求提交排污许可审批程序所必需的各种材料和资料。

(2) 排污许可审核:即由有权发放或确认排污许可证的行政机关对排污行为人的申请及所报送的相关文件进行程序性和实质性审核。有条件的行政机关还应对申请人所在地进行实地审查,公告其申请材料以征求当地公众的意见或召开具有一定代表性的听证会。

---

① 参见吕忠梅等:《环境资源法学》,中国法制出版社 2001 年版,第 181 页。

（3）作出颁发、确认排污许可证的决定或驳回申请的决定。① 环境资源主管机关可依据前述审核程序形成的结论依法作出上述三种处理决定。对于拒发许可证的,应向申请人说明拒发的理由和依据。

（4）监督管理:即由许可证颁发机关或其授权的行政机关和组织对排污许可证的持证人(申请人)执行排污许可证的具体情况进行监督和检查。

（5）处罚:即当行政机关或其授权的机关和组织发现持证人有违反许可证所载权利、义务的情况时,可依据相关环保法律、法规或依据其所颁发许可证的内容对持证人的行为予以纠正,直至中止、吊销排污许可证。②

由上述定义和程序性规定,我们可以看出在我国排污许可证具有如下法律特征:其一,我国的排污许可制度具有强烈的行政管制色彩。在许可证的接受、审核、颁发、确认及至中止和吊销程序中,始终由行政机关起主导作用。其二,我国的排污许可证是对污染物排放行为程度的限制。与其他类型的许可证以允许实施特定行为为颁发的目的不同,排污许可证并不注重于对排污行为的许可,而是注重于对排污行为程度(即污染物排放量与污染物排放浓度)的许可。③ 其三,排污许可证制度与排污申报登记制度分别设立,并以后者为前提。水污染物排放许可证制度的变迁情况表明,国家首先实施的是排污申报登记制度,其次才开始推行排放许可证制度。④ 可以说排污申报登记制度是排污许可证制度的前提和基础,是实行排污许可证制度的第一个环节。其四,排污许可证管理以行为程度为核心。排污许可证须经排污单位申请后方能颁发,并以书面证书的形式予以公示,这与传统的许可证管理相一致。但是排污单位申请排污许可证不仅是对排污权利的申请或请示确认,更关键的是对排污行为程度即污染物排放量的申请,这又与其他许可证制度有区别。因此排污许可证的管理主要是对行为程度的承认、

---

① 金瑞林:《环境法——大自然的护卫者》,时事出版社 1985 年版,第 68 页。
② 王灿发:《环境法学教程》,中国政法大学出版社 1997 年版,第 103 页。
③ 祝兴祥等编著:《中国的排污许可证制度》,中国环境科学出版社 1991 年版,第 38 页。
④ 参见徐家良、范笑仙:《制度安排、制度变迁与政府管制限度》,载《上海社会科学院学术季刊》2002 年第 1 期,第 15 页。

限制或制裁。其五,排污许可证的申请具有普遍性与强制性。传统的许可证通常具有自愿性,并且具有强烈的职业行业限制。而我国法律规定排污许可证的申请不分职业与行业,均需强制某些甚至是全部排污单位对排污行为程度进行申请,并规定时限,有些排污单位甚至必须同时对排污行为进行申请。①

我国推行排污许可证的试点工作开始于1987年7月。是年,国家环保局在烟台召开的"实施排污申报登记和排污许可证制度座谈会"是我国正式引入这一制度的具有里程碑意义的事件。此后,国家环保局又先后在1988年5月、8月、12月和1989年4月召开四次全国规模的会议,进一步明确了确立这一制度的决心和技术程序,并在其发布的文件中清楚地指出:"在污染物排放浓度控制管理的基础上,通过排污申报登记,发放水污染物《排放许可证》,逐步实施污染物排放总量控制。"1989年,全国有六十多个城市实行了以总量控制为基础的环境保护制度。1991年,又在总量控制的基础上,相继推出了以行业总量控制、目标总量控制和容量总量控制为基础的不同形式的排污许可证制度。② 这样,排污许可证制度经过三年左右的时间在全国范围内被全面铺开,并在《水污染防治法》及其实施细则、《海洋环境保护法》、《固体废弃物污染环境防治法》、《森林法》、《矿产资源法》等多部法律中对其的适用作出了明确的规定。

(二)许可证制度的比较法考察及其启示③

国外在环保领域适用许可证制度可谓源远流长,参考并借鉴他们的经验,尤其是在此领域较为领先的美国等西方国家的经验,对完善我国的排污许可证制度及排污权体系大有裨益。

1. 美国之立法例

美国在水污染控制领域实施许可证制度与水法有密切联系。美国从

---

① 祝兴祥等编著:《中国的排污许可证制度》,中国环境科学出版社1991年版,第38页。
② 同上书,第3—5页。
③ 同上书,第13—15页。

1948年开始有了明确的水污染控制法,到1972年通过了著名的《联邦水污染控制修正案》(Federal Water Pollution Control Act)。这份法案的通过开创了美国水污染控制事业的崭新局面,被喻为是环境立法的里程碑。该部水法确立了被称之为其核心要素的国家污染物排放消除系统(NPDES),并以法律的形式首次正式确认了许可证制度。它规定所有排入国家通航水体的污染源必须在排放前取得许可证,否则就是违法行为。由于许可证制度被认为是实现规定的排放限值和水质标准的关键,因此NPDES许可证制度一直成为水法的核心部分被保留至今。[①]

美国实施许可证的步骤大体上可以分为以下四步:(1)申请和对申请的审查;(2)编制许可证草稿,包括确定排放要求、规定监测要求、规定标准条件和规定特殊条件四项内容;(3)听取公众意见;(4)监督许可证规定要求的实施。[②]

美国践行上述许可证制度大体经历了三个阶段[③],即从1972—1976年以控制BOD、TSS(总悬浮物)、PH和油脂等常规污染物的第一阶段;从1976年至20世纪80年代初期以试图控制有毒污染物为重点的第二阶段;从20世纪80年代初起至今的以排放限值准则为基础的以有毒污染物控制为重点的第三阶段。[④] 经过近三十年的发展和完善,美国的排污许可证制度日臻成熟,并形成了以下三个特点:

(1)用以水质为依据的许可证制度取代了以技术为依据的许可证制度。相较于后者以水质为依据的许可证制度的优势在于有利于最大限度地利用环境要素的自净能力。以此种理念为根据创设的许可证有两种,分别是季节排污许可证和变量排污许可证。[⑤] 前者根据受纳水体自净能力的预

[①] 〔日〕大塚直:《排污权制度的新展开》(日文版),载《法学家》2000年2月1日第1171期,第81页。

[②] 参见祝兴祥等编著:《中国的排污许可证制度》,中国环境科学出版社1991年版,第13—18页;Sec. 502, CAA Amendment of 1990, S.1630-237, Sec. 502 (a)。

[③] 〔日〕阿部泰隆、淡路刚久:《环境法》(日文版),日本有斐阁1995年版,第258页。

[④] Sec. 502, CAA Amendment of 1990, S.1630-243, Sec. 502 (a)。

[⑤] Sec. 502, CAA Amendment of 1990, S.1630-241; S.1630-23-24。

测数据和历史变化情况,允许排污量在一年内的不同季节有所变化。自该许可证实施以来,在不破坏环境要素质量的前提下,明显增加了对环境容量资源的利用效率,其社会效益十分明显。截至 20 世纪 80 年代末,美国中部和中央北部地区已有四十余个州采用了此种许可证。后者是以各河段的流量、温度、PH 值等参数的实测数据作为河流实际自净能力的函数,提出不同的排污限量。由于此种许可证对技术环节要求较高,所以其实施的成本自然高于前者,这在一定程度上影响了其适用的范围,仅在威斯康星州、北卡莱罗纳州和依阿华州适用较广。

(2) 通过污染源之间的交换,更有效地分配已经确定的排放负荷。为实现上述目标,美国环保局创造了两项新制度,分别为点源(非点源)对换法和排污信用银行制度(emission bank)。① 前者允许将部分分配给某个排污者的排污指标,转换给另一个可以用经济手段达到削减量的排污者,或允许用非点源控制方法代替点源控制方法,以提高治污投资的使用效益和排污指标的使用回报。后者是美国首创的一种全新的环境保护经济激励措施,该项措施允许排污者按超过规定的污染物削减量领取"信用卡",记载于此种信用工具上的节余排污量可以留待日后自用,也可以出售。

(3) 赋予排污许可证以流通性。自 20 世纪 80 年代初,美国《清洁大气法》施行以来,一种新的经济刺激方法便登上了环保舞台,这就是可流通的排污许可证制度。② 这种许可证的功能在于它使排污权初始分配后的市场化再配置成为了现实。这种排污许可证可以卖给其他的排污者或者未来的排污者,也可以卖给那些本不是排污者而仅是为了投机或者为环境主义的目的参与许可证交易的人。③

上述诸项改革措施的践行,开创了美国环保事业的新局面,据不完全统计,在实施这些措施以后,企业和其他投资人的环保热情明显高涨,而且在

---

① Facts on File, (New York: Facts on File, Inc. 1982), 293C.
② 〔日〕大塚直:《排污权制度的新展开》(日文版),载《法学家》2000 年 2 月 1 日第 1171 期,第 81 页。
③ 祝兴祥等编著:《中国的排污许可证制度》,中国环境科学出版社 1991 年版,第 13—18 页。

环保费效比大幅提高的同时,环境质量并未出现明显的下降。

2. 澳大利亚之立法例①

澳大利亚也是世界上较早在环保领域推行排污许可证制度的西方国家。② 早在1970年维多利亚州政府通过的环保法令就已经将适用排污许可证制度列入其中,并且明确要求对环境有危害的企业需获得排污许可。同时该国环保立法还授权各地环保机关可根据各地区的具体情况,变通适用排污许可证中规定的标准,以达到提高环境水平的目标。

澳大利亚适用排污许可证的一个显著特点就是明确规定许可证的发放需要收费。③ 其目的是使许可证的管理和检查机构维持正常开支,而不由国家拨付行政经费。

3. 法国之立法例

法国自1973年以来,由法令确立了排污许可证制度,实施范围为污水排放和固体废弃物处置。法令规定,所有排污单位(家庭除外)均须向政府主管机关进行排污申报登记,然后由政府主管机关依职权参照排污行为人的排污量,确定实行"通知书"还是"许可证"管理。通常对小型企业采用发放"通知书"的形式准其排污,而对中型及以上企业或者对需要作特别处理的污染物则采用发放"许可证"的形式来管理。

法国在实行排污许可证制度的过程中有两个特点值得关注:其一为建立了以"水质目标"为评估体系的许可证发放监督体制;其二为建立了较为完备的许可证中止、吊销(撤销)制度。

4. 日本之立法例

日本的环保制度有其自身的特点,它没有效仿西方国家以发放排污许可证的方式来对排污行为进行管理或干预,而是采用了一套较为完善的排

---

① Water and River Commission, Water Law Reform: Guide to Legislative Change, Water Reform Series Report, No WR 9. (1998), pp.54—55, http://www.wrc.wa.gov.au/about/reform.html.

② Right in Water and Irrigation Act 1914 (WA), ss.12 (1), 13(1) and 26D(3).

③ Gerry Bates and Zada Lipman, "Recent Trends in Environmental Law in Australia: Proposala for Integrated Environmental Management", Resources Management Law Association of New Zealand, Vol.9, (1997), pp.300—301.

污申报制度。其具体路径为,由排污行为人主动向主管机关报送包括污染处理设施、排污量及水质目标的排污申报书。而主管机关则应于受理后的一定日期内作出回复。① 若回复期超过而主管机关未表明对申报书的态度,则依法推定其已允诺排污申报书的内容。②

5. 国外排污许可证制度对我们的启示

古语云:"他山之石可以攻玉。"研习国外的排污许可证制度,我们至少可以得到以下几点启示:

首先,国外立法,特别是美国立法已经将排污许可证由一种行政管制的公法凭证,转化为一种可流通的兼具公、私法双重属性的财产权凭证。这种变化充分反映了美国自 20 世纪 80 年代以来,在环境政策与法律的制定上更加注重经济激励与约束的价值取向。目前,美国的这项制度创新已在世界范围内产生了广泛而深远的影响。在《联合国气候变化框架公约》及其《京都议定书》当中,已包含了根据上述政策取向而专门设计的清洁发展机制(CDM)。这为在世界范围内发展跨国的排污指标交易、折抵和资源变现提供了一个前所未有的机遇和平台。中国目前还是一个发展中国家,巨大的人口规模和较为低级的工农业生产加工结构决定了我国在未来较长一段时间内仍将面临相当严峻的环境污染和资源退化局面。在财力捉襟见肘而技术又相对落后的现实条件下,中国要想尽快扼制并最终克服环境危机日益加深的不利局面,学习并借鉴先进的制度和环保理念就成为一种成本较低而成效较高的明智选择。因此,我们应当珍视并抓住后发优势,在变更排污许可证性质和运作模式成本还相对较低的当下,精研制度提升路径,争取早日收到来自环保领域的回报。

其次,由美国和其他国家实施排污许可证的历程来看,该项制度是为国家的环境政策和经济发展服务的,它不是一成不变的。随着国家环境政策

---

① 参见〔日〕前田达明:《民法·不法行为法·Ⅵ$_2$》(日文版),日本青林书院新社 1980 年版,第 272 页。

② 参见〔日〕阿部泰隆、淡路刚久:《环境法》(日文版),日本有斐阁 1995 年版,第 53、64、67 页;祝兴祥等编著:《中国的排污许可证制度》,中国环境科学出版社 1991 年版,第 19—20 页。

的调整和经济发展模式的转变,许可证制度也要不断地改革,以适应新的要求。① 例如,在美国的排污许可证制度中,并不绝对强调许可证一定要事前齐备方可从事排污行为②;对于同为准物权的水权的取得,美国也不强调必须取得官方的授权之后才可以实施特定的取水行为,这就为美国承认依河岸权原则、先占用原则等水权取得原则获得习惯性水权铺平了道路。反观我国,立法赋予许可证以绝对的效力,拟排污行为人非依法取得排污许可证之前,不得从事任何排污行为(家庭排污行为除外,但家庭排污仍是以交纳污水处理费、卫生费等费用为前提的),这就十分武断地否定了习惯排污权存在和被确认的可能,进而间接否定了排污权可依河岸权原则、先占用原则部分或全部取得的可能性。这对于理顺排污法律关系,并进一步提升环境质量实在没有多少益处,反而有可能滋生行政专横,阻碍经济发展。

最后,美国的排污许可证就种类和内容而言具有多元性。前文我们详细介绍了在美国近年来被普遍使用的季节排污许可证、变量排污许可证等新的许可证种类和点源(非点源)对换法、排污信用银行等新的许可证内容。美国之所以引入并践行这些新的种类和内容,要旨在于最大限度地协调不同季节、地域和行业对排污行为产生的影响,兴利避害。这提示我们,要改变传统的许可证制度千篇一律和数年不变的僵化做法,引入差异和多样化的理念和做法,用差异去弥补许可证针对性不强的缺陷,用多样化去开拓许可证制度更广阔的适用空间。

(三)对我国排污许可证特征的认知与重构

其一,就性质而言我国现行的排污许可证是一种基于公法而实施的行政许可行为的外部表现形式,是具体行政行为的书面结果。所谓行政许可是指行政机关根据公民、法人或者其他组织的申请,经依法审查,准予其从

---

① 参见祝兴祥等编著:《中国的排污许可证制度》,中国环境科学出版社1991年版,第21页。
② 〔日〕大塚直:《环境政策的新手法》(日文版),载《法学教室》2002年1月第256号,第98页。

事特定活动的行为。① 在排污法律关系中,拟排污人要想取得合法排污的根据必须向环保机关呈送排污申报登记并提出排污申请,经环保机关审查、批准后颁发排污许可证,才能够合法排污。这就使排污许可证完全成为了以行政权力为基础的一种公法凭证,不具有授予或确认排污权的功能,不能成为财产权的权利证明或凭证。基于前文对国外排污许可证的介绍及对我国环境问题产生原因的反思,我们认为应摒弃这种仅以行政权力作为唯一权源和唯一服务对象的排污许可证制度,明确赋予排污许可证以确认或授予排污权的功能,使其兼具公权凭证与私权凭证的双重身份,以重构我国的排污法律关系。

其二,就作用方式而言,现行排污许可证基本上是一种事前申领的许可证。通常环保机关不允许非经批准就自主排污行为的存在。这就使在现实生活中,排污行为人无法依据先占用原则或取得时效原则取得排污权,也使土地所有权人、使用权人、四荒土地使用权人、土地承包经营权人等无法依据河岸权原则取得排污权。因此,我们主张变更传统的排污许可证申领程序,既允许事前申领,也应允许事后通过颁发排污许可证的形式对不完全排污权作出具有公、私法双重意义的确认。

其三,就实施程序而言,现行排污许可证制度实质上是将排污申报登记制度作为其实施的前提和基础,使排污申报登记制度成为行使审查权和授予许可证的前置程序。这样做在原有行政主导的体制下是合理的,也是可行的。但这种模式显然无法适应排污许可证具有双重属性后的实践需要。因此,我们主张重新整合排污申报登记制度与排污许可证发放的关系,将申报与登记相分离。其中申报制度仍作为许可证授受或确认的前置程序,而登记制度则作为排污许可证的附属程序。在登记环节中,对于依河岸权原则、先占用原则取得习惯性排污权的,经登记使其转化为法定权利,此时许可证起到的是确认权利的作用;对于以前未享有排污权,经依法申报并申请发放排污许可证的,于登记后赋予其排污权,此时许可证起到的是授予权利

---

① 参见《中华人民共和国行政许可法》第2条。

的作用。

其四,排污许可证作为具体行政行为的表征措施,具有严格的要式性;同时,作为一种具有财产权属性的物权凭证,权利的行使规则也要求其具有要式性。但现行排污许可证主管机关交叉,而且许可证印制格式复杂,与其所承载的社会功用和所具有的法律地位不相适应。因此,我们主张应重新核定有权受理排污申请和发放许可证机关的名录,并统一许可证的外在形式。①

(四) 登记制度适用的范围、内容和效力②

前文已言,我国目前实行的排污申报登记制度和排污许可证制度有实施全面整合的必要。而此处所设计的排污许可证登记制度就应成为上述制度整合的结果。我们认为建立类似于房屋所有权、土地使用权的权属登记制度应成为我国未来排污许可登记制度的改革方向。

按照我们对排污法律关系的设想,今后排污行为人一般可通过四种具体方式获得排污权。其一,为最普遍的方式,即依据排污申请由行政机关审核批准并通过发放排污许可证获取排污权(依公法规范的指引获得排污权);其二,依据河岸权原则或先占用原则等排污权取得原则的规定,在不违反"总量控制"和"有益排污"这两个强制性条件的基础上,获得习惯性排污权或具有不完全权利属性的排污权;其三,依据民法取得时效的规定,依法

---

① 徐家良、范笑仙:《制度安排、制度变迁与政府管制限度》,载《上海社会科学院学术季刊》2002年第1期,第16页。
② 2007年3月16日,第十届全国人民代表大会第五次会议通过了《中华人民共和国物权法》。《物权法》第二章第一节对不动产物权登记制度作出了较为详尽的规定。其中第9条第1款规定:"不动产物权的设立、变更、转让和消灭,经依法登记,发生效力;未经登记,不发生效力,但法律另有规定的除外。"可见,就登记效力而言,我国采用了"德国法主义"和"托伦斯登记制度"的登记生效主义立法例。但由该法第24条"船舶、航空器和机动车等物权的设立、变更、转让和消灭,未经登记,不得对抗善意第三人"的表述,我们可以推知,《物权法》也兼顾了此前"对比照不动产进行管理的动产的物权变动采登记对抗主义立法例"的司法习惯。在物权登记领域《物权法》的又一重大进步是统一了物权的登记机关,明确了登记机关的权利和赔偿责任。在物权登记的种类上则首次明确了异议登记和预告登记制度。本书得出的研究结论在一定程度上细化了排污权对《物权法》相关规定的适用规则。

获得需经确认的排污权;其四,依据劳动取得原则取得排污权。至于取得排污权的程序,原则上我们认为上述四种方式均需办理登记手续,依法申领排污许可证①,只是登记和申领许可证的法律意义不同,分述如下:

对于依行政程序由排污行为人申领经行政机关审核发放排污许可证获得的排污权而言,登记程序应成为其取得排污权的生效要件,即非经登记和发放排污许可证,不得取得排污权。此时登记程序具有双重法律意义。其一,它是行政机关对排污法律关系予以监督管理的必经行政程序;其二,它是对排污行为人授受排污权、发放权利凭证的设权程序。经此程序,在行政机关和排污行为人之间就产生了两种性质的法律关系。一是作为排污行为管理者的行政机关与作为排污行为人的排污权人之间的排污行政法律关系;二是作为国家环境容量资源所有权人的国有资源管理部门与作为环境容量所有权及使用权人的排污行为人之间的民事法律关系,行政机关应根据行政法律法规及有关自然资源权属的法律法规依法行使对排污行为的管理职责和对排污权人合法民事权利予以保护的职责。

对于依河岸权原则的规定取得的排污权而言,登记程序并非必经的行政程序,排污权人可在不违反总量控制和社会公共利益的条件下,基于其自主意思行使其取得的排污权。② 唯一的不便或限制在于非经登记程序,其所拥有的排污权不得转让,不产生对抗不特定第三人的物权性效力。而一经登记,其所拥有的排污权便被国家公权力机关赋予对抗他人的物权性效力,

---

① 2004年7月1日施行的《中华人民共和国行政许可法》第12条规定:"(一)直接涉及国家安全、公共安全、经济宏观调控、生态环境保护以及直接关系人身健康、生命财产安全等特定活动,需要按照法定条件予以批准的事项;(二)有限自然资源开发利用、公共资源配置以及直接关系公共利益的特定行业的市场准入等,需要赋予特定权利的事项……"可以设定行政许可。笔者认为上述涉及的排污权许可证的四种取得方式完全符合《行政许可法》的相关规定,具有采行的现实基础。

② 《中华人民共和国行政许可法》第13条规定,对于(一)公民、法人或者其他组织能够自主决定的;(二)市场竞争机制能够有效调节的;(三)行业组织或者中介机构能够自律管理的;(四)行政机关采用事后监督等其他行政管理方式能够解决的,可以不设行政许可。我们认为依河岸权原则取得排污权时的权利生成机制与该条文所体现的尊重市民生活经验法则、尊重市场机制基础作用的立法原意十分吻合。这说明《行政许可法》并没有绝对坚持"涉及公益的权利必须在取得许可证之后才能生成的原则"。据此,我们可以反向推导出依河岸权原则可以取得具有公权色彩的排污权的结论。此点结论对于依劳动取得原则生成排污权的场合也同样适用。

并通过登记簿和发放的排污许可证对外公示。

对于依据先占用原则取得的排污权而言,我们曾指出,由于此时排污行为人所拥有的是一种具有不完全权利性质的权利,因此非经登记程序,其权利的效力要弱于依河岸权原则取得的排污权,且只有在满足总量控制原则、有益排污原则并不违反社会公共利益的条件下,才能保有这一权利。而一经登记,该权利先前的诸项瑕疵便可基于公权力的介入而被"治愈"。这样,排污行为人先前所拥有的不完全排污权自该时起便转化为完全排污权,具有对抗他人的物权性效力,并通过登记簿和发放的排污许可证对外公示。

对于依据取得时效原则取得的排污权而言,我们亦曾指出,由于此时排污行为人只满足拥有权利的外观,而并非真正取得权利,因此非经登记程序,其不享有排污权。在其符合法律有关排污权依时效取得的相关规定后,经登记程序,依法获得排污权。所以在此种情势下,登记程序是排污权发生的生效要件。一经登记,依取得时效原则占有环境容量资源的行为人便可取得排污权①,并通过登记簿和发放的排污许可证对外公示。

对于依据劳动取得原则取得的排污权,我们认为由于此时的特定劳动者已取得具有习惯法意义上的排污权,因此登记程序并非是必经的行政程序。排污权人可在不违反总量控制和社会公共利益的条件下,基于其自主意思行使其所取得的排污权,唯一的不便或限制在于非经登记程序,其所拥有的排污权不得转让,不产生对抗不特定第三人的物权性效力。而一经登记,其所拥有的排污权便被国家公权力机关赋予对抗他人的物权性效力,并通过登记簿和发放的排污许可证对外公示。

综上所述,笔者认为未来的排污权登记制度适用于四种不同的排污权取得场合,并具有两种不同的法律效力。对于依行政程序申领排污许可证从而被授予排污权的行为人和依据取得时效原则经依法确认取得排污权的行为人而言,登记程序是其获得排污权的必经程序,且此时的登记是排污权发生的生效要件,具有公示和公信的效力。对于依据先占用原则取得排污

---

① 此时所谓的"占有环境容量资源"应作较富弹性的变通理解。

权的行为人而言,登记程序虽然并非是其取得权利的必经程序,但未经登记之前,其权利的行使将受到重大的不利影响。因此,在此种场合,登记是排污权行使的对抗要件,非经登记其权利不得对抗第三人,不产生物权性效力。对于依据河岸权原则和劳动取得原则取得排污权的行为人而言,登记程序并非是获得权利的必经程序,只是在其所拥有的排污权未登记之前,会影响权利的对抗效力,妨碍权利的转让。

对于排污登记的内容通常认为,应当包括核准污染物的种类、浓度、数量、去向、排放方式、地域、期限等技术性条款和排污权权利人、核准机关等当事人基本情况,此外,在实践中也有将排污许可证持证人的基本义务登记并刊印在许可证之上的做法。义务包括:(1)按本证核准的污染物的种类、浓度、数量、去向、排放方式、地域、期限等技术性条款排放污染物;(2)对其所排放的污染物进行监测,按规定报送监测结果;(3)接受环境保护部门或发证机关的现场检查、监督、监测,如实提供有关资料和数据;(4)在排放污染物的种类、浓度、数量等项目有重大变化或改变排放方式、去向、地域时,提前向当地环保部门或发证机关申报,并履行相关变更登记手续;(5)按国家规定缴纳排污费,同时并不免除承担法律规定的其他责任。[①]

专栏 4.1 不动产登记的含义、目标及性质[②]

1. 不动产物权登记的含义

登记,也称不动产物权登记,指经当事人申请国家专门机关将物权变动的事实记载在国家设计的专门簿册上的事实或行为。广义上的不动产登记

[①] 参见郝喜顺等编著:《总量控制排污许可证管理与实施》,中国环境科学出版社1991年版,第23—25页。

[②] 本章的核心内容在于建构与未来排污权制度相适应的取得与公示制度。由于传统民法对物权的公示制度已有详尽的规定,加之本书定义的排污权具有准物权的属性,在强行性制度层面准用物权法的规定,因此这里选取不动产物权的登记制度作为背景性资料。需要指出的是全国人大已于2007年3月16日通过了《中华人民共和国物权法》,而辑录论文属于学理层面的探讨,因此该论文对相关制度层面的论述不限于现行法的范围。

包括权利来源、取得时间、权利变化情况和地产的面积、结构、用途价值、等级、坐落、从坐标、图形等事项。狭义上,不动产登记是土地上建筑物的所有权与他项权利的登记。

2. 不动产登记的目标

每一部法律都应有明确的目标,其中的每一制度有相应的制度价值。我国土地立法过分强调国家利益,强调管理。而在转轨时期,国家利益又多为部门利益所代替,所以形成登记制度的五种不统一,即登记机关、登记根据、登记簿册、登记程序、登记效力的不统一,由此带来诸多交易安全上的问题。

登记制度不仅有平等主体的私权关系,而且有纵向的行政关系,其中贯穿着个人目标与国家目标的双重价值。个人目标以获得个人权利为终极关怀,这里有确权及交易安全的需求;国家目标有管理、征税、保护耕地维持人类生存的目标。二者的关系在不同历史时期反映为不同的立法乃至哲学倾向,但根本点在于个人目标,这是国家目标的前提,因为国家权力来自于人民,国家应为人民的福祉而服务。

从不动产登记制度的历史渊源上讲,其产生的动因主要是从个人目标出发,维护个人私权。中世纪时,日耳曼法要求:让与土地所有权时,在证人面前不仅要缔结让与契约,而且也必须为物的移转行为的表象行为,其后以文书代替象征物的交付及记载当事人让与合意的要旨并交付于承受人,交付行为始获完成。此文书的发达,遂演变为登记制度。与此同时,土地物权变动须记载于市政会所掌管的都市公簿(StadTbuch)上成为惯例。也由于罗马法的继受,不动产的交易方式呈现"多样"的状态,相比之下,罗马法的交付方式,随着资本主义发展,所有权乃至整个物权都有观念化趋向,尤其有些国家将之国有化或国王所有化,其借以流通的权利形态仅为他物权或准所有权,故不动产的流动大都凭借权利形态的流通,即不动产的流通表现为权利主体的变更和物上权利的设定、变更,而不是不动产在主体之间的物态流通,由此必然产生复杂层级的权利体系,如不加以梳理就难以使物流通。在这里登记对交易安全的保护功能就体现出来了,它能使抽象权利具体化,使复杂的物上权利体系化而不相冲突。在德国法主义下,担负交易功能的已是登记权利,而非实体权利。从实体物到观念上的权利,从观念上的权利到登记权利是交易客体的两次重大变革。20世纪80年代我国重建不动产登记制度时借鉴了前苏联立法经验,亦十分强调国家目标,可谓历史上退步式的回归。在转轨时期,部门利益又使登记目标加上了部门利益目标。现在的中国不仅土地流通性很差,而且登记所保护之交易安全时有被破坏之虞。所以,我们建议立法目标应向个人倾斜,以维护交易安全,并以之为登记制度之根基。

3. 登记的性质

对登记的性质大体有三种学说:(1)公法上行为说。该说认为:从登记行为看,房地产权属登记在我国是房地产管理部门依其职权所实施的行政行为。(2)证明行为说。该说避免公、私法性质上的判断,认为房屋产权管理机关的职责范围也只是审查买卖双方是否具备办证(交付)条件,房屋产权变更登记本身,也只是对买卖双方履行买卖合同的结果进行确认和公示,而不是对房屋买卖合同的审查和批准。更有人认为:不动产登记在本质上是国家证明行为,而不是批准行为。(3)我们认为,上述学说均有偏颇,登记本质上应为私法行为。证明行为说回避这一问题,不甚确切,而必然说则混淆了证明与登记行为的关系。

首先,从登记行为过程来看,登记包含了诸多行为,但真正由当事人参与的仅是登记请求及登记申请两部分,研究登记行为的性质应从这两项权利去考察。

登记请求权为私权当无疑义。而登记申请,是当事人向行政机关申请登记的行为,有的学者认为"其非私法人法律行为,盖登记效力之发生,不问登记声请人之意思内容如何也"。从理论上讲,登记效力之发生端在于登记之意思表示,而所谓登记意思表示,指的是全部为不动产登记所必需的由当事人和登记机关所作的意思表示,包括当事人以及相对人提出的登记申请,登记机关在登记时所作的其他为登记所必需的意思表示,当事人或相对人为支持和补充登记申请所作的其他意思表示。可见意思表示具有综合构成性,登记效力之发生脱离申请人之意思则难以发生效力,登记行为本质上是一种事实行为,登记并不能赋予任何人权利。

其次,从登记所产生的效力来看,登记行为是产生私法效果的行为,登记的首要意义在于物权变动的公示及公信,相对人及利害关系人均可查阅登记簿册,并且任何人均可相信登记权利而为交易。另外,虽然登记之效力具有统一性,并且自登记簿上登记后始生效力,但是登记并不是行政机关的权力,对于符合法律要求的形式要件的登记申请,登记机关有登记义务,故登记效力并不由登记机关左右,加上该效力本身亦为私法上之效力,如果认定其为公法行为,则公法行为有侵害私法行为之正当理由,从理念上不符合私法自治,从制度上难达维护交易安全之目的。

最后,自罗马法以来,法律在理论上被划分为公法与私法,其区别之实意"除理论认识目的以外,厥载于救济程序。易言之,即私法案件由普通法院管辖;公法案件,除刑事案件由普通法院管辖外,原则上得受行政救济,由行政机关或行政法院管辖"。就登记制度而言,预告登记、异议登记、撤销登记性质上均为向法院提起的私法上之诉权,并且登记机关应负登记错误之赔偿责任。

综上所述,登记性质上为私法行为当无异议,其特殊之处在于其是国家设立的担负公共职能的机关参与的私法行为。故此,立法者应注意登记之私法属性及保护交易安全之功能,应摒弃批准式的行政行为观念,剥夺登记机关之行政特权,确立其为法律服务、为当事人服务的立场,这对中国真正登记制度的建立具有指导性意义。

资料来源:本专栏引自王洪亮:《不动产物权登记立法研究》,载《法律科学》2000年第2期,第118—122页。

(五) 登记的变更、中止和对许可证的吊销

排污许可证既然是一种身兼公、私法双重职能的权利凭证,那么法律就应允许私法法律关系中的排污权人于适当情势,依其自主意志申请变更排

污权的内容、终止排污权的行使,也应允许公法法律关系中的行政主体于适当的情势依其职权变更排污权的内容,中止排污权的行使甚至吊销排污许可证。由于《水污染物排放许可证管理暂行办法》没有对许可证的变更作出规定,而 2004 年 7 月 1 日施行的《中华人民共和国行政许可法》对许可证的变更规定得又过于原则①,因此我们有必要介绍一下在这方面独具特色的澳大利亚水与河流委员会有关水权变更的相关规定,以资借鉴。②

澳大利亚水与河流委员会在有关许可证复查法律制度的规定中明确指出:在下列情况下行政机关(指该委员会,下同)可以变更许可证的内容:(1) 经被许可人同意,水与河流委员会可在任何时候变更许可证的内容;(2) 如果水与河流委员会或地方行政管理部门认为,为了更有效地调节对该水源的利用,有必要变更许可证内容时;(3) 当环境资源分配计划、条例或者地方规划已作出修改,并且水与河流委员会认为对许可证内容作出修改有助于避免许可证与水资源分配计划不相一致或严重地不相一致时;(4) 如果许可证持有人被法院判决为有违反本法的行为时;(5) 出于公共利益,但许可证持有人应得到合理补偿。此外,该委员会建议立法机关允许其在上述第二项、第三项和第五项规定的情势发生时,可依职权单方面变更许可证的内容。③

对上述规定的合理性,多数学者从其积极维护水权的角度给予了正面评价。但部分学者对其中个别条款的合理性提出质疑,并给出了修改意见。例如加德纳(Gardner)教授指出,在第二项规定中"法律没有明确规定水与河流委员会在何种情形中可以行使这一权利"④,他认为法律应该对该条款

---

① 《中华人民共和国行政许可法》第 49 条规定:"被许可人要求变更行政许可事项的,应当向作出行政许可决定的行政机关提出申请;符合法定条件、标准的,行政机关应当依法办理变更手续。"
② See. R Bartlett, "Transferability of Water Rights in Australia and the United States," in A Gardner & S Mascher, *Water Law In Western Australia: Comparative Studies and Options for Reform*. p. 92; See Armcanz, *Water Allocation and Entitlement: A National framework for the Implementation of Property Rights in Water*, vol. 10, (1995), p. iii;〔澳〕阿勒克斯·加德纳:《水资源法改革》,载韩德培主编:《环境资源法论丛》(第 1 卷),法律出版社 2001 年版,第 183—187 页。
③ See A. Gardner, "Administration of Water Entitlements," in R. Bartlett, A Gardner & S. Mascher, *Water Law in Western Australia: Comparative Studies and Options for Reform*, pp. 285—287.
④ 〔澳〕阿勒克斯·加德纳:《水资源法改革》,载韩德培主编:《环境资源法论丛》(第 1 卷),法律出版社 2001 年版,第 186 页。

的适用附加两条限制:其一为,仅可在没有管理计划和地方规划对资源管理提供指导时,该委员会方可行使这一权利,并且在行使这一权利时应有充分的制定法依据,从而使这一权利的行使仅针对以非持续发展的方式使用资源,包括危害生态价值的情形。其二为,在该委员会作出决定后,应准许许可证持有人享有向有关机关寻求救济的权利和途径。① 此外,他指出该规定的条文表述有欠准确,因为按照第五项有关许可证持有人在因公共利益而被变更其所持许可证的情势下,可得到合理补偿的规定,似可推出在前几种情势发生时,许可证持有人无权要求补偿的错误结论。他认为此种用语模糊应予纠正,并应明确在上述各种情势中,持证人均有权从因变更其许可证而获得利益的人处得到合理补偿。②

为综合上述争议所带来的适法困惑,水与河流委员会建议在发生用水权"取得"的情况下,应支付赔偿金。也就是在一方因另一方的权利减少而受益的情况下,应支付赔偿金。③ 以此为基础又进一步明确了在不存在权利取得的场合,无须对权利变更予以补偿的三种情势,即:(1) 如果在行政机构授予该权利时,制定法已规定减损权利的调控权;(2) 如果减损该权利的理由是资源可持续管理的固有内容;(3) 如果权利减损的负担由那些可能因此从自然资源开发中受益的人公平分担,并且没有发生对同一资源的权利价值从一个或一群权利人转移至另一个或另一群权利人。④

为规范许可证中止或吊销的管理,水与河流委员会还规定如果该委员会、地方管理委员会认为:(1) 为保护资源或相关的环境免受不当损害,有必要作出该行为时;(2) 即使变更许可证也不能使其与管理计划相协调时;(3) 为了公共利益有必要作出该行为时,该委员会或地方管理委员会可在

---

① 〔澳〕阿勒克斯·加德纳:《水资源法改革》,载韩德培主编:《环境资源法论丛》(第 1 卷),法律出版社 2001 年版,第 186 页。
② 同上注文,第 187 页。
③ 这是该国法律在资源赔偿问题上,足具市场化倾向的一项制度创造,它既减轻了行政机关的行政成本,又兼顾了准物权得失双方的利益,殊值借鉴。
④ See Minister for Primary Industries and Energy V. Davey (1993) 47FCR151; Newcrest V. Commonweath (1997) 147. ALR 42, esp, per Gummow J. pp.129—130, drawn from *Water Law in Western Australia: Comparative Studies and Options for Reform*, p.287.

支付许可证持有人合理赔偿后,依职权中止或吊销许可证。如果许可证持有人被判决为有罪,法院也可以中止或吊销其许可证。[①]

我国现行的立法中,虽有关于排污许可证的相关规定[②],但缺少建立在公、私法互渗基础上的制度设计。因此,就总体而言,现有的规定是一种行政法规范,强调行政权的主导和监管,而对各项制度的具体实施环境和条件极少涉及。在《水污染物排放许可证暂行办法》中,仅有第20条一个条文谈及排污许可证的中止或吊销,但其主旨却是在向行政机关授权而非明晰这两项制度的具体适用条件。因此,我们认为我国有必要在确立前文所论及的新型排污许可证登记与发放制度的同时,参照澳大利亚水权许可证中的变更、中止、吊销及补偿制度,全面建构一套与我国国情相适应的变更、中止及吊销许可证制度。在专门立法出台之前,暂可参照《行政许可法》第69条、第70条有关行政许可撤销、注销的原则性规定和澳大利亚立法的相关表述,以国家环境保护总局令的形式在特定地区或区域试行。

(六) 登记机关的责任

现代各国不动产登记制度,依据登记机关责任的不同大体可分为三类:契据登记制、权利登记制及托伦斯登记制。[③] 就前文有关我国排污登记的制度设计来看,它大体包括了上述三类登记制度中的两类。其中,依先占用原则、河岸权原则、劳动取得原则取得排污权并获得行政机关确认的情况,大体相当于契据登记制,唯一的差别在于在依先占用原则取得排污权的场合,非经登记,排污权仅具有不完全权利的属性,而依行政程序和取得时效原则获得排污权授权并受领排污许可证的情况,则大体相当于托伦斯登记制,唯一的差别在于在托伦斯登记制中,是否登记由当事人自行选择,而此处的设

---

① 参见〔澳〕阿勒克斯·加德纳:《水资源法改革》,载韩德培主编:《环境资源法论丛》(第1卷),法律出版社2001年版,第186页。
② 国家环境保护局:《水污染物排放许可证管理暂行办法》,1988年3月20日发布。
③ 参见陈华彬:《物权法原理》,国家行政学院出版社1998年版,第163页。

计则强调当事人必须登记。鉴此,我们认为我国未来的排污登记制度是介于契据登记制与托伦斯登记制之间,按照排污权取得途径的不同而类型化了的一种登记制度。

此外,对于登记机关对各类不同的排污权许可证持何种审查态度的问题,笔者认为鉴于环境容量资源事关社会公共利益,原则上应一律采用实质审查制,并仿照托伦斯登记制建立与此相应的错误登记赔偿基金,以约束登记机关审慎地履行职责,同时对受害人提供必要的救济。让人欣慰的是此种设想已获得了我国《行政许可法》第8条和第76条和《物权法》第12条和第21条的支持。

专栏4.2 不动产登记制度立法例

当今世界各国的不动产登记制度,源于三种基本的登记制度,即"契据登记制度",又称"法国登记制度";"权利登记制度",又称"德国登记制度";"托伦斯登记制度",又称"澳大利亚登记制度"。由于我国本土登记制度与市场经济的不相契合性,立法上不得不对三种立法主义择其优而采纳之。学者们的立法建议也基本上以此三种立法体例为基础而提出,故有对三种立法例加以介绍比较的必要。

1. 德国法主义。德国登记制度之特色:(1) 登记(Eintragung)为土地物权变动之效力发生要件,即土地物权之发生变动效力,除当事人之合意外,尚需登记。(2) 登记官吏为登记时有审查土地物权变动实质关系之权限——所谓实质审查主义。(3) 登记有公信力,即登记簿上之事实,纵实体法上不成立或无效,不得以其不成立或无效对抗善意第三人,常视为实体上有效。(4) 登记簿的编成采物之编成主义(Prin-zipdesReaifoli-ums),即以不动产标准编成之。(5) 登记物权之静的状态,即于登记簿不记入物权的变动事实,而记入物权的现在状态。

2. 托伦斯登记制度(Torenssyhem)。此制度为罗伯特·托伦斯所创,

1855年始行于南澳洲,现在美国多数州亦采之,乃登记制度中最优者。其主要特色如下:(1)始登记一定不动产时,登记局依一定的程序,精查确定其不动产的权利状态后,制成记载此权利状态之地券二份。一份交与所有人,一份保存,依物的编成主义,编入登记簿。(2)不动产移转之时使用一定的官制用纸,或转让为证书,存于登记局。登记官制审查以后,记入权利的移转于登记簿,让与证书存于登记局,对于受让人交付新地券,成为背书之原来地券。(3)不动产设定抵押权时应依一定的形式,作成抵押书二份,连同地券,提出于登记局,登记审查后,记入于登记簿及地券,返地券于债务人。(4)不动产物权之变动,非登记于登记簿,不生效力。(5)其登记官有实质审查的权限。(6)登记有公信力。其结果真权利人因不实的登记而受损害时,国家负赔偿的责任。

3. 法国法主义。法国法登记的特色:(1)登记为物权变动对抗第三人之要件,即物之变动,依当事人的合意发生效力,登记不过为已发生的物权变动对抗第三人的要件。(2)登记官吏于登记时,只得为形式的审查,对于物权变动更无实质的审查的权限。(3)登记无公信力,故登记事项,实质上不成立或无效之时,其不成立不得以之对抗善意之第三人。(4)登记簿的编成采人的编成主义(Prinzipdesporsonenfoliuncs),即不以不动产为标准,而以权利人为标准编成之。(5)登记物之动的状态,即不仅登记物权之现在状态,而且登记物权之变动。

我国台湾地区兼采托伦斯及德国法主义,也有学者认为大陆的立法亦是如此。但我们认为,我国目前立法受转型社会的影响,其行政管理倾向较为明显,保障交易安全功能不足,主要是德国登记规则,如登记生效主义、物的编成主义、登记的公信力等,其制度基础是国家干预主义。但并未建立地券、赔偿储金等制度,故不具以自由主义为基础的托伦斯登记制度的特色。另外我国香港地区采契约登记主义,此与内地登记制度不同。物权制度具有很强的民族性、固有性,物权登记制度亦不例外。我国正处于转型时期,物权法负有整理旧物权,确定、稳定物权关系的使命,登记制度是完成这一使命的重要工具。我国长期以来房地产登记为部门利益所左右,造成房产、地产的不统一,登记机关的不统一,登记程序的不统一,登记效力的不统一,登记权属证书的不统一。

各国大都有单行的不动产登记法,但其地位不同。在德国,基于物权行为的理论,登记是物权变动的程序要件,故不动产登记法是物权法的程序法;而在日本,不动产登记法应为民法的特别法;意大利民法典将登记制度列入第六章"权利的保护"范畴,并且从契约的文件角度规定登记事项,明定动产与不动产两种登记。总之,不动产登记法的地位很大程度上受物权基本理论及立法者主观的影响。

立法建议上,我国学者们比较赞同德国法主义,但应考虑托伦斯登记制度之优点。在登记自主主义这一点上,从中国实际出发则不宜采用,对一些法定物权应强制登记,我们赞同上述之观点。①

资料来源:本专栏引自王洪亮:《不动产物权登记立法研究》,载《法律科学》2000年第2期,第118—122页。

三、本章小结

按照通常的法律逻辑,权利行使的基础和首要环节在于权利初始化配置的顺利实现。由于我国对代行排污权设定与取得职能的"排污许可证授受制度"完全采用行政主导的初始化配置原则,剥夺了各种以市场化导向为依规的环保制度的生存空间,因而实有检讨的必要。本章通过对排污权私法取得机制的建构,一方面彻底克服了因行政力量垄断排污权授受资源所带来的各种弊害,促成了排污权取得模式的多元化。另一方面,借助于私法

---

① 2007年3月16日通过的《中华人民共和国物权法》就登记效力而言,采用了"德国法主义"和"托伦斯登记制度"的登记生效主义立法例。同时也兼顾了此前"对比照不动产进行管理的动产的物权变动采登记对抗主义立法例"的司法习惯。

取得原则的明确也为依公法规范授受排污权的自由裁量行为提供了一个相对客观的判断标准。总之,通过本章的建构,一个融多元化取得机制和权威性登记制度于一身的排污权初始化配置模型已然确立。它在破除制约排污权制度走向生活实践的各种障碍的同时,也宣示了排污权初始化配置任务的基本完成。

第五章　排污权与不同权属之间的冲突和协调[①]

权利之所以被世人所普遍尊重，其要旨在于它具有将其内蕴的价值期待转化成为客观利益并予以兑现的实现机制。正是基于此，我们为谋求环境容量资源所有权权利价值的实现，创设了多种不同的路径，并在充分考虑不同路径差别性的基础上，构建了以"排污权"为制度平台的权利实现方式。尽管在设计排污权时我们力求实现使不同类型的权利之间界域清晰，防止权能交叉，但是基于不同环境要素之间所具有的各种物理或法律上的联系，不同排污权之间以及排污权与其他权属之间的冲突仍无法完全避免。这就使在践行上述制度的同时，进一步创设出调处和解决冲突的方法和原则成为建构排污权制度的又一项重要的课题。

一、排污权之间的冲突与协调

前文曾对排污权产生的途径进行了探讨，按照我们

---

① 参见邓海峰:《排污权与不同权属之间的冲突和协调》，载《清华法学》2007年第3期。

的设想排污权大体可据两种途径生成。一为以前文所列举的排污权取得原则为基础经由私法途径而产生;一为依行为人申请由行政机关根据公法规范的指引而授权。由于依据两种途径产生的排污权无论是依目的不同进行划分还是依产生根据不同进行划分其类型都远非一种,因此在各种排污权之间就不可避免地会产生权利界限上的重叠和冲突。我们认为此种以同一环境容量资源作为客体而产生的排污权之间的冲突可以依据下述方法加以解决:

(一) 以相同取得原则为据生成的权利间的冲突与协调

在私法途径中,当依据相同的取得原则产生的排污权发生冲突时(如基于先占用原则产生的水体排污权),如果各该排污权设定的目的不同,则应按照因目的优先而形成的顺位差别调处它们之间的关系,使目的顺位优先的排污权先于顺位劣后的排污权行使。为确保上述原则的有效实施,核心的议题就是要先行厘定出不同目的排污权的顺位。在这方面,有关水权优先权目的顺位的三种立法例可资参考。其一,为我国 2002 年制定的水法有关水权效力冲突的位序规定。依据该部《水法》第 21 条,我们可以将水权优先顺位解释为家庭用水、农业用水、工业用水、生态环境用水以及航运用水。崔建远教授在研究水权位序时进一步将其拓展为家庭用水、市政用水、灌溉用水、工业用水、水力用水和娱乐用水。[①] 其二,为我国台湾地区水利法规定的水权优先顺位,依次是家庭用水及公共给水、农业用水、水力用水、工业用水、水运及其他用途。[②] 其三,为美国堪萨斯州采用的水权顺位规则,依次是家庭用水、市政用水、灌溉用水、工业用水、娱乐用水、水力用水。[③] 按照上述三种立法例的排序,我们大体可以得出如下推断,那就是在处理水权等准物权权属之间的效力冲突时,各国普遍遵循先民用后工业使用的原则。随着

---

① 参见崔建远:《准物权研究》,法律出版社 2003 年版,第 316 页。
② 参见我国台湾地区《水力法》:第 18 条第 1 项。
③ Kan, Stat, Ann, 82a-707 (b) (1989)。转引自崔建远:《水权与民法理论及物权法典的指定》,载《法学研究》2002 年第 3 期,第 55 页。

物质基础的不断雄厚和人们审美要求的增长,近年来出现了为专门保护生态环境而特设的生态价值类准物权,且其位序有逐渐前移的趋势。据此,我们认为在处理未来我国不同排污目的的排污权发生效力冲突时,应采用如下顺位规则,即民用排污权、市政用排污权、农用排污权、工业排污权及休闲排污权。在各该排污权同时行使可能导致违反总量控制原则时,应确保顺位优先的排污权能够先行实现。

在依上述原则调处排污权冲突时,如果各该排污权设立的目的相同,即处于同一优先顺位时,则应按照时间在先的原则,优先保护确立在先的排污权。但如果后取得的排污权先于在先取得的排污权登记并获得排污许可证的,则应按照前文有关不同排污权登记效力的规定处理它们之间的效力冲突。通常认为经登记并经确认或授权的排污权效力强于未经登记、确认程序的排污权。

(二) 以不同取得原则为据生成的权利间的冲突与协调

在私法途径中,当依据不同的取得原则产生的排污权发生冲突时(如基于先占用原则取得的水体排污权与基于河岸权原则取得的水体排污权之间发生冲突),原则上也应按照排污权设定目的的不同,依据其自身的优先顺位予以解决。在目的相同的场合,参照前文所言的登记效力规则加以调处。如果依上述方法仍无法解决[①],则可参照美国华盛顿州解决分别依河岸权原则和先占用原则产生的水权发生冲突时的做法,即首先考虑河岸权人是否存在以河岸权为据的排污行为,如果存在排污行为,则说明河岸优先权已处于行使状态,原则上该种权属所具有的排他性效力应予尊重。此时依先占用原则取得的排污权应容忍河岸权人行使排污权;如果河岸权人并没有以河岸权为据的实际排污行为,则说明河岸权尚处于"休眠"状态,此时河岸权

[①] 通常此种情况仅会发生在分别依河岸权原则和先占用原则产生的排污权之间。因为其他各种冲突均可依据登记效力规则得到圆满解决。

人便应容忍依先占用原则取得的排污权的行使。[①] 此种做法可以归结为有条件的河岸权优先行使原则。

专栏 5.1 物权冲突的一般救济规则

物权法作为民法的重要组成部分已广泛为现代世界各国的法律制度所确认。虽然,目前世界各国的法律对物权的概念尚未形成一个固定的表述,但均认为其基本内容是指"权利人在法定范围内直接支配一定的物,并排斥他人干涉的权利"。

由于物权是以直接支配物为基本内容的权利,所以必然导致物权具有极强的排他性。由语义定义来看,物权似乎强调的是权利主体对物的直接支配的人与物的关系,但作为被法律制度所肯定和保护的权利,绝不仅仅是体现人与物的关系。单纯的人对物的关系是决不会反映或译化为法律制度的,法律制度只有在社会性的人与人的关系中才会得以体现和形成。物权的本质不是来确定单纯的人对物的支配关系,而是凸显在人对物的支配过程中权利主体对抗义务主体的特殊的社会关系,以最终保障物权人充分实现对物的价值利用。由此,物权人为充分实现对物的价值利用或曰充分实现物权,必然以在法定范围内排斥他人干涉为前提。这样,物权便必然具有强烈的排他性质。所以,物权又称对世权或绝对权,这是物权的基本属性。

人类在进入阶级社会后的早期阶段,物权法是以所有权为主要内容、以保护财产所有关系为中心的法律制度,目的在于保障所有人对物的现实支配。所谓现实支配是指所有人对物通过本人的利用利益行为实现物的价值利用。但随着社会分工日趋细密和市场经济的不断发展,物权制度开始逐渐向所有权与他物权并重,以保护物的价值的充分利用为中心转移。为了充分利用物的价值,仅靠所有人的现实支配即自为利用收益已不可能,于是

[①] Janet. C. Neuman and Keith Hirokama, "How Good Is an Old Water Rights? The Application of Statutory Forfeiture Provision to Pre-Code," *University of Denver Water Law Review*, Fall, 2000.

所有权内容开始分化,所有权各项权能已不完全集中在所有人手中,物权权能越来越多地通过债权关系被让渡于他物权人。大体上可分为两种情况,一是物的使用价值一般以利用权的形态归属于用益权人,而所有人则收取对价;二是物的交换价值一般以担保权形态归属于担保权人,所有人因此取得信用,获得融资。这样,所有人对物的现实支配演变转化为收取对价或获得融资的价值利益,即所谓的物权价值化。于是,物的价值通过分工和市场被更加充分的利用和发挥。

由此可见,现代社会物的价值的充分利用和发挥就意味着所有权内容的分化,也就是物权权能的分离,而且是极大程度上的分离。物权权能的分离则同时意味着在某个特定物上同时设立多个物权存在多个物权人。由于物权具有极强的排他效力,一个物上多个物权人之间如果不能协调,就可能对物的支配发生意志或利益上的矛盾,这时,物权冲突就产生了。

物权冲突是指在同一特定物上并存多个物权,存在多个物权人,各物权人之间对该物的支配发生了意志或利益上的矛盾的法律现象。

物权冲突一旦发生,若不能通过有效的法律手段予以调解和消除,则将直接导致与物权有关的法律秩序乃至社会秩序处于紊乱。物权冲突的直接不利法律后果有二:一是发生物权冲突的各物权人均无法充分地表达和实现自己对物的支配意志。这严重违背了物权的基本内容——物权人对物的直接支配。二是由于物权人无法充分实现其对物的支配权,对物的价值的充分利用也就无法充分实现。因为物权法是通过充分肯定和保护物权人对物的支配权来实现对物的价值的充分利用的。物权冲突本来主要是由于在保障充分实现物的价值利用的过程中,因默认物权权能的分离而出现的,但物权冲突一发生,反过来却不利于物的价值的充分利用了。显然,这是一个悖论。所以,物权冲突必须得到有效的解决。

物权种类的基本构成如下:(1)所有权,即完全物权。(2)他物权,亦称不完全物权,限制物权,其又分为用益物权和担保物权两大种类。由此,同一特定物上并存数个物权的基本构成又如下:(1)所有权与他物权。因为他物权本来就设立于所有人的所有物上,并因对所有权人的所有权在一定范围内予以限制而得以在特定范围内行使,所以他物权有优于所有权的效力。(2)用益物权与担保物权。通常这两种物权可以并存于同一特定物上。例外的是以占有为要件的质权,留置权与用益物权不能并存。(3)用益物权与用益物权。一般不能并存。但地役权有时可以并存,如消极地役权附存于地上权的土地上,两个通行权共存于同一供役地上。(4)担保权与担保物权。一般都能并存。例外的是当事人有特别约定时不能并存。另外,留置权之间不能并存。

解决物权冲突的一条有效途径就是肯定和坚持物权间的物权优先效力原则。物权间的优先效力原则是指在同一特定物上并存数个物权,有多个物权人,各物权人为充分行使物权权利而发生意志和利益上的冲突,则具有较强效力的物权有排斥效力较弱的物权而优先充分实现的权利。

一般意义上的物权优先效力,亦称物权的优先权。其定义和内容在学术界历来就有分歧。有学者认为物权的优先效力仅限于物权优先于债权的效力,而另外一些学者则认为物权的优先效力仅限于物权之间的优先效力。大部分学者一般均认为其既存在于物权与债权之间,也存在于物权之间。如果认真考察物权的现实法律状况,实事求是地讲,物权间的优先效力是普遍存在的。物权优先效力通常认为的基本内容可大体表述如下:(1)同一特定物上不能并存两个以上内容重复,互不相容的物权。此亦称为物权法的一物一权主义。(2)同一特定物上有物权存在,并同时是债权之给付标的物时,物权具有优先于债权的效力。(3)同一特定物上并存两个以上物权时,先成立之物权有优先于后成立之物权的效力,换言之,后设定的物权仅于不妨碍先设定之物权的行使之范围内得以成立。

先成立之物权有优先于后成立之物权的效力就是有效解决物权冲突的物权间的优先效力原则的基本内容。其成立的依据是物权法对物权人直接支配物的权利的充分保护以及物权强烈的排斥他人干涉的特征。因此一项物权权利设定于某一特定物上后,为充分保护物权人对物的支配权利,充分表达和实现物权人的意志、利益,就当然具有排斥另一项于其后设定的内容与其从本质上并不排斥(以一物一权主义的要求即为内容互不重复、相互兼容)的物权在其合法权利范围的干涉。后设定的物权则只能在充分尊重先设定的物权的物权人合法行使物权时的意志和利益的前提下,才得以成立和行使,也就是后成立之物权是以不妨碍先成立之物权的合法行使为其存在的前提的。

这里需要注意两个方面的问题:

(1) 物权冲突和物权间的优先效力原则均只讨论已合法成立的两项或两项以上并存于同一特定物之上的物权关系。对于违反一物一权主义的基本要求,而内容根本无法相容的,本质上具有强烈排斥性的两项或两项以上权利的关系不作讨论。事实上这已不是已合法成立物权之间的冲突,也不是谁效力优先的问题,而是谁成立与否的问题。

(2) 所有权与他物权之间是不以成立的时间先后来确定效力优先的。这是因为他物权本来就是以限制所有权人的部分权利范围而得以成立和行使的。所以他物权人在其权利范围内有优先于所有人而支配财产的权利,也就是他物权人的物权效力优先于所有权。

以物权的成立时间先后来确定相互冲突的物权间的效力优先关系而解决物权冲突是较为普适的有效手段。但仍需注意的是,并非所有的物权冲突均可运用该方法来确定物权间的效力优先问题。某些特殊物权关系仍需作进一步的研究和探讨。

资料来源:本专栏引自韩斌:《物权冲突与物权优先效力原则》,载《西南民族学院学报》(社科版)2001 年第 4 期,第 79—80 页。

二、与环境容量载体所承载的他项权属之间的冲突和协调

(一) 冲突产生的原因分析

笔者认为排污权在行使的过程中之所以会与环境容量载体所承载的他项权属发生冲突其原因有三。

其一,源于自然资源所有权与土地所有权的区分主义立法。回顾资源立法的历史,对自然资源所有权与土地所有权之间的关系,大体上形成了两种各具特色的立法例。① 目前,各国与此有关的立法也大致朝着两相分离的方向前进②,即分别采用土地所有权制或资源独立所有权制。土地所有权制源于古老的英国立法。英美等国家从传统上保持着土地所有权与其他自然资源所有权合一的原则。他们认为地表和地下的其他自然资源都是土地的组成部分,土地的所有者对其土地内赋存的其他自然资源拥有所有权。在土地所有权发生转移时,除非出让人与受让人就其他资源的权属另有约定,其他赋存资源的所有权通常也与之一并转移。③ 但由于此种立法例在使法律关系简明的同时,尚具有诸多致命的缺陷,诸如不利于国家对自然资源进行总体规划和调控;易引发土地所有权人之间的纠纷;增加交易成本等④,使其在实践中的社会效果很不理想。作为这一制度代表国家的英国,也于近年表现出了变更立法主义的倾向。⑤ 这使得资源独立所有权制愈发受到各国青睐,成为通行立法例。以大陆法系的德国、法国等为代表的大多数国家,实行土地所有权与其他自然资源所有权分离的制度,坚持自然资源所有权的独立性。该说认为自然资源在法律上不是土地的构成成分,土地所有权人并不当然成为其他自然资源的所有权人,其他自然资源的所有权也不因其所栖生的土地及其所有权或其他权利的不同而改变。该制度与土地所有权制相比,具有明显的优点,如它有利于国家对国民经济进行宏观调控;有利于平均社会财富;有利于组织规模大、投资多、技术含量高的自然资源

---

① 此处所指的自然资源指不包括土地资源在内的其他自然资源,在本书中通常仅限于水和森林资源。
② 参见〔德〕高赫特:《地质经济学与矿物原料政策》,朱铁民译,中国地质大学出版社1990年版,第8页;肖国兴、肖乾刚编:《自然资源法》,法律出版社1999年版,第320页。
③ 邓海峰:《采矿权、土地所有权的冲突与协调》,载江平主编:《中美物权法的现状与发展》,清华大学出版社2003年版,第451—452页。
④ 参见吕忠梅、尤明清:《论矿产资源所有及其实现》,提交给"国土资源法律体系的完善与资源权属研讨会"的论文,2001年12月,第151—153页。
⑤ 根据新成文法的规定,英国对黄金、白银、煤炭和石油等资源先后实现了国家所有。这一事实成为土地所有权制走向全面衰落的标志。参见邓海峰:《采矿权、土地所有权的冲突与协调》,载江平主编:《中美物权法的现状与发展》,清华大学出版社2003年版,第452页。

开发;有利于进行战略物资储备,维护国家经济安全和生态安全①,因此其适用范围远广于前文提到的土地所有权制。由我国《宪法》第9条和《物权法》、《水法》及《矿产资源法》、《森林法》的相关规定可以看出,我国在确立自然资源与土地的权属关系时,采用的也是该说。

像其他许多流行的法律制度一样,该制度并非完美无缺,其最大的副产品便是易造成权利布局重叠、法规体系庞杂。在该制度的理论框架下,由于作为环境容量客体的物质载体的所有权与其所依附或毗邻的土地的所有权是相互独立的,这便无法排除它们分别为不同的权利主体所享有并依各自权利人的意志以相互矛盾的方式被行使这一情势的发生。上述理论缺陷使其成为诱发排污权与环境容量载体所承载的他项权属相冲突的制度原因。

其二,近代以降物权法领域出现的由注重对所有物"持有"转向注重对所有物"充分利用"的权利配置和行使观念,进一步激化了上述权利冲突现象的发生。如前所述,自然资源独立所有权制的确立是近代以来诱发排污权与环境容量载体所承载的他项权属相冲突的制度原因。但仅有上述制度原因的存在,决不会出现如今这般严峻的权利冲突局面。因为当环境容量资源所有权人和环境容量载体所承载的他项权属的权利人都以静态持有权利的方式行使权利、利用权利客体时,虽然可能基于权利边界的部分重叠或行使方式的矛盾导致在他们中间产生一定的纠纷,但其影响范围远不至于达到今天的广度。之所以出现现今的权利冲突与矛盾的现象,更为直接的原因在于物权行使方式由注重所有转向注重利用的观念已成为被社会公众所普遍接受的主流社会心理。在这种社会心理的作用下不同权属的权利人通常只保有对其所有物在法律上或观念上的占有,而通过日益丰富的权利再配置管道,将对权利客体现实占有和利用的便利或权能再分配给他人享有,以获得价值形态的对价。这样本来处于静态的物权制度愈发的具有了活力,而其结果便是使本已存在重叠或冲突的权属关系变得更

---

① 参见吕忠梅、尤明清:《论矿产资源所有权及其实现》,提交给"国土资源法律体系的完善与资源权属研讨会"的论文,清华大学2001年12月,第151—153页。

加繁琐复杂。

其三,冲突的产生还与权利确定的方式和研究问题的方法、角度有关。因为从制度设计的角度而言,排污权与作为客体的环境容量的物质载体所承载的他项权利的冲突是由我们将环境资源的自净能力从其物质载体中予以抽象化,并使之成为一种建立在生态功能基础上的权利类型独立存在的结果。反过来,如果我们将环境资源的自净能力作为其物质载体的一种功能,并使其与各物质载体的所有权或用益权相结合或被它们吸收,成为各物质载体上承载的各种权利的权能而不另行设定成新权利类型的话,则上述权利冲突的状况即可避免(例如在水体排污权的场合,如果不将水体的自净能力作为一种有财产价值的生态资源性权利从水资源所有权中分离出来,而是将其作为水资源所有权、水所有权或水权的一种权能,则水体排污权与水资源所有权、水所有权或水权的冲突即可避免)。但笔者认为沿用这种权能说的做法有诸多不妥,应坚持承认环境容量资源所有权及建立在其上的排污权均为独立的新权利的观点,理由如下:(1)两种权利的生成基础不同。环境容量各种物质载体上的其他权属是以各种载体的经济功能为基础而生成的,而排污权则是基于各种物质载体的生态功能生成的。(2)两种权利的客体不同。环境容量各种物质载体的其他权属以该物质载体自身为权利客体,而排污权则以各种物质载体所承载的自净能力(即其所蕴含的环境容量)为客体。(3)本书在谈及排污权时,包括四种类型,而这四种权利所栖生的四类物质载体之间差异较大,其中,水体排污权、土壤排污权和森林资源排污权可以与其客体所栖生的物质载体上承载的他项权利的权能相结合(如土壤排污权可以被土地所有权、土地使用权吸收成为它们的一项权能),但空气排污权无法实现此种结合,亦即这种结合权能的方式不具有周延性。此外,土壤排污权的形态稳定,结合以后,土壤排污权的行使不会受到较大影响,但水体排污权、空气排污权和森林资源排污权的客体形态并不十分稳定,常受季节、温度甚至人类行为的影响,这使将它们与其物质载体上所承载的他项权利的权能相结合的设想较难实现。(4)即使采用权能说,那么当该物质载体上他项权属的权利人要单独行使排污权能或以此权能为基础,进行权利转让时,还是需要另外再设立他物权的权利类型,亦即权利人在行使排污权能时还是需要将其从权能状态转化为权利状态。可见如此行事除徒增权利行使成本之外,并无实益。据此,笔者认为应抛弃回复权能说的主张,而坚持本书创设独立权利类型的思维方法。

为增强前文论证的说服力,这里我们试以分析水体排污权与水权的关系为例,进一步说明使排污权成为一种独立的权利类型而不附属于其客体所栖生的物质载体上承载的他项权利的必要性。

首先,我们来看两者所具有的三点联系。(1)水体排污权(下同)的行使总需借助于"水"这种物质载体才能得以实现,因此,物质形态的"水"的存在是水体排污权产生和行使的自然科学前提。(2)居民以生活用水为目的的水权通常包括了以水为载体加以排污的权利,亦即在此种场合水权与排污权融合于一体或称此时水权吸收了排污权①。而企事业单位以生产为目的使用的排污权和水权则不能发生融合。此点恰好可以用来说明为何在生活用水的水费构成中包括有污水处理费,而在生产用水的场合,水资源费和排污费需要分别计算。(3)在以治理水体污染为营业的企业中,排污权的生成是通过水体功能的改善和质量的提高来实现的,因此这一生产过程同时也是水权中与水质相关权能的修复、恢复和再建的过程。

其次,再来分析两者所具有的五点区别。(1)排污权以环境的自净能力作为权利成立的基础,因此其客体是无形的,在物权法上应视其为无形物;而水权以水这种有形物质作为权利的载体,因此其客体是有形的,在物权法上被称为有体物。(2)排污权以环境产权理论的提出和确立作为理论基础,产生较晚,且是一种伴随着环境问题的不断恶化而被提出的至今仍有争议的权利类型;而水权则是以自然资源产权理论为基础确立和发展起来的权利类型。它是伴随着资源的稀缺性日益严重而出现的,产生较早,且已得到一些国家立法的承认和众多学者的首肯。(3)排污权的取得通常是有

---

① 当然这主要是基于人类的基本生活方式这一社会历史条件和国家社会福利的公共政策而产生的。

偿的,而水权的取得则依各国的资源和社会公共政策而有所不同。如我国新颁布的《水法》确认农民可以无偿使用水资源,这说明在我国水权并非都是有偿的。(4) 排污权通常以排污量、地域范围或期限长短为度量标准计算和确认权利的内容和效力,因此,可以说这种权利的界限一般较为清晰,权能较为明确;而水权特别是饮用水水权(农村)则存在无期限(终生)和无数量限制的问题。可见,在现实生活中,既存在着属于宪法性权利的水权,又存在着属于民事权利的水权,这使得水权具有了不同的效力层次。(5) 作为一种以环境自净能力为基础的无形财产权,排污权除可基于自然生成的自净能力产生之外,还可依人类有目的、有意识的净化生产活动而产生[①],即人类活动可以对排污权的总量及其形成产生影响。此点是发展环保产业的自然科学基础之一;而水权是以物质形态的水资源作为基础,根据物质不灭和能量守恒定律,人类活动无法积极促成水资源的自然生成和增长,只能通过人类劳动促成特定度量范围内的水质改变和功能恢复,使其能得以重复使用。而基于前文的分析,笔者认为此种改变已被纳入水体排污权生成的范畴之中,不应再属于水权的特性了。

由以上对两者联系和区别的对照分析,我们可以看出,水体排污权与水权的联系是相对的,是有条件的,需要在特定的情势下才能维系,而它们之间的区别则独立得多,并且难以弥合。因此笔者认为将水体排污权与水权区别对待,将排污权与其客体所栖生的物质载体所承载的权利区别对待,对于我们准确把握排污权的特征及各项权能是有益的。而为维护这种制度设计的合理性,进一步设计它们彼此之间冲突的协调原则就成为我们必须完成的下一步工作了。

专栏5.2 罗马法解决物权冲突的机制

罗马法是一部经验的而不是抽象的法,"当理论与实际发生矛盾和冲突

---

① 当然这需以法律明确规定排污权的劳动取得原则为前提。

时,它总是舍弃纯理论的要求而致力于满足实际的需要",在解决物权权利冲突时亦是如此。罗马法并不存在如同其物权体系那样连贯而系统的机制来解决物权冲突,它只是通过实际中具体问题的解决,发展出它的冲突解决方案。但是,通过对罗马法法条中冲突协调规范的整理和比较,还是可以体察到罗马法在解决物权冲突时的内在原则和机制。

首先,物权法定原则在罗马法中具有统摄一切的地位,它有效地消除了物权种类和内容设定上的混乱,从而也最大限度地避免了物权的相互冲突。通过诸如"役权之上不得另设役权"、"所有权人只有在不妨碍物之用益权人权利的情况下方能设定新的役权"等规则的遵循,罗马法也保证了在一物之上不能有相同性质的两个或两个以上的物权同时存在,故"一物一权"的精神在罗马法上也得到充分体现。这些原则在物权体系的内在逻辑性和权利配置的合理性方面都具有绝对的指导意义,在物权冲突的协调中也处于最高层次的指导作用。此外,作为解决机制的重要环节,罗马法还存在一些专门的法律规则,用以解决物权冲突,如解决物上役权负担问题的"后手权利不能优于前手",解决担保物权冲突的"期先者其权优"、"占有者优先"等规则,均在冲突的解决上起着传世的作用。

在一系列的原则和规则的基础上,罗马法逐渐在实践中形成了一些专门的制度,用以解决物权冲突。为了解决一物之上多个抵押权的位次问题,罗马法发展出了抵押登记制度。该制度规定:抵押契约应交存国家有关机关备案,或者至少有三个以上具有良好信用的人在契约上签名证明,依所确定的时间顺序来清偿债务,设定在先的抵押权优于后设定的抵押权。为了在解决权利冲突中贯彻公平、扶助弱小的自然法观念,罗马法同样在实践中创设了"优先抵押权"制度(后世民法在此基础上发展出优先权制度),它适用于如下三种情况:第一,国库因纳税人拖欠赋税,或基于普通债权而对普通债务人所取得的法定抵押权,目的是保证国家的税收。第二,妻对夫关于嫁妆的返还及特有财产管理所生的债务,就夫的财产所取得的法定抵押权,目的是为了保护妇女的利益。第三,债权人为了帮助债务人保全或改良不动产而取得的法定抵押权。因为要是没有债权人的给付,则该不动产必致毁损或不能增加其价值,故应予优先。罗马法正是通过如此的一些制度设置,保证其法律中公平、秩序等价值目标的实现,从而达到其制度保障权益的社会理想。

资料来源:本节引自陈洪:《罗马法物权冲突及其解决机制探析》,载《法律科学》2001年第4期,第44—45页。

(二) 协调冲突的规则

近代以来,法律学,尤其是民法学被认为是一门在利益与利益发生对立时,设定权衡指标(立法论),以及当个别的、具体的利益发生对立时加以妥善解决(解释论)的学问[①],因此在发生民事权利冲突的场合,引入利益分析的方法和机制,对冲突的解决无疑是大有裨益的,这一认识对于作为本书研讨对象的排污权问题,同样也应适用。鉴于准物权所体现出的不动产物权属性,为方便我们从客观角度对排污权与其客体所栖生的物质载体上承载权利的冲突作出分析,这里有必要首先明晰有关不动产利益的若干分类。

不动产所有权蕴含的利益,称为不动产利益。依据各种利益自身性质的不同,不动产利益可以划分为不动产的所有利益、资本利益与生存利益。[②]其中所有利益与资本利益因都具有财产利益属性,故又合称为不动产财产利益。此外,依据各种利益相互之间关系的不同,不动产利益还可划分为异种利益和同种利益。所谓"异种利益",又称异性质利益,包括生存利益和财产利益,以及财产利益中的所有利益与资本利益,实务上此种利益间发生的冲突,称为"异种利益"冲突。所谓"同种利益",又称同性质利益,包括前文提到的发生在所有利益相互之间、资本利益相互之间以及生存利益相互之间的利益存续状态。实务上,此种利益间发生的冲突,称为"同种利益"冲

---

① 参见陈华彬:《物权法原理》,国家行政学院出版社1998年版,第302页。
② 同上。

突。① 下面本书就结合上述两种利益划分模式,对关涉排污权与其客体所栖生的物质载体上承载权利的冲突协调机制作出探讨。

1. 具体排污权类型与以异种利益为基础形成的权利发生冲突时的协调机制

当某一具体的排污权类型同与其具有异种利益关系的他项权利发生冲突时,通常体现为如下两种利益冲突模式。其一,为不动产所有利益与不动产资本利益的对立,例如环境容量资源所有权与民用(家庭用)排污权之间的对立关系,当这种冲突局面形成时,现代各国不动产法与理论学说均倾向于优先保护资本利益所栖生的权利②,即所有权所栖生的权利需容忍资本利益的优先实现。据此,当环境容量资源所有权、水资源所有权、土地所有权、森林资源所有权与排污权、水体排污权、水权、土壤排污权、土地使用权、森林资源排污权等权利发生冲突时,应优先确保后列诸项权利实现。因为在此种场合,只有优先保护资本利益,才与现代社会的价值判断相吻合,才与近现代物权法由重视"所有"转向"利用"的价值取向相合拍。当然取得这种优先实现的权利顺位并不是没有条件的,任何可以被证实的具有恶意的权利人或具有违法性的资本利益均应被排斥在上述规则之外。③ 其二,为不动产生存利益与不动产财产利益的对立,例如民用(家庭用)排污权与工业用水权之间的对立关系。当这种冲突局面形成时,现代各国不动产法与理论学说均专注于优先保护生存利益所栖生的权利。因为人类的生存,具有不论何时何地均应受到优先保护的普适价值。④ 据此,民用排污权当优先于除民用取水权、宅基地使用权、森林狩猎权、自用捕鱼权、自用放牧权等同属生存利益的不动产权利之外的其他不动产权利行使。依此类推,笔者认为,

---

① 参见陈华彬:《物权法原理》,国家行政学院出版社1998年版,第302页。
② 同上注书,第303页。
③ 参见刘德宽:《民法诸问题与新展望》,台湾五南出版社公司1995年版,第15页;温丰文:《现代社会与土地所有权理论之发展》,台湾五南出版社公司1984年版,第142—143页;〔日〕铃木禄弥等:《不动产法》,日本有斐阁1973年版,第350—351页;陈华彬:《物权法原理》,国家行政学院出版社1998年版,第303页。
④ 〔日〕铃木禄弥等:《不动产法》,日本有斐阁1973年版,第350页。

可以参照前述依目的性分类确定的有关排污权之间、水权之间的顺位关系来决定其他各种权利在发生冲突时的优先顺位规则。其总的原则便是以生存利益为基础形成的权利优先于以财产利益为基础形成的权利,即在排污权优先顺位体系中居于第一位的权利优先于在水权及其他准物权优先顺位体系中居于第二位及以后顺位的各种权利行使。

2. 具体排污权类型与以同种利益为基础形成的权利发生冲突时的协调机制

当某一具体的排污权类型同与其具有同种利益关系的他项权利发生冲突时,通常也体现为如下两种利益冲突模式。其一,为不动产所有利益之间的对立或不动产资本利益之间的对立,例如,环境容量资源所有权与水资源所有权之间的对立和工业排污权与工业用水权之间的对立。由于我国的自然资源权属制度采行的是公有制的制度模式,而且除部分土地和部分林地归集体所有之外,其他自然资源全部归国家所有,所以在我国准物权领域发生不动产所有利益之间对立的可能性和影响力都明显地减小和降低了。因此我们只需明确不动产资本利益之间的对立,就可以大体解决同种利益关系冲突中第一种冲突模式的协调问题。在此种场合,现代各国不动产法与理论学说多倾向于采用以"当事人意思尊重"或"契约自由"为内核的"合理主义"原则来化解不同利益间的纷争。① 因为民法是以私人间的财产关系和人身关系为规制对象的制度群,其中有关财产关系的规定是建立于自由平等的市民法原理之上的。② 在不涉社会公益且以资本利益为基础的权利发生冲突时,应建立当事人协商、获益者补偿的权利冲突协调机制。在权利人协商失败的情势下,有关机关当依权利生成(登记)时间优先原则予以调处;在权利生成时间相同或均无法确定的场合,遵循权利行使效果效率优先的处断原则加以解决。其二,为不动产生存利益之间的对立,例如民用(家

---

① 参见陈华彬:《物权法原理》,国家行政学院出版社1998年版,第307页;〔日〕铃木禄弥等:《不动产法》,日本有斐阁1973年版,第351页。
② 温丰文:《现代社会与土地所有权理论之发展》,台湾五南图书出版公司1984年版,第143页。

庭用)排污权与民用取水权之间的对立关系。前文在研讨不动产同种财产利益冲突时,笔者曾主张引入效率优先原则作为处断不同利益优先顺位的标准,此处这一标准是否还具有采行的余地呢?答案是否定的,笔者认为在不动产生存利益效力冲突的场合,应优先适用公平原则。其原因在于:一方面各种环境资源要素是维系生命的必备物质基础,在它们之上不仅赋存着财产利益,还赋存着更为重要的生存利益。"每一个社会成员都有其自尊的信念,要求有像样的生活——起码的营养、保健和其他基本生活条件。"①可见,保证生存利益就是保证人的尊严。因此,当两种亦或更多的以生存利益为基础生成的权利发生冲突时,法律首先要做的就是调整处断的原则,使刻意追求效率最大化的价值取向发生朝向公平方向的合理位移。另一方面,效率的增长极限和实现条件都与社会安定有关。如果不公平程度加大,就可能使社会陷于动荡,从而影响经济、社会的发展。可见,维护公平就是维护社会安定,进而为增进效率创造条件。② 所以,以公平原则作为处断生存利益冲突的基准具有充分的理论基础和现实的合理性。析言之,在此种场合,应本于公平的理念对双方当事人的生活状况作综合判断,嗣后再予调整。在实务上,应先确定倘若其权利不能实现何者的生存利益遭到破坏更为严重,甚至于今后亦无法恢复,然后根据此种判断作出利益损害更为严重的一方当事人可以优先实现其权利的决定。此外,我们认为处断此种利益冲突须兼顾作为各种权利客体的环境要素的物理属性。例如洁净的水体既可成为水权的客体也可成为排污权行使的对象,倘此时准予非消耗性质的水权优先行使则该水体于水权行使完毕后仍可以满足排污权的实现。但如若先准予排污权行使,则该水体于排污权行使完毕后恐难以再满足以生存利益为基础生成的水权。鉴此,我们认为在兼顾各方合理关切的前提下,除在排污权不行使将导致权利人发生重大生存危机或不利益的情势之外,相同优先顺位的以生存利益为基础生成的排污权应劣后于以生存利益为基础

---

① 〔美〕阿瑟·奥肯:《平等与效率》,王奔洲等译,华夏出版社1997年版,第17页。
② 参见裴丽萍:《水资源市场配置法律制度研究》,载韩德培主编:《环境资源法论丛》(第1卷),法律出版社2001年版,第138页。

生成的其他准物权行使,例如民用排污权应劣后于民用取水权、森林狩猎权、自用捕鱼权、自用养殖权、自用放牧权等权利行使。

专栏5.3 罗马法物权冲突状况及解决

1. 用益物权诸权利的冲突与协调

在所有权与用益物权诸权利的效力关系上,所有权可以在不影响原设定的地役权的情况下设定新的地役权,如在已有的通行地役的土地上再设定汲水地役权。这些役权可并存于同一土地上。但是,役权人不能在自己的役权上再设定新的役权,其理由是役权只能为特定土地和特定人的需要而设定,它与特定的土地和人不能分离。所有权人在设定地上权和永租权后,不得再设定除担保物权外的其他物上负担。因为所有权人在将土地设定地上权和永租权后,其所有权的绝大部分权能已与其分离,此时的所有权表现为一种"空虚所有权",它的大部权能已交由地上权人或永租权人行使。

在用益物权诸权利相互间,由于地上权或永租权人的权利大于役权权利,故地上权人或永租权人都可以在其权利之上设立役权。因地上权人和永租权人的地位在此时等同于所有权人的地位,依据役权限制所有权权利的法理,地上权人和永租权人同样应受设立于其上的役权的限制,当它们的权利与役权发生冲突时,役权优先。

罗马法上永租权与地上权能否共存于同一土地之上,目前未见学界研究成果,依照罗马物权法理,两权利均是直接从所有人处取得,且权利内容大致重合,故应视为是内容不相容的两种物权,不能由所有权在同一土地上同时设定。

2. 役权诸权利的冲突与协调

罗马法的一大特色是法典中有相当多的规范调整物权冲突,而这些规范又大多集中于用益权部分。可见用益权部分在罗马法中实为权利冲突的一个焦点。用益权属于人役权,它的权利效力与权利冲突首先体现为与所有权人设定的地役权之间的冲突,更准确地讲,体现为土地所有权在设定用益权后再设定的其他役权之间的冲突。由于用益权的主要权能是使用和收益,故它与役权的权利内容极易产生冲突,罗马法上对此专拟法条进行调整,规定"即使是经用益权人同意,所有权人也不能在负有用益权的土地上设定役权",但对原已存在于土地上的役权负担,所有权人"也不能使之丧失",即在同一土地上,会出现先设定的役权与后设定的用益权共存。为了避免用益权与役权的相互冲突,罗马法许可用益权用诉讼的方式来保有自己的权利,"用益权人虽不可请求返还该役权,但可用请求追还的(诉讼)方式使(自己的)用益权有效,而原役权人必须忍受用益权人行使他自己的权利"。另一方面,罗马法认为当原所有人通过遗赠的方式而授予用益权的,遗赠的内容中应必然默认地包含一些附加的权利(役权),如灯光照明、道路通行、用水等。如果遗赠协议中没有包括通行许可等条款的内容,则该遗赠协议应属无效。另外,用益权人还可以提起遗赠诉讼,以获得其附带的一些役权。

如同一物之上会存在共有状态一样,用益权也能为多人共有,同样,多人在共同享用一物的情况下存在权利冲突的可能。由于"役权是不可分的",罗马法上解决此冲突的途径是允许共有人提起准共有物分割之诉,或通过要式口约对各自行使用益权的方式给出保证。当所有物分割之诉涉及到共有的用益权的分割时,法官可用下述方式行使其职权;或让共有用益权人享受财产的不同部分用益权;或将它出租给共有人享受财产的不同部分的用益权;或将它出租给共有人中的某一个人或第三人,因此每一方皆可从对方或第三人处取得他的那部分收益而不致发生争议。

用益权与同为人役权权利的使用权之间的冲突与解决也是罗马法调整的一个重点。在处理这两者之间的效力关系时,罗马法借用了另外一个概念——利用权。它将用益权的权利内容看成近似于利用权。更准确地讲,是看成使用权与利用权的权利之和。它认为在对物的利用中包含着使用,但在使用中却不包含利用。没有使用就没有利用,而没有利用却照样存在使用。所以,在罗马法上,如果给某人遗赠的利用权保留了使用权,则这种遗赠是无效的;如果在一项用益权遗赠的情况下利用权在遗赠中撤销,则整个遗赠将被视为撤销。由此分析,在使用权人对物使用过程中与物之用益权人发生权利冲突时,则"使用权的效力远远小于用益权"。使用权人不能干涉用益权人对物之享用。为了明确使用权相对于用益权人的权利范围,罗马法规定:"他(使用权人)既不能给该地产所有权人造成负担,亦不能阻碍在此块土地上有农活的人,他不可将其享有的权利出卖、出租或无偿地转让。"使用权人可以阻止所有权人踏上该土地,但却不能阻止承租人和为了经营农地的目的而在那里(劳动)的奴隶(进入土地)。

用益权人与使用权人的权利冲突还体现在对原土地所有人订立的土地租约的处理上,罗马法认为应由现在的土地用益权人收取租金。因为罗马法上规定土地用益权人有权取得土地上出产或取得的一切东西,已出租的土地的租金被当作孳息也包括在内。如果租金被排除在孳息之外而不属于用益人所有,用益权人就可以拒绝土地承租人"使用土地"。这实际上体现了罗马法对不动产物权的优位保护,即物权效力优先于债权。

3. 担保物权与用益物权诸权利的冲突与协调

罗马法上涉及担保物权权利的冲突主要集中在质权和抵押权这两种形式上。由于担保物权系对所有权和交换价值的作用,故其与所有权及用益物权皆能共存于一物之上。从所有权角度看,所有权的设立于其上的担保物权的效力冲突依不动产和动产而有区别。在不动产的情况下,担保物权未行使之前,所有权仍享有广泛的权利。如对不动产设定役权、地上权、永租权、再设定新的抵押权,甚或出让抵押物,条件是不损害债权人的利益。如以动产为担保的,则非得债权人同意不得出让担保物,否则与盗窃同罪。因为动产一经转让,债权人即有不能追及担保物而行使担保权的可能。

担保物权与用益物权的效力协调则依用益物权的种类不同而有区别。役权中的田野地役因为不能与需役地相分离,如果是先于担保物权设立,则不能成为担保物权的标的。若是将要设立的田野地役,则可以设立担保物权。都市地役无论成立与否,均不能成为担保物权的标的,因其只对少数人或个别需役地有利,没有商品价值。用益权、地上权、永佃权则不论已设定或将要设定,均可以作为担保物权的标的。以用益权为标的而设定的担保物权,债权人在实现权利时只能取得用益权权利本身,而不能取得用益权的标的物。即债权人只能在用益权人的权利期间内享有对用益物行使收益使用的权利。以地上权和永租权为标的的担保物权,由于其标的永久性和可转让性,担保权人对担保标的物享有追及权和出卖标的物并就其价金优先受偿的权利,但在实现权利时须尊重第三人的权利,债权人出卖永租权时应事先通知所有人,如所有人不愿购买时,则债权人应付给所有权人出卖永租权所得价金2%的手续费。

在同一物上同时存在质权与抵押权时,由于质权与抵押权属同一性质,故应受同一原则的支配,依"在同等条件下,占有人的地位优于对方"的原则,质权优于抵押权。在同一标的物上设定有多个抵押权的,则各抵押权人权利的优劣,原则上按抵押权设定的先后顺序为准。设定在先的抵押权优先设定在后的而受偿,即"期先者其权优。"由于罗马法上以日为计算日期的最小单位(日以内不再分),故在一物之上的抵押权常会出现一日之内先后设定的情况,这种情况下罗马法规定不论抵押权设立的先后,均按同等顺序对待,按"占有者其权优"的原则,占有抵押物的占有人享有优先受偿的权利,除非其他抵押权人能证明其权利优于占有抵押物者。在同一顺序的抵押权存在的情况下,罗马法还细分了抵押权是依同一法律行为设立的还是依不同法律行为设立两种情况。依同一法律行为设立的,所担保的债权就抵押物权取得同一顺序的共同抵押权,其抵押权的多少即以各债权的大小为比例。如由不同法律行为设立的,各债权人就抵押物的全部取得同顺序的独立抵押权,则占有担保物的债权人可以享有优先权。罗马法认可在担保物权上还能设定担保物权,在这种情况下,则再担保物权的债权人对于担保物享有优先受偿权。但再担保权人仅能在其债务人和自己的债权范围内对担保物行使其权利。

资料来源: 本专栏引自陈洪:《罗马法物权冲突及其解决机制探析》,载《法律科学》2001年第4期,第42—44页。

三、与其他权利之间的冲突和协调

(一) 冲突产生的原因分析

排污权在行使的过程中,除了会与他种排污权以及环境容量载体所承载的他项权属发生冲突之外,还有可能在更广泛的范围内与其他权利发生冲突,考察此种冲突发生的原因,我们可以将其归结为以下两点:

首先,人类活动的载体具有多元化的特点,除环境容量载体之外,还有其他物质形态的载体存在(如前文尚未提及的阳光、潮汐等)。在与人类活动相关的其他物质载体之上,已经或者将要确立一些具有财产权内容的权利。这些权利在行使过程中,基于其所具有的财产权属性及其与人类活动的关联性,便不可避免地会与排污权发生碰撞甚至严重冲突。

其次,在基于人类社会活动而形成的民事权利体系中,除了以追求物质生活的满足而形成的具有财产权属性的权利之外[①],还存在着以追求精神生活的富足而形成的权利及以人类的生命、健康为内容的人身权利。这些权利的存在成为产生新的利益冲突的又一诱因。基于上述两种途径产生的权利冲突在现实生活中十分普遍,而且随着环境问题的日益严峻,大有提速之势,因此及时而准确地评价上述冲突的性质并提出合理的协调原则便显得尤为必要。

(二) 协调冲突的制度契合点

就本质而言,绝大多数冲突的出现都源于权利界分的不合理或权利界域的不清晰。正是由于这种权利存续状态的不稳定,带来了不同权利内部结构或权能的交叉与重叠。因此要想解决不同权利间的冲突,最有效的方式就是能够寻找到疏解权能交叉与重叠的制度契合点。在排污权与其他权

[①] 前文研讨的两大类权利冲突均发生在排污权与具有财产权属性的权利之间。

利的冲突关系中,笔者认为这样的制度契合点主要有两个,一为权利人在持有合法排污根据(排污权)的情况下,基于其排污行为给他人造成的损害应否赔偿;二为排污权在行使过程中,遭受或可能遭受损害之时应否救济,现分述如下:

1. 合法排污行为给他人造成损害的赔偿问题

对于排污行为人在持有合法排污根据(排污权)的情况下,基于排污行为给他人造成的损害应否赔偿的问题,各国学者已有所关注,其中以日本、德国和英美法国家的学说较为完整并具代表性。

日本衡平排污权人与其他权利人之间的利益关系,创造了一种被称之为"忍受限度论"的环境民事责任构成理论。① 该理论主张,公众必须忍受某种环境损害,如果此种损害超过了忍受限度,则受害公众可以据此采取法律举措。这项新理论得到了日本法院的支持,其在"都营地铁工程噪声"一案的判词中指出:"即使产生噪声原因的行为本身没有错误,甚至是一种对社会有益的行为,但如果超过了人们社会生活可以容忍的限度,则构成不法行为,由此造成的损害,应当由行为的实施者负赔偿责任。"法院还以此案为据,为忍受限度理论的适用确立了如下几项原则:一是行为人遵守排污标准,只限于不受行政法上的制裁,而不能成为民法上的免责事由;二是污染环境行为的公共性和利益性不能成为免责理由;三是具有相当完善的消除污染的设备或设施也不能成为民法上的免责理由。正如加藤一郎先生在阐释环境民事责任时所指出的那样,"公法上的规制,只是最低限度的规制,(排污行为人)由于遵守了该项规制的要求,就全部免责是不当的。反过来,倒是可以认为,由于公法上的规制是最低限度的基准,因此如有对其的违反,则原则上应认定其行为的违法性。"② 当前,该理论在日本已经被用于对

---

① 〔日〕阿部泰隆、淡路刚久:《环境法》(日文版),日本有斐阁1995年版,第53—67页。
② 参见〔日〕加藤一郎:《公害法的生成与展开》(日文版),日本岩波书店1970年版,第35—36页。

过失的判断。① 无论是传统民法中的可预见性理论,还是防止义务违反学说都在不同程度上出现了吸收忍受限度论的合理因素的倾向。② 该理论的应用和发展还在一定程度上促进了日本大气和水质污染案件归责原则的客观化。依据修改后的大气污染和水污染法,污染者即使没有过错也应对其所造成的损害承担民事责任。③ 当然为衡平双方当事人的利益得失,这种基于无过错责任原则而产生的赔偿责任仅适用于人体健康遭受损害的场合,在其他场合损害赔偿责任仍适用过错归责原则。由此可见,日本法对上述赔偿问题采用的是一种有条件的赔偿主义。④

德国有关环境责任的立法与日本有所不同,在概念上,它将环境侵权行为作了一般环境侵权、水污染侵权和固体废弃物侵权的划分。⑤ 对前者适用过错责任的归责原则,而对后两者则采用无过错责任来加以归责。基于归责原则的不同,上述三种侵权行为所产生的法律后果必然大相径庭。对于一般环境侵权行为而言,在归责的过程中要考虑到行为人的主观要素,因此当行为人所实施的某种行为拥有合法性或正当授权基础时,一般也会产生类似日本法中"忍受限度论"的施用效果,即在公认的忍受限度之内,排除行为人的损害赔偿责任。而对于水污染侵权和固体废弃物侵权,由于适用无过错责任原则来解决归责问题,因此往往给人以一种近似绝对责任的感觉,在此仅以水污染侵权为例加以说明。

在德国,因水污染所引发的损害,性质上属于特殊侵权行为类型中的

---

① 参见〔日〕淡路刚久:《公害赔偿的理论(增补版)》(日文版),日本有斐阁1978年版,第111—112、262页。

② 〔日〕阿部泰隆、淡路刚久:《环境法》(日文版),日本有斐阁1995年版,第53、64、67页。

③ 参见〔日〕加藤一郎:《公害法的生成与展开》,日本岩波书店1970年版,第35页。转引自蔡守秋:《论环境民事责任体制》,载韩德培主编:《环境资源法论丛》(第1卷),第58—59页;〔日〕牛山积:《现代的公害法》(日文版),日本劲草书房1976年版,第80—90页;邱聪智:《公害法原理》,台湾三民书局1984年版,第187—188页。

④ 〔日〕几代通:《不法行为法》(日文版),德本伸一补订,日本有斐阁1993年版,第83页;〔日〕前田达明:《民法·不法行为法·Ⅵ₂》(日文版),日本青林书院新社1980年版,第272页。

⑤ "一般环境侵权"的原文为"immission",这里采用的是王明远博士在其所著《环境侵权救济法律制度》一书中的译法,详情可参见王明远:《环境侵权救济法律制度》,中国法制出版社2001年版,第205—206页。

"危险责任"。依据德国《水利法》第 22 条第 1 款关于"向水体(包括河流、湖泊、沿海及地下水)投放或导入物质,或者变更水体原来的物理、化学或生物性质,致损害于他人者,就其所生损害负赔偿责任"的规定和第 2 款关于"因制造、加工、贮藏、堆积、运送或毁弃物品,从其设备向水体投放物品,致生损害于他人者,设备营运人,就所生损害负赔偿责任"的规定可以看出,在水污染致损的场合,排污权人需向受害人承担无过错责任,其法律地位是较为被动。[①] 为顾及排污权人的合法利益,法律又对受害人的损害赔偿请求权给予了必要的限制。在德国,向水体排污须经过事前许可或承认,因此,经过许可或承认的水体利用行为,在法律上具有既得权,非经撤销许可或承认,受害人不得请求排除造成水污染侵权的原因行为,而仅得请求金钱赔偿,即仅有代替"排除侵害"的"损害赔偿请求权";而未经许可、承认的水体利用行为,或者被撤销许可、承认的水体利用行为,则受害人依据《民法典》第 1004 条和《民法典》第 709 条的规定,享有对现实妨害的除去请求权和对将来妨害的防止请求权,得请求除去或防止造成水污染侵权的原因行为。[②] 由此可见,德国法对前述的赔偿问题采用的是有限度(赔偿请求权所及的范围)的赔偿主义。

英美法国家对这一问题也有所关注,并形成了较具特色的救济机制。在英国法中,对于依据成文法的授权而为某种行为的行为人的处断原则是"即使该行为对他人造成损害,也不构成侵权"[③]。美国法基本上遵从了该原则,但在构成妨害的情形,则对其有相当的限制和修正。该国学说认为依据法律授权而加损害于财产所有权人时,如果损害轻微,固为合法,但对于重大之妨害,却不能免责。因此基于成文法的授权行为,特别是关于工业或营业的授权行为,原则上须与普通法上权利的行使相调和时,始为合法。[④]

---

① 陈国义:《民法因果关系之理论、概念及举证责任在德国环境损害赔偿事件的适用以及转变》,载《法学丛刊》第 160 期,第 66—67 页。
② 参见王明远:《环境侵权救济法律制度》,中国法制出版社 2001 年版,第 208—209 页。
③ 可见英国法对适法行为引发的损害赔偿限制较高。
④ 参见曾隆兴:《公害纠纷与民事救济》,台湾三民书局 1995 年版,第 302—303 页。

这种规定再次印证了英美法系国家成文法和普通法既相互渗透又相互制约的法制运行模式。因为对于普通法而言,诸如妨害诉讼、污染源经由立法或行政机关批准以及遵从政府颁布的法令、法规等法律事实都无法成为具有法律效力的免责或抗辩事由。① 此外,尽管行为人通过合同取得的污染空气或水体的权利,可以成为对合同另一方当事人(即许可其财产被行为人污染者)的抗辩事由,但某些免除行为人污染责任的合同条款在自动放弃权利方面走得太远,因违反政府的合同政策或环境利益而被法院宣告无效。② 为充分顾及公众对环境利益的关切,英美法系国家还在与环境利益相关的交易行为中引入了为第三人利益之公益合同制度。③ 申言之,就是通过立法规定赋予公众以第三人的法律地位。合同的双方当事人在关涉环境公益的合同的签订、履行、变更和解除的过程中,都负有保护环境的法定义务,任何一方违反法定义务,侵害了公众的环境利益,公众即可以第三人的身份,以自己的名义,要求确认合同无效或者请求变更、解除合同,并有权在造成损害的情况下,向一方或者双方当事人主张损害赔偿。④ 由此可见,就总体而言,英美法国家对前述的赔偿问题采取的是禁止赔偿原则下的个案变通赔偿主义。

由上文对三种不同立法主义的评价中,我们可以看出,依据对"合法排污行为给他人造成损害的赔偿问题"的不同态度和价值认知,上述几个国家分别采取了宽严各异的立法模式。以对损害赔偿支持力度的强弱划线,德国有限度的赔偿主义立法例和日本有条件的赔偿主义立法例均倾向于支持赔偿,而英美法的个案变通赔偿主义立法例则倾向于限制赔偿。事实上,笔

---

① "威尔逊维尔村诉美国造船商理事会维修公司案"(Village of Wilsonville V. S C A Services, Inc.)便是上述原则得以确立的最具说服力的证明。参见王明远:《环境侵权救济法律制度》,中国法制出版社 2001 年版,第 255—256 页。

② See J, Gordon Arbuckle, et, al, *Environmental Law Handbook*, 8th ed., Government Institutes, Inc. Rockville, MD, 1985, p. 16, pp. 40—41; Gerry Bate, *Environmental Law in Australia*, 3nd ed., London: Butterworths,1992, pp. 42—43.

③ 所谓公益合同,指一方当事人为政府机关,另一方当事人为普遍民事主体。由于这种合同的公益性,故国家基于政策的考虑对可能在这类合同中出现的第三方受益人(多为不特定公众)的权利予以肯认。参见傅静坤:《20 世纪契约法》,法律出版社 1997 年版,第 166 页。

④ 裴丽萍:《水资源市场配置法律制度研究》,载韩德培主编:《环境资源法论丛》(第1卷),法律出版社 2001 年版,第 151—152 页。

者认为在对待"合法排污行为给他人造成损害的赔偿问题"上,仅会有态度的差异而不会有正误的区分。因为,这一问题在本质上乃是一个价值判断而非事实判断。因此各国立法者制定立法政策的出发点便是如何保护或衡平为其所看重的法律价值或利益。对于倾向于支持赔偿的立法者而言,公众的环境利益甚至人身权益是第一位的,因此即使排污行为拥有合法的权源也必须服从于上位价值的需求与实现;而对于倾向于限制赔偿的立法者而言,维护政府或公权力机关颁布法令或授权的效力并藉此维护有序的法律秩序更为重要,因此排污行为一经合法化,其效力便应得到尊重。考虑到我国环境问题的严峻局面并念及社会经济发展对排污行为的需求,我认为借鉴具有折中性质的日本立法模式来完善我国在前述赔偿问题上的立法较具可采性和现实基础。唯一需进一步协调的是对我国环境特殊侵权行为的范围应作出更为明确的界定,在部分非涉及人体健康受损的场合引入忍受限度论,作为评断损害赔偿请求权是否生成的根据。

应当说,在环境侵权的场合引入"忍受限度论"对于减小环保司法实践的难度,提升司法裁量的效益都具有明显的正面效果。由排污行为自身所具有的复杂性特质我们知道,在排污权行使的过程中,经常会发生民事责任聚合的现象。① 这种现象的出现一方面加大了司法活动本身的难度,另一方面也为当事人各方平添了不小的诉讼风险和成本。"忍受限度论"的引入,使用"损害赔偿"等替代履行方式置换其他民事责任形式的设想得以机制化和常态化,这在客观上就起到了延缓或阻却以追求物理意义上的恢复原状为目的的诸如"停止侵害"和"排除妨碍"等民事责任形式被过多适用的作用。其效果自然是使各诉讼主体的活动均实现了化繁为简,这在法经济学上的积极意义是不言而喻的,因而值得采行。

---

① 民事责任聚合(anspruchaiifung)实质上是民事责任形式的并合,是指行为人由于实施了某种违反民事义务的行为,将依法承担多种形式的民事责任,受害人亦将实现多项请求权的法律现象。学者们通常认为我国《民法通则》第 134 条第 2 款是我国承认民事责任聚合现象的法律根据。参见王利明、杨立新编著:《侵权行为法》,法律出版社 1996 年版,第 113 页;张新宝:《中国侵权行为法》,中国社会科学出版社 1998 年版,第 200 页;马俊驹、余延满:《民法原论》(下),法律出版社 1998 年版,第 1074 页。

2. 排污权在行使过程中,遭受或有遭受损害之虞时的救济问题

前文我们探讨了合法排污行为给他人造成损害的赔偿问题,由最终确立的调处规则可以看出,在处理上述问题时我们的思维基础在于通过确认排污权人排污致损的赔偿责任来对排污行为的受害人提供救济。应该说,如果前述设计的救济制度能够得以贯彻,那么受害人的利益基本可以得到回复或弥补。但我们也应该认识到,这仅仅是基于排污权的确立可能产生的权利冲突的一个方面,而这一问题的另一方面,即排污权在行使过程中,遭受或可能遭受损害时的救济问题尚未有合理的处断标准。为衡平排污权人的利益,维护社会生活和生产活动的正当排污需求,在此我们有必要对后一方面的问题展开探讨。

由前文对排污权的描述中我们知道,排污权基本具备用益物权的一般属性,因此法律为一般用益物权提供的救济方式大体可以适用于对排污权的保护。但排污权毕竟属于一种准物权,特别是其所具有的特定性较弱的特点,又使得对其提供的救济方式不能完全等同于一般的用益物权。对一般用益物权的侵害,通常要求有损害后果,且致损行为与损害后果通常要紧密相连,即或是造成标的物毁损灭失,或是造成用益权行使受阻。按照这一要求,在通常情况下,可能对权利正常行使造成"威胁"或"危险"的行为并不包括在"致损行为"中。因此当所谓的"威胁"或"危险"已经出现但未达到足以现实地损害权利人权利行使之虞时,"侵权行为"无从产生,用益权人不得向潜在的侵权人主张侵权民事责任。只有当此种"威胁"或"危险"的情势发展或恶化到满足"消除危险"这一责任方式的要件时,危险才被确认为侵权行为。可见,"危险"大多数不构成对一般用益物权的侵权行为。[①]与此不同,在侵害排污权的场合,侵权行为的实施与损害后果之间通常要存在一个时间差,对某些特殊排污权而言,这种时间差甚至还会很长,如对水体排污权或大气排污权的侵害。待此类排污权遭受到现实的损害之后,再由权利人向侵权人主张停止侵害、排除妨碍、消除危险或赔偿损失时,最佳

[①] 崔建远:《水权与民法理论及物权法典的制定》,载《法学研究》2002年第3期,第41页。

的权利救济时机早已错过,且缘于排污权的特性,已经造成的损害也无法实现更具生态意义的逆转。但如果法律能够直接授权或创设一种救济机制,允许排污权人在危险初现时即可向侵权人主张前述的各种侵权民事责任救济方式,那么局面定会因为权利人的主动参与而获较大改观。① 据此,我们认为,应将"危险"这种排污权遭受侵害的较为常见的形态列入对排污权进行救济的法律机制之中,并确立以其为基础的"危险责任原则",作为排污权人主动寻求救济的法理根据。

此外,为尊重公权力机关对排污权予以许可或承认的效力,以及兼顾社会生产、生活的正当排污需求,我们认为应借鉴德国关于排污权效力的规定,对于经过许可或承认的排污行为,承认其权利人在法律上所应具有的既得权,非经依法撤销其权源,排污行为受害人不得请求排除造成环境污染的原因行为(排污行为),而仅得在超过忍受限度标准之后请求损害赔偿。②

四、本章小结

本章是本书主体部分中的重要一章,在全文中居于承静启动的显殊地位。撰写本章的目的在于在初步厘定了排污权的内涵及其初始化配置路径之后,对制约排污权实现的法律内生环境作进一步的研讨。为达至这一目的,本章对制约排污权效力实现的分属三个不同层次的权利冲突进行了法律分析,并提出了以类型化考察为基础的协调规则。通过本章的描述和深化,排污权在静态条件下的大体权利轮廓和运行、保障机制得到了初步的明确,排污权与相关权利间的冲突与协调规则也得以抽象完成。这就为进一步探讨排污权在动态条件下的诸多法律问题奠定了基础,为构建既适应我国国情又可与国际要求接轨的排污权交易制度作了充分的理论准备。

---

① 崔建远:《水权与民法理论及物权法典的制定》,载《法学研究》2002年第3期,第41页。
② 王明远:《环境侵权救济法律制度》,中国法制出版社2001年版,第209页。

第六章　排污权的交易

在前面的论述中,我们分别对排污权的内涵及其行使规则作出了探讨。这使我们在宏观上对排污权及其制度体系有了较为清晰的了解,可以说经过上文的诠释,一个处于静止状态的新型权利已经呈现在了我们的面前。但这并不是我们理想的全部,因为我们确立排污权这一准物权类型的最终目的是要以其为制度载体,实现环境容量资源的市场化配置。这就要求已经型构完成的排污权必须由静止走向运动,由法制走进现实生活。据此,本书将在接下来的章节中对排污权的交易问题展开研讨,以期真正实现创设排污权的初衷。

一、排污权交易的层级分析

排污权由静态走向动态的过程是繁琐和复杂的,通常它将受到诸如地域、交易主体、交易内容等多种因素的影响和制约,这就使一个典型的排污权交易过程具有了层次性。因此,要使排污权交易顺畅进行,首先要作的就是依交易规律对其动态的层次性作出描述。

依据排污权交易在地域和性质上的不同,我们认为可以对其层级作出两种划分。

(一) 依交易所涉地域的不同存在国际、国内两个市场

从前文有关环境容量特征的分析中,我们知道作为一种自然资源,环境容量具有整体性和地区差异性。基于环境容量所具有的整体性,我们可以将地球生境作一体化的把握,这使得大气运动和水体循环等自然过程成为了在世界范围内构建统一的排污权交易市场的物质基础;同时基于环境容量所具有的地区差异性,我们又看到了在不同区域之间在观念上实现环境容量资源市场化配置的潜力和可能性,这又使得不同区域劳动生产率的差距和经济活动耗费环境成本的差异成为了在世界范围内构建统一的排污权交易市场的现实动因。

1997年在《联合国气候变化框架公约京都议定书》创设环境容量交易抵偿机制不久,哥斯达黎加政府便在美国芝加哥商品交易所首次抛出了减少温室气体证券,这使其成为了排污权全球交易市场的第一个掘金人。[①] 同时这一事实也向我们表明,一个规范、有序并交投活跃的国际统一排污权交易市场正在快速形成。

与国际排污权交易市场相对应的是国内排污权交易市场。它是以主权国家所辖的地域为界构建的排污权交易市场。目前,这种层级的市场在世界各国并不鲜见。美国早在20世纪70年代末,就已构建了这种市场[②],并在90年代中后期进一步规范了各项市场法规和交易规则。[③] 我国虽然尚未形成全国性的排污权交易市场,但在个别地区,如上海、浙江、江西、广东和香港等地,也已出现排污权交易的典型案例。可以预见,在不远的将来,我

---

① 参见《环境资源价值几何》,载《参考消息》1998年5月3日,科技版。
② See Tietenberg. T. H, "The Emission Trading: Instruments for Environmental Regulation", *Oxford Review of Economic Policy*, Vol.6, 1991, pp.35—41.
③ See Luken and Fraas, "The US Regulatory Analysis Framework: A Review", *Oxford Review of Economic Policy*, Vol.9-4, 1993, pp.96—106.

国的国内排污权交易市场将会很快形成。

（二）依交易性质的不同存在一级市场、二级市场两个层次

比照证券发行的相关称谓,我们在对排污权交易进行划分时,也引入了一级市场和二级市场的概念。① 这里所谓的一级市场,更准确地讲应称为排污权初始分配市场。它包括国家行政主管机关对依据排污权的各项取得原则已获得不完全排污权的各权利主体予以承认的环节和对无排污权的申请人依据法律规定核准其申请,授予其排污权的授权环节。从性质上说,这两个环节是彼此独立的,相互不存在前置关系,且都具有独立生成排污权的功能。经过上述两个环节,一方面使原本处于不完全权利状态的部分依私法途径取得的准排污权成为完全性的可以处分的权利;另一方面,也使国家将其所拥有的部分环境容量资源所有权转化成为了申请人所拥有的环境容量使用权(排污权)。这就为这两种产生基础存在差异而具体内容又完全相同的权利进入流通领域铺平了道路。因此,可以说所谓的一级市场并非真正的权利交易市场,而是权利生成或被确认的初始分配市场。

与一级市场相对应的是二级市场。与前者不同,二级市场是一个真正的权利交易市场。在这个市场中,各市场主体都处于平等的法律地位,而他们参与市场活动的目的,则是出售或购买作为交易标的的排污权。② 应该说,我们所探讨的排污权交易主要就发生在这个层次的市场,因而对该市场交易制度和规则的分析将成为本书论述的重点。

---

① 在我国采用此种划分方式的学者还有吕忠梅教授。参见吕忠梅：《论环境使用权交易制度》,载《政法论坛》2000 年第 4 期,第 134 页。

② See Hahn, R. W, "Market Power and Transferable Property Rights", *Quarterly Journal of Economics*, Vol. 99, 1984, pp. 753—760.

专栏 6.1　期货理论与期货交易[①]

期货交易是在现货交易的基础上发展起来的、通过在期货交易所买卖标准化的期货合约而进行的一种有组织的交易方式。期货交易市场中,大部分交易者买卖的期货合约在到期前,又以对冲的形式了结。也就是说买进期货合约的人,在合约到期前又可以将期货合约卖掉;卖出期货合约的人,在合约到期前又可以买进期货合约来平仓。先买后卖或先卖后买都是允许的。一般来说,期货交易中进行实物交割的只是很少量的一部分。期货交易的对象并不是商品(标的物)的实体,而是商品的标准化合约。期货交易的目的是为了转移价格风险或获取风险利润。

狭义的期货市场指的是进行期货交易的场所,即期货交易所。广义的期货市场则是构成期货交易的全部因素,包括期货交易所、期货交易所的会员(期货自营会员和期货经纪公司会员)、结算机构、期货交易者。

期货合约是标准化的远期合约,指的是在将来某日或某几日,在某一确定地点,按某一协定价格,交割某一确定数量和质量商品的具有法律约束力的协议。期货合约的主要内容有交易品种名称、合约期限、商品规格、交易单位、交易所名称、交割方式、交割地点、交易保证金率、涨跌幅限制、最后交易日期等。目前市面上主要存在的期货合约按交易对象的不同主要可以分为以下几种类型:

1. 农产品期货。这种类型的期货合约是历史最为悠久的一种期货合约,其历史可以追溯到 1848 年 CBOT(Chicago Board of Trade)成立之初,其交易标的为拥有广大现货市场的农业产品,如小麦、玉米、大豆等,这类合约

[①] 排污权交易包括现货交易与期货交易两类。其中现货交易可以直接适用买卖合同的大部分规定,而期货合同则需要将与排污权的特性结合起来。目前欧盟各成员国根据《联合国气候变化框架公约》及其《京都议定书》关于开展清洁发展机制项目的规定已经在欧盟内部建立了旨在交易远期"经确认的温室气体减排量"(CERs)的期货交易市场和交易品种。美国芝加哥商品交易所也建立了旨在提供远期排污权交易的期货产品。为此,我们辑录了部分期货交易的原理作为熟悉和理解本章的补充。

通常保证金率较低且采用现货交割的方式。长期以来随着交易方式的不断开拓以及交易规则的不断完善,它已经成为转移农产品价格风险的重要工具,其产生的价格也成为判断农产品价格走势的重要依据,在目前仍然是最主要的期货交易品种之一。

2. 能源期货。这种类型的期货合约主要交易对象是石油、天然气等能源产品,同农产品期货类似,也广泛采用现货交割的方式。国内外长期实践表明在全球能源日趋紧张的形势下,通过能源期货交易能够实现有效价格的发现,间接促使能源优化配置到高经济社会效益的部门。此外该类型合约也成为全球资本有效的投资套利以及避险的工具,投资者通常可以在能源期货合约和美圆之间构筑相应的头寸以达到规避美圆汇率风险的目的。

3. 金融期货。这类期货合约是现今交易量最大的一种期货合约,由CME(Chicago Merchantile Exchage)下属的国际货币市场于1972年首创,该交易品种主要交易虚拟的汇率、利率、股票指数等金融产品,并首开了现金交割的先河,具有市场流动性大、交易方式灵活、交易品种广泛等众多的优点,一经推出交易长久不衰,成为市场投资组合的重要组成工具,也是专业投资人士首选的交易品种之一。该类合约依据交易品种的不同还可以细分为利率期货、汇率期货、股票指数期货等类型。金融期货所开创的现金交割方式,在期货交易史上是一个划时代的创举,投资者不再因为交割方式的限制而不能通过构建合约的方式转移金融市场价格风险,更为重要的是这种交割方式可以衍生到其他市场,只要编制出有代表性的价格指数,市场参与者皆可构建相应的合约最后以现金交割的方式获取承担风险的补偿,势必激发保值者、套利者乃至于投机者的大量加入。标准的指数化交易使许多不可实物交割商品形成大规模市场成为可能。

资料来源:本专栏引自李峰:《期货理论与我国水权交易》,载《江西金融职工大学学报》2006年第1期,第26页。

二、建构我国排污权交易市场的法律分析

由前文的分析我们知道,排污权交易依地域和性质的不同会存在不同的层级划分。对于我国而言,要想引入这一制度来解决日益严重的环境问题,当务之急是发展国内市场中的二级市场。为便于对这一命题的分析,这里我们首先对在此领域发展最为成熟的美国的排污权交易现状予以介绍和评析①,以期获得些许有益的启示。

(一) 美国排污权交易的现状与启示

美国现行的排污权交易制度是以美国国家环保局(EPA)于1986年12月颁布的《排污交易政策总结报告书》和1990年颁布的《清洁空气法(修正案)》为法律基础的,大致包括了四项政策措施,分别是补偿政策、泡泡政策、净得政策以及排污贮存银行政策。

---

① 前文我们已经介绍过,同属发达国家的日本、法国、德国以及俄罗斯的环保立法也很有特色,但总体而言,这些国家在控制环境污染方面主要采用的仍是行政主导的法制模式。在这些国家,各种排污行为同样要申请许可证,但由于许可证的法源来自于公法,所以法律禁止许可证转让。值得一提的是,近年随着绿党加入执政联盟,德国在污染控制方面的立法思路有所调整。它率先提出建构"循环经济"的设想,谋求以对环境亲善的方式利用自然资源与环境要素,力求实现经济活动环境损害的低成本化。为此,德国近来也在探索将各类涉及环保的许可证进行转让的可行性。如其在《水资源管理法》(Wasserhaushaltsgesetz:WHG)第二章"批准程序及权限"中的第6条便规定许可证发放时未附其他条件的,可以转让。但为与既有法制相协调,其又在同条但书中规定许可证的转让需同相关设施或其所依附的权属一并进行,而不得单独为之,且上述行为不得取代自1981年既已确立的污染者额外税收(Abwasserabgabe)赋予行为人的纳税义务。由此可见,德国环保许可证的转让尝试还处在初期阶段,且尚未摆脱行政主导的传统控制模式。因此,尽管其有些做法体现了"循环经济"社会的现实需求,但对我国的借鉴意义尚待观察。所以,我们更倾向于借鉴市场化程度更高的美国的相关经验。See Nigel G. Foster, *BA. LLM*: *German Law & Legal System*, Slynn of Hadley, 1993, pp.149—152; Code de L'environnement, Edition Dalloz 1993—1994, pp.796—802;〔德〕罗尔夫·斯特博:《德国经济行政法》,苏颖霞等译,中国政法大学出版社1999年版,第13—14页;何勤华主编:《德国法律发达史》,法律出版社2000年版,第380—381页;《俄罗斯联邦环境保护法和土地法典》,马骧聪译,中国法制出版社2003年版,第15页;王树义:《俄罗斯生态法》,武汉大学出版社2001年版,第296—297页。

1. 补偿政策(offsets)

该政策是美国提出的最早的针对环境产权及其交易制度的政策。它允许新扩建的排污行为人(多为企事业单位)在未达标地区投入运营,条件是他们从现有的排污权人处购买的排污权必须为其设计排污量的120%。[1] 该政策确立的初衷主要有两点,其一,它的确立是为了解决环境未达标地区的经济发展与逐步满足环境关切之间的矛盾。因为要想达到可持续的发展,就必须允许新排污行为人的出现,而新排污人出现后在促进经济发展的同时,必定会增加该地区的环境负担。其二,它的推行后果是使新排污行为人在开始运营的同时,为现有的环境减负行为提供较为充足的资金,最终保证该地区的环境负担逐渐减轻。[2]

2. 泡泡政策(bubbles)

该政策是自1979年以来在美国清洁空气法中实行的一项排污抵消政策,即在一定的"空气泡"内,新污染源的排污量等于旧污染源所减少的排污量,新旧污染源排污量相抵后的总排污量不得超过该地区的环境容量。[3] 这里所谓的"泡泡"是指将众多污染源想象为位于一个理想的气泡内,或将由多个污染源排放的污染物总量比作一个气泡。它着眼于控制整个泡泡的污染物排放总量,而不是泡泡内各个污染源的排放量。[4] 析言之,泡泡政策是以某一特定区域为单位来对其环境状况予以考量的,而不是以个别污染源为单位来进行考量的。[5] 依此政策,在具体操作层面,属于一个泡泡内的排

---

[1] See Malug, D. A, "Welfare Consequences of Emission Credit Trading Programes", *Journal of Environmental Economics and Management*, Vol.17, 1990, pp.66—77;戴星翼:《走向绿色的发展》,复旦大学出版社1988年版,第99页。

[2] 李寿德:《排污权交易与市场结构研究》,西安交通大学博士学位论文,2000年6月,第26页。

[3] 参见吕忠梅:《论环境使用权交易制度》,载《政法论坛》2000年第4期,第127页;〔日〕大土塚直:《排污权制度的新展开》,载《法学家》2000年2月1171期,第78页。

[4] 参见蔡守秋:《论排污权交易的法律问题》,提交给"2002年中国环境资源法学研讨会"的论文,2002年10月,第11页。

[5] Air Pollution: Hearings on S 1821-0-A before Subcomm. On Air and Water Pollution of the Senate Comm. On Public Works, 90th Cong, 1st Sess. (pt. iii), 762, 766—767, 791—793, 1153—1156 (1967).

污行为人可以通过购买其他排污权人的排污权来替代实现自己的环境治理责任。① 在一个泡泡内有多个污染源的排污行为人可以在保持动态排污量恒定或总排污量渐次减少的情势下,通过加大治理低成本污染源的方式来替代对高成本污染源的治理。

3. 净得政策(netting)

该政策是指只要排污行为人及其所属分支机构的排污净增量并无明显增加,则允许其在进行改、扩建时免于承担满足新污染源审查要求的举证和行政负担。它确认排污行为人可用其持有的"排放减少信用"②抵消改、扩建部分预增的排污量。但在实际排污量超过"排放减少信用"及预增量时,则该改、扩建项目就要重新受到审查。该政策在实行的方式和效果上虽与补偿政策类似,在范围上与泡泡政策雷同,但其着眼点在于减少行政审批程序对经济活动的过多干预和阻滞,因此其意义更多地体现在行政效率的提升与公法秩序的维护上。

4. 排污贮存银行政策(banking)

美国《清洁生产法》第403条规定,该法所规定的排污行为人可以将其在指定年份(或其他时间段)被分配或确认的没有用完的排污权(排放减少信用)储存起来,以备将来使用。③ 各州有权制定本州的银行计划和规划,包括"排放减少信用"所有者资格、所有权;"排放减少信用"管理、发放、持有、使用条件等内容均应明示。④ 银行政策实际上是从法律上承认了排污行为人对"排放减少信用"所享有的所有权⑤,这既有利于激励排污行为人采用新技术、新工艺的积极性,又促进了经济效益、环境效益的平衡增长,使金

---

① Facts on File, New York: Facts on File, Inc. 1982, 293C.
② "排放减少信用"是指排污行为人通过治理污染,其减少的排污量超过了法定责任规定的水平,该排污行为人依法定程序由主管机关处取得的确认节约的排污量,可待日后继续使用的证明。它是美国排污权交易中的重要交易对象。
③ 参见汪劲、田秦等:《绿色正义》,广州出版社2000年版,第147页。
④ Tietenberg. T. H, "The Emission Trading: Instruments for Environmental Regulation", *Oxford Review of Economic Policy*, Vol.6, 1991, p.215.
⑤ 〔日〕大塚直:《环境政策的新手法》(日文版),载《法学教室》2002年1月第256号,第98页。

融衍生工具在环境领域发挥了正面功效,其制度设计的理论水平与前瞻视野着实令人叹为观止!

上述四项政策并不是美国排污权交易制度中的具体交易规则,而是作为排污权交易得以发生的制度前提出现的。它们的作用并不在于明晰一个具体的排污权交易个案的走向和操作规程,而在于创设具有典型意义的排污权交易场景或提供宏观意义上的指导。因此,它们的存在并不能取代具体的交易规则,而它们的缺失则会导致作为交易基础的基本理念的缺位。这便是上述四项政策措施之于美国排污权交易制度体系的地位和作用。

作为排污权交易基础的补偿政策、泡泡政策、净得政策和排污贮存银行政策出台以后,美国开始认识到排污权的交易必须走市场化的道路,否则低效率是不可避免的。[①] 于是在20世纪的80年代初,美国国家环保局以及美国的学术界开始探讨排污权交易的市场体系及其规则。起初,政府和学术界遇到的一个重大问题就是在排污权交易的一级市场中,究竟应该采取何种方式实现排污权的初始化分配,亦即"管制者是出卖排污权(标价出售或拍卖)呢,还是免费分配排污权"[②],然后再允许各排污权人在二级市场上交易它们。针对上述疑问,学者们的意见也较为暧昧。经济学家雷昂(Lyon)认为,尽管出卖和免费分配排污权这两种手段是相容的,但免费分配显然更受各排污行为人的欢迎;排污权拍卖的优点在于它能为政府带来相当的财政收入,另外它是排污罚款的一种证明,两者的原则是一致的。[③] 而德福林(Devlin)和格拉富顿(Grafton)则认为,排污权拍卖会给排污行为人带来沉重的财政负担,假如缺乏完整的资本市场,对于已存在的厂商和新厂商来说,这一负担会产生严重的进入障碍,如果根据已有的排污记录(亦有译为历史份额)来分配排污权,政府就会在忽略排污罚款原则的同时,失去重要

---

① See Gable, H. L, "Reform of the Clean Air Act: another decade of waste?", *Sloan Management Review*, Vol.23, 1981, Iss:1.

② 李寿德:《排污权交易与市场结构研究》,西安交通大学博士学位论文,2000年6月,第27页。

③ See Lyon, R. M, "Auctions and Alternative Procedures for Allocating Pollution Rights", *Land Economics*, Vol.58, (1982), Iss:1.

的财政来源。① 时至今日,关于如何调处排污权初始问题的争论在美国学术界依然存在,为协调各种利益主体的不同关切,美国国家环保局采行了一种以政府免费分配为主,以拍卖方式分配为例外的排污权初始化策略。

1990年美国通过了《清洁空气法》修正案,该修正案的一项重要进展是它认可了建立排污权交易体系的制度创新,并在此基础上引入了针对电厂等排污大户的二氧化硫排污权交易系统(TPP)。这一系统启动的前提是在一级市场遵从所谓的"老祖父条款"原则,按照排污行为人原有的排污记录分配排污权,只给国家环保局保留少量的排污权,供新出现的排污行为人之需,或在商品交易所挂牌拍卖。② 这样,一个以免费分配排污权为一级市场特征、以市场化交易为二级市场特征的排污权交易系统在美国诞生了。

美国排污权交易二级市场的活跃和大发展开始于20世纪90年代初,随着美国国家环保局开始允许在全美电力部门间进行二氧化硫排污权交易,芝加哥商品交易所率先推出了二氧化硫排污权交易的规则。紧随其后,纽约商品交易所也推出了自己的排污权交易合约。1993年,两家交易所开始挂牌交易"环境物品",且明示交易对象不受限制。③ 上述两家交易所为排污权交易制定的合约文本属格式合同的性质,在交易中践行证券市场"价格优先,时间优先"的通常规则,由于市场交易规则等软环境和市场交易系统等硬件设施的齐备,美国排污权交易呈现出令人难以置信的飞速发展。仅在1993年3月底,全美首次二氧化硫排污权交易中,就有15万个排污权被分别以122美元至450美元不等的价格拍卖出去。目前,美国排污权交易市场大体沿用上述交易规则和系统环境,其交易内容也逐步扩展到包括空气排污权交易、水体排污权交易和汽油含铅量排污权交易等在内的多个类型。④

---

① See Casson, T, "Seller Incentive Properties of the EPA's Emission Trading Auction," *Journal of Environmental Economics and Management*, Vol. 25, (1993), pp. 177—195.

② 参见李寿德:《排污权交易与市场结构研究》,西安交通大学博士学位论文,2000年6月,第28页。

③ 同上。

④ See Casson, T, "Seller Incentive Properties of the EPA's Emission Trading Auction", *Journal of Environmental Economics and Management*, Vol. 25, (1993), pp. 177—195.

由以上对美国排污权交易制度的介绍,我们可以发现美国的交易制度具有三个突出的特点值得我国借鉴。首先,作为美国排污权交易制度基础的各项政策措施充分地体现了可持续发展的理念,这是美国法律领先于时代,领先于常人认知的可贵之处。在上述四项政策措施中,补偿政策意在衡平经济发展与环境保护的关系,重在创建一种对环境破坏尽可能小的经济发展模式;泡泡政策意在衡平特定地域内的环境质量平衡,重在调动区域内原住民或企业在投资兴业时保护环境的积极性;净得政策意在衡平市民社会私人的兴业意愿与行政干预间的关系,重在通过限制行政权过度膨胀和提高行政效率为经济、社会的发展培育内生动力;贮存银行政策意在衡平当前环境质量与未来环境质量的关系,重在通过确认治理排污者的物质利益,实现资源价值化所带来的利导功能,进而调动排污行为人治污减排的积极性。这四项政策一体践行的合力促成了法律观念的升华,其间闪耀着的可持续发展认知是我国环境资源立法,特别是排污权及其交易制度立法应充分吸收和借鉴的精神给养。

其次,美国排污权交易的制度设计突显出市场化的价值取向。[1] 在交易制度设计之初,人们对该交易体系究竟是行政主导还是市场主导并没有形成具有压倒性优势的意见。后来学者们认识到,"对一个拥有排污权的厂商来说,自由的市场有很多优点,因为市场系统能使公众更积极地参与到环境保护的过程中来;能以最小的成本保证环境的质量;能阻止不必要的行政干预。反之,在没有实现市场化的场合,拥有排污权的厂商既无法知道有多少潜在的需求者可能成为其买主,更不能保证能否以令人满意的对价将其所持有的排污权卖出,而需要购买排污权的潜在消费者也面临着近乎相同的境遇。"[2]据此,由国家环保局最终拍板,确立了今天为世人所称道的以市场

---

[1] See Montgomery, W. David, "Markets in Licenses and efficient Pollution Control Programs", *Journal of Economic Theory*, Vol.5, (12-1972), pp.395—407.

[2] See Oates, W.E, "Marketable Pollution Permits and Acid Rain Externalities: A Comment and Some further Evidence", *Canadian Journal of Economics*, Vol.18, 1985, p.3; Atkinson, S.E, "Marketable Pollution Permits and Acid Rain Externalities", *Canadian Journal of Economics*, Vol.16, 1983, p.4.

化价值取向为依归的二级市场交易规则。对于同样以市场化价值取向为前进方向的我国而言,在厘定排污权交易价值取向的过程中,美国同仁的经历和认知,殊值借鉴。

最后,美国排污权交易的二级市场规则充分注重了市场机制的作用,较好地协调了市场机制与行政权力干预之间的关系。[①] 美国学者和国家环保局在构建排污权二级市场交易规则时,充分发挥了芝加哥商品交易所、纽约商品交易所等市场交易平台的作用,将涉及交易自身的事务完全交由市场自身来解决。行政权力仅在违约制裁和环境违法行为出现后方可介入二级市场之中。此种制度安排,充分给予了这两种性质截然不同的调控机制以最大的效用空间,使它们各自的制度价值都得到了淋漓尽致的发挥。此点正是我国立法的不足和盲点之所在,此时引入美国立法的些许先进经验用以提升中国排污权立法的实用基础,真可谓是求得"他山之石"。

当然,承认美国排污权交易制度所具有的优越性并对其给予较高的评价绝不意味着对其缺陷的回避或视而不见,相反,对其在制度设计中存在的缺陷,我们应给予更高的关注,并引以为戒。

首先,美国排污权交易制度在其一级市场的建构中,采用的行政主导并以免费分配为主要内容的排污权初始化方式就未尽合理。由于这种分配体制以"老祖父条款"为依归,即按照历史排污记录分配排污权,这一方面侵害了原来积极从事环境保护控制自身排污量的行为人的现实利益,因为他们的投入反而成为减少对其分配排污权的动因[②];另一方面又损害了未来可能存在排污需求的潜在排污行为人的利益,因为他们没有排污记录,在分配排污权时尚未存在。这就使得为社会所普遍承认和接受的公平、正义理念遭到了破坏,使法律或政策措施缺乏正当性基础。为避免采行一级市场中的行政主导模式致使排污权初始化过程存在明显的社会不公,我们在前文对

---

① See Hahn, R. W, "Market Power and Transferable Property Rights", *Quarterly Journal of Economics*, Vol. 99, 1984, pp. 753—760.

② See Cheung. S. N, "Transaction Costs, Risk Aversion and the Choice of Contractual Arrangements", *Journal of Law and Economics*, Vol. 18, 1975, pp. 535—554.

我国排污权取得原则的探讨中,否定了行政主导模式。主张依"私法生成、行政权力承认"和"行政权力直接依申请而确认"两种模式解决排污权的初始化问题。相信这一思路会在实践中展现其强大的生命力。

其次,在美国排污权交易的一级市场中,行政主导模式下的指令控制系统不承认公司对超额的减少排污拥有产权①,这一方面使积极治污而实现超额减排的排污行为人产生了对其"排放减少信用"可能随时被无偿征收的错觉和担忧;另一方面也沉重打击了排污行为人应用新技术、新工艺努力减少排污的积极性。更为严重的是,它使得国家环保局先行颁发的要求排污行为人安装治污设备、努力治污减排的强制性指令失去了施行的社会基础,使法律的尊严和国家公权力机关的权威受到了质疑。此外,由于排污权交易的起点是行政主导的指令控制分配系统,所以排污权交易规则也继承了指令控制系统的显著弱点。② 最明显之处就在于它剥夺了相当一部分"排放减少信用"持有人成为二级市场权利人的可能。从而在客观上起到抑制交易活跃度,阻却交易顺畅进行的副作用。基于对此点缺陷的认识,我们在前文排污权取得的原则中,将"依劳动取得"作为一项独有的原则加以规定,从而既照顾了对排污行为人积极治污热情的激励和保护,又保证了二级市场交易活动拥有充分的权源基础和活跃程度,殊值采行。

(二) 我国排污权交易的发展概况

"排污权交易"这一概念虽然最早产生于美国,但这项制度在保护环境要素、解决环境问题方面所独有的制度价值却得到了世界各国的普遍认可,我国也不例外。早在该项制度在美国方兴未艾之时,我国环保部门便对其给予了一定的关注。

作为一个人口大国和新兴的工业化国家,煤炭在我国能源结构中处于举足轻重的地位,占一次能源消费总量的70%以上。伴随着人口的增长和

---

① 李寿德:《排污权交易与市场结构研究》,西安交通大学博士学位论文,2000年6月,第18页。
② 同上。

工业的加速发展,因燃煤所产生的二氧化硫污染已经相当严重。据《财经》杂志报道,截至 2000 年,我国二氧化硫排放总量已达 1995 万吨,首次超过美国,成为世界二氧化硫第一排放大国。每年因排放二氧化硫所形成的酸雨而导致的损失就高达 1100 亿元。面对严峻的环境问题,国家环保总局牵头于 20 世纪 90 年代开始采取了一系列以制度创新为内容的新尝试。1989 年,我国开始实施排污许可证制度,这是中国环境管理"新五项制度"中的重要一项,其基础是对污染物的排放实施总量控制。1990 年,首批被选定的 16 个城市开始进行大气排污许可证的试点工作,并同时在其中的 6 个城市进行大气排污交易试点。1996 年国务院批准《"九五"期间全国主要污染物排放总量控制计划》,该份文件的颁布标志为期五年的试点工作取得了成功。[①] 2000 年 4 月 29 日,第九届全国人大常委会第十五次会议通过了新修订的《大气污染防治法》,该法第 15 条规定:"国务院和省、自治区、直辖市人民政府对尚未达到规定的大气环境质量标准的区域和国务院批准划定的酸雨控制区、二氧化硫污染控制区,可以划定为主要大气污染物排放总量控制区……大气污染物总量控制区内有关地方人民政府依照国务院规定的条件和程序,按照公开、公平、公正的原则,核定企业、事业单位的主要大气污染物排放总量,核发主要大气污染物排放许可证。有大气污染物总量控制任务的企业事业单位,必须按照核定的主要大气污染物排放总量和许可证规定的排放条件排放污染物。"2002 年,修订后的《水法》也对水体保护作出了相关规定,该法明确了水资源所有权属于国家这一制约水体排污权产生和发展的制度瓶颈,为今后更广泛地开始水体排污权交易奠定了法律基础。值得特别指出的是,我国国家立法机关相继批准了《联合国气候变化框架公约》及其《京都议定书》,这就为我国按照公约的指引参与国际市场碳减排交易铺平了道路。至此,可以说经过多年的完善和发展,原来立法层面对排污权及其交易制度的制约因素已基本解决。

---

① 参见蔡守秋:《论排污权交易的法律问题》,提交给"2002 年中国环境资源法学研讨会"的论文,2002 年 10 月,第 3 页。

除此之外,近年来由于对排污权交易制度的愈发重视,我国还参与了一些国际合作行动。1999年4月,时任国务院总理的朱镕基在访问美国时,中美两国签署了"在中国运用市场机制减少二氧化硫排放的可行性研究意向书"。以此为契机,国家环保总局与美国环保基金会签署了"研究如何利用市场手段,帮助地方政府和企业实现国务院制定的污染物排放总量控制目标"的合作协议备忘录,并将江苏南通与辽宁本溪确定为项目试点城市[①],取得了良好的社会效果。应美国政府的邀请,我国还参加了亚太地区清洁能源伙伴计划等以控制温室气体排放为目的的广义排污权项目合作。下面,笔者便以江苏南通的二氧化硫排污权交易和上海的水体排污权交易为例,具体介绍我国有关排污权交易的具体做法并作出评析。

作为全国唯一既有酸雨污染控制区又有二氧化硫污染控制区的省份,江苏省在两年多来的排污权交易试点中创下了两个"第一"。2001年11月,江苏省南通市两个不同行业的企业完成了一笔特殊的交易。交易出卖人南通天生港发电有限公司是一家有着七十多年历史的老国有企业,多年来一直是电力系统的"一流火电发电厂"。由于排污总量不断下降,天生港每年二氧化硫实际排放量与环保部门核定的排污指标相比,有数百吨的节余。交易买受人是一家年产值数十亿元的大型化工合资企业,意欲扩大生产规模但又面临排污超量的问题。[②] 依靠当地政府牵线搭桥,双方进行了我国第一例真正意义上的二氧化硫排污权交易。[③] 根据协议,出卖人将以50万元的价格有偿转让1800吨二氧化硫的排污权,供买受人在今后6年内使用。二氧化硫排污权以年度为单位进行转让(每年300吨),交易费用按年度进行结算。合同还对买受人对排污权的再次转让以及违约责任作出了规定。依据该份合同在缔约及履行过程中所遇到的具体问题,江苏省环保厅与省经贸厅联合制定公布了《江苏省电力行业二氧化硫排污权交易管理暂

---

① 参见蔡守秋:《论排污权交易的法律问题》,提交给"2002年中国环境资源法学研讨会"的论文,2002年10月,第324页。
② 康伟平:《排污权交易的中国实验》,载《财经》2003年5月5日第83期,第87页。
③ 葛勇德、李耀东:《二氧化硫排污权开始交易》,载《中国环境报》2001年11月5日,第3版。

行办法》。这是国内出台的第一部排污权交易办法①,其中对相关法律和技术问题作了有益的尝试。

上海是国内开展水污染物交易最早的地区之一。根据水质模型计算,上海黄浦江沿岸要达到二、三级水质的预设目标,必须在1982年水污染物排放总量的基础上削减60%,而现有排污量已大大超过环境容量,导致无法建设新项目。② 1986年以来,上海市建立了一个试验性的污水排放许可交易系统,允许COD排放交易。该系统适用于沿黄浦江长75公里、宽10公里(两岸各5公里宽)的地带。③ 迄今为止,该系统已达成了六十余次排污交易,价格由5万至200万元人民币不等。大多数交易发生在新企业同老企业之间,合同当事人根据意思自治和等价有偿的原则自主确认排污权交易的数量和价格,而上海市环保局则成为一个面向潜在购买者和销售者的信息中心和权属登记确认平台。

由上述对我国排污权交易发展概况的介绍,我们可以看出我国目前的交易制度具有以下几个特点:首先,经过多年来对国外立法和司法、执法经验的吸收和借鉴,我国环保领域的立法理念和制度供给水平已有显著提高,可资作为排污权交易基本法律基础的法规框架已大体齐备,如前文所言的多种国内法及多边公约、条约。

其次,经过多年的试点工作及各地富有地方特色的实践,形成了许多殊具可行性且与国际发展趋势走向契合的制度群体。据不完全统计,自20世纪80年代中晚期以来,国内的排污权交易已涉及大气污染、水污染等多个领域。按照交易的性质,国内的实践活动可以分为两类,即排污补偿与排污权交易。④ 补偿是初级的交易,它的范围与公开程度都低于交易。排污补偿又可分为两种,分别是企业内部的排污补偿和新改扩企业与城市低矮面源

---

① 康伟平:《排污权交易的中国实验》,载《财经》2003年5月5日第83期,第87页。
② 黄洪亮:《环境管理走向市场经济的可喜尝试》,载《中国人口·资源与环境》1994年第3期,第71页。
③ 王金南:《市场经济与工业污染防治》,中国环境科技出版社1998年版,第198—199页。
④ 马中、杜丹德:《总量控制与排污权交易》,中国环境科学出版社1999年版,第154—171页。

之间的排污补偿。前者是指同一企业运用淘汰排污量大的老旧设备的方式,大规模上马排污量小的新设备,同时保持原有排污总量不变的方式。而后者是指由环保主管部门与新建或改建企业协商出资消除原有的低矮面源之间的污染源,同时将消除污染源相对应的排污权颁发给新建或改建企业。上述具有本土特征的交易政策和措施与美国排污权交易政策中的补偿政策、泡泡政策和净得政策的主旨相同、效果相当、效益相近,实有进一步发扬光大的必要。此外,我国已开始实行的总量控制基础上的排污许可证制度,排污权属登记制度等也都具有进一步改变以适应现代排污权交易的潜力。

再次,我国现行的排污权交易制度仍有许多不尽如人意之处,需要加以完善和改造。例如,对作为交易标的的排污权的界定和认识就有欠准确。有学者认为所谓的排污权就是一种排污指标,完全属于公法的范畴;还有学者认为所谓的排污权交易实际上交易的是排污许可证[1],排污权自身并不存在。再如,目前虽然排污权交易采用了以合同为媒介的法律形式,但对此类合同的具体交易规则却缺乏最基本的探讨,许多个性化的问题如合同的订立、解释、免责事由、瑕疵担保责任等尚不明了,而要进行严格、规范的排污权交易,上述问题的明晰显然是不可或缺的。

最后,我国现行的排污权交易制度对行政权力和市场机制各自作用领域的界分仍不甚理想。按照美国二氧化硫排污权交易体系的启示,一套完整而典型的交易模式应包括以下三个环节,即权属分配与权利界定、权利交易和交易监督。[2] 在上述三个环节中,笔者认为第一个环节应由行政权力与市场机制共同作用来完成,并以市场机制完成排污权的初始化分配为基础;第二个环节应坚持以市场机制完成排污权的再次分配或重新配置;第三个环节则应以行政权力为主导,解决或弥补市场机制的缺陷或不公。但我国现行的排污权交易模式,除少数地区(如上海的水体污染物交易系统)较为规范之外,多数的排污权交易都发生在行政权力介入过度的政策环境或法

---

[1] 李耀东、高杰:《我国二氧化硫排污权交易取得突破》,载《中国环境报》2001年12月5日,第3版。

[2] 参见《美国二氧化硫排污权交易体系》,载《财经》2003年5月5日第83期,第86页。

律环境中。在这些场合,排污权的初始分配、交易过程、交易监督都由行政权力左右。这既造成了排污权私权属性的完全躯壳化,又使得交易远离了作为其基础的市场体系,还导致了行政架构的不堪重负,实有彻底改革的必要。鉴于之前已对排污权初始分配的私法原则和分配路径作出了探讨,而交易监督又属公法范畴超然于本书的主旨之外,因此下文将主要以探讨排污权交易市场中的具体规则为目标。

(三) 排污权交易(转让)的内涵

在前文的论述中我们已经指出,本书所用的"排污权交易"一词并非是严格的法律术语,按照民法学通常的语义规则,这里所谓的排污权交易在法律意义上的准确表述应为"环境容量使用权转让"或称"排污权转让"。在民法领域,排污权转让是指基于某种特定情势的发生,排污权脱离原权利人而归属于他人享有的法律现象。此处可能发生的特定情势主要有三:一是依法律规定而直接移转,如公司的合并、分立等;二是依行政权力的指引而移转,如排污权的征用或被核销;三是依法律行为的践行而移转,如排污权转让合同的缔结和履行。[①] 通常人们在使用依法律行为的践行而引发的"权利转让"这一概念时,具有动、静不同的两种含义。动态的权利转让是指权利脱离于其主体而归受让人享有的法律现象,此种转让在性质上属于权利变动的范畴;静态的权利转让是指权利脱离于其主体而归受让人享有这一法律现象得以发生所凭借的媒介物,通常指权利转让合同本身。[②] 本节所要界定的对象是第一种情势,即动态的权利转让。[③] 关于排污权转让合同的相关法律问题,留待下文再作探讨。

[①] 崔建远:《水权转让的法律分析》,载《清华大学学报》(哲社版)2002年第5期,第40—41页。

[②] 同上。

[③] 对于此种权利转让的性质,学界有不同的认识。肯认物权行为理论的学者认为此种权利转让属于法律行为,而反对物权行为理论的学者则将其认定为事实行为。鉴于我国现行立法未采纳物权行为制度,而本文的论证又是以发端于现行法制的解释论思路为基础的,因此本书在对上述问题定性时,亦采事实行为说。

前文已言,本书的主旨在于型构出一种归属于准物权范畴并以权利人依法享有对环境容量进行使用、收益为内容的权利作为排污权人实施排污行为的法律根据。但问题在于,可资排污行为人作为排污根据的法律媒介并不仅以排污权为限。除此之外还有排污合同债权、排污指标买卖等多个途径。因此,要想准确界定排污权交易或称排污权转让的概念,首要的任务便是将排污权转让与排污合同债权让与、排污指标买卖的区别诠释清楚。

1. 排污权转让与排污合同债权让与之间的区别

首先,两者移转权利的性质不同。排污权转让,移转的是排污权。由于排污权属于准物权,具有绝对、优先和对抗等物权性效力,因此排污权转让必须践行物权变动的形式主义要件,办理登记并完成公示。而排污合同债权让与变动的是债权,不具有严格的物权属性,因债权无特定的公示方法故该转让不以完成公示为必要,且登记亦非权利变动的生效要件。其次,两者发生的基础不同。排污权转让,由于移转的是不动产权益,且具有绝对效力,故此种转让以排污权的现实存在为其成立的基础和前提;而排污合同债权让与,变动的是债权①,依据《合同法》第51条及第132条之规定,并不必然以让与人享有现实的排污权为转让成立的基础和前提,让与人只要具有排污合同债权便足够了。再次,转让的立法技术基础不同。通常在排污权转让的法律场合,学者认为物权变动的效果来自于权利转让合同双方当事人的意思表示和特定公示方式之践行,即多数学者否定在此种场合适用物权行为理论,主张此时的权利转让在性质上属于事实行为。② 而在排污合同债权让与的场合,有学者则主张债权让与行为具有无因属性或相对无因属性,主张援用物权行为理论解决债权让与的法律效力。③ 最后,转让的法律后果不同。在排污权转让的场合,如为权利的全部让与,则原权利人丧失排

---

① 崔建远:《水权转让的法律分析》,载《清华大学学报》(哲社版)2002年第5期,第41页。
② 崔建远:《准物权研究》,法律出版社2003年版,第98—99页。
③ 张广兴:《债法总论》,法律出版社1997年版,第234—235页;〔日〕我妻荣:《债权在近代法中的优越地位》,中国大百科全书出版社1999年版,第29—30页;〔德〕迪特尔·梅迪库斯:《德国债法总论》,杜景林等译,法律出版社2004年版,第545—546页。

污权,作为其权利公示凭证的排污许可证应被注销或依法变更为新权利人享有;如为权利的部分让与,则原权利人与受让人成为新的共同排污权人,作为其权利公示凭证的排污许可证应作出与所转让权利范围相一致的变更。在排污合同债权让与的场合,转让人如享有排污权,则其不因该转让行为而减损其所持有的排污权,相应地,他所持有的排污许可证亦不发生任何变化;转让人如仅是排污合同债权人,并不享有排污权,那么在为全部让与时,他脱离原排污合同关系,其身份或称当事人地位由受让人承继;在为部分让与时,他与受让人一起成为排污合同当事人。①

2. 排污权转让与排污指标买卖的区别

前文为说明我国排污权交易的发展概况,我们介绍了江苏省南通市于2001年11月完成的被称之为我国第一例真正意义上的排污权交易的案例。在对该案例的评析中,学者们曾对该案交易的标的提出了不同的认识。有人认为该案双方当事人交易的是环保部门依法确认的排污权;也有人认为该案中双方当事人交易的是环保部门依法核准的排污指标,而非排污权。②事实上之所以出现上述分歧,关键之处在于学者们对排污权转让与排污指标买卖的区别尚不甚明了。笔者认为它们两者的区别还是比较明显的,主要表现为:首先,转让的标的不同。在排污权转让的场合,转让的标的是排污权或环境容量使用权;而在排污指标买卖的场合,买卖合同的标的物是排污指标或称环境容量资源所有权。显然,后者转让的标的物是前者转让标的物的上位权利,亦即排污指标买卖合同的标的物是排污权转让标的物的母权。其次,转让的法律后果不同。在排污权转让的场合,如为权利的全部让与,则原权利人将丧失排污权;如为权利的部分让与,则原权利人所享有排污权的范围甚至效力将受到影响。而在排污指标买卖的场合,出卖人可能是排污权人,也可能是排污合同债权人,不论他身处何种法律地位,他都

---

① 崔建远:《水权转让的法律分析》,载《清华大学学报》(哲社版)2002年第5期,第41页。
② 有关争议参见李耀东、高杰:《我国二氧化硫排污权交易取得突破》,载《中国环境报》2001年12月5日,第3版。

不丧失排污根据。① 他所丧失的,是属于其财产的环境容量及其(资源)所有权,两者实不可同日而语。故此,笔者赞同前述学者们的第一种意见,将案例中的转让标的认定为排污权而非排污指标。

通过以上的分析,我们初步澄清了关于排污权转让的模糊认识。实际上严格界定的排污权转让(交易)指的仅是排污权在不同市场主体之间的部分或全部让与,它是环境容量使用权在不同主体之间的合法流转,而不是以合同为媒介移转的排污债权或排污指标自身。在我国既要实行国家或政府代表的一元化自然资源公共所有权模式,又要发展市场经济的双重政策诉求之下,要实现环境容量资源要素的高效配置,就必须允许排污权在不同市场主体之间依交换法则自由移转,而与之相匹配的制度设计便是上文着力界定的以环境使用权流转为目的的排污权转让(交易)制度。

专栏6.2 期货交易的法律性质

期货交易(futures transactions)是通过在交易所内签订的标准化合同,在将来某个确定的时间按照确定的价格交割商品或金融资产的交易。期货交易通过标准合同的远期交易把保值人的不确定风险转嫁到投机者的身上,对稳定经济和推动金融有巨大的作用。加入WTO后,中国承诺金融市场进一步开放,期货是金融重要的一部分,相关的金融期货制度自然也需要和国际接轨以适应经济金融全球化的大趋势。在此背景下,最高人民法院于2003年6月24日颁发了《关于审理期货纠纷案件若干问题的规定》这一司法解释,对原有期货交易制度,无论从内容上还是体例上都作了较大的完善和发展。《规定》第10条"公民、法人受期货公司或者客户的委托,作为居间人为其提供订约的机会或者订立期货经纪合同的中介服务的,期货公司或者客户应当按照约定向居间人支付报酬。居间人应当独立承担基于居间经纪关系所产生的民事责任"。这一条明确规定了期货居间人的主体资

---

① 参见崔建远:《准物权研究》,法律出版社2003年版,第342—343页。

格和法律责任,属于经纪人制度的创新。《规定》第 49 条规定:"期货交易所未代期货公司履行期货合约,期货公司应当根据客户请求向期货交易所主张权利。期货公司拒绝代客户向期货交易所主张权利的,客户可直接起诉期货交易所,期货公司可作为第三人参加诉讼"。《规定》的这一提法推翻了学术界对期货交易的基本法律关系是行纪法律关系的判断。

结合上述规定,我们认为该司法解释关于期货交易的法律性质的阐释有两点值得关注:一是确定期货经纪的性质是居间人而不是行纪人;二是《规定》中的期货居间人并非传统民法的居间人,他们需要独立承担因居间经纪关系产生的民事责任。

资料来源:本专栏分别引自潘毅华:《期货交易基本法律关系之创新》,载《中山大学学报论丛》2005 年第 1 期,第 56 页;吴庆宝:《期货司法解释对期货交易民事责任制度的创新与发展》,载《人民司法》2003 年第 7 期,第 11 页。

(四) 排污权交易(转让)合同

1. 采用合同形式实现排污权交易的理论根据

我们所设计的排污权流转途径是以民法的合同制度作为基础和法律形式的,但这并不意味着传统的合同制度便可当此重任。事实上,正是由于合同法制在由近代走向现代的过程中所发生的一系列重大变化,为我们型构排污权交易制度及其具体流转途径提供了理论根据。"合同是平等主体的自然人、法人、其他组织之间设立、变更、终止民事权利义务关系的协议。"[①]作为现实生活中,最受民事主体青睐的交易媒介物,合同的渊源虽可上溯至公元前 20 世纪的《俾拉拉马法典》和《李必特·伊丝达法典》[②],但合同制度趋向成熟的标志——契约自由理念,却直接导源于古代罗马社会[③],并以诺

---

① 《中华人民共和国合同法》第 2 条。
② 参见余延满:《合同法原论》,武汉大学出版社 2002 年版,第 8 页。
③ 参见孙鹏:《合同法热点问题研究》,群众出版社 2001 年版,第 6 页。

成契约的确立作为外在表现形式。资产阶级取得政权之后,为迎合自由资本主义经济的开疆拓土和反击封建保守势力的蓄意反扑,近代民法在继受罗马法契约自由原则的同时,进一步将其推向了理论统治的巅峰,使之成为构建近代民法的三大基石之一。这种社会境况与法律现实深刻地左右着学者的思维与认识能力,黑格尔据此形成的对合同本质的概括便颇具代表性。他认为"契约双方当事人互以直接独立的人相对待,所以契约具有如下特征:(甲)从任性出发;(乙)通过契约而达到定在的同一意志只能由双方当事人设定,从而它仅仅是共同意志,而不是自在自为的普通的意志;(丙)契约的客体是个别外在物,因为只有这种个别外在物才受当事人单纯任性的支配而被割让。"①显然在这种个人主义思想主导下的合同理论及其制度设计是无法包容殊具公权色彩的交易活动的。

但是就本质而言,作为一种社会理想的契约自由,自它产生之日起就与现实生活存在着一定的隔阂,只是由于近代社会自由竞争经济的发展与契约自由所倡导的精神具有共通的价值取向而极大地掩盖了这种隔阂在现实生活中的诸多表现。到了现代社会,随着市场失灵现象的出现以及政府干预理念的生成,契约自由在与契约正义的碰撞和冲突中渐次衰落,其在合同法中乃至整个民法领域内的无上地位渐次动摇。② 这种趋势因诚实信用原则等一般条款的繁荣、关系契约理论生成与合同相对性原则被突破③、绝对意思自治淡化,融国家意志和社会公共意志的普通意志介入合同关系以及合同主体范围扩大,合同客体范围更趋普遍化和观念化等现象的出现而表现得尤为明显。④ 民事合同的上述变化是作为合同实质的当事人意思自治逐渐淡出合同法制的前台,而合同作为确定当事人之间权利义务协议的形式作用和普适功能日益突出的过程。而且,当国家立法和司法裁判直接对

---

① 〔德〕黑格尔:《法哲学原理或自然法和国家学纲要》,范扬等译,商务印书馆1982年版,第82页。
② 参见李永军:《合同法原理》,中国人民公安大学出版社1999年版,第62—63页;吕忠梅、刘长兴:《试论环境合同制度》,载《现代法学》2003年第3期,第104页。
③ 参见孙鹏:《合同法热点问题研究》,群众出版社2001年版,第27—34页。
④ 吕忠梅、刘长兴:《试论环境合同制度》,载《现代法学》2003年第3期,第105页。

合同作强制约定时,合同已不再仅仅是当事人的共同意志,在一定程度上它也反映了国家所代表的社会普遍意志,因此合同逐渐成了一种法律形式。①

合同功能的实用化与形骸化减少了合同的实质要求,扩大了合同的适用范围,这便为其他法律部门引入和借鉴合同制度铺平了道路。既然合同可以在适当的场合成为一种融合国家意志和个人意志的形式,合同的主体和客体也可以不完全拘泥于原有的范围和类型,那么环境资源的公共性和私人利益之间的矛盾在一定范围内便可以借助合同制度加以解决②,这便使合同理论及其制度安排成为了排污权交易得以实现的理论根据。

我国现在既缺少对排污权作为资源物权类型的法律规定,又没有指导准物权完成权利移转的专门法律文件。基于前文的分析,环境资源领域的权利移转具有适用合同法理论和规则的现实可行性,加之排污权交易合同在解释论上类似于有体物(个别物)买卖,在外观形式上类似于债权让与合同,因此具有适用《合同法》相关条款予以规制的余地。在不违反有关环境保护强制性规定的前提下,以合同制度为主导的排污权交易模式符合该制度的主旨和实践的需要。据此,我国未来采行的排污权交易(转让)合同在法律适用时,应准用我国现行《合同法》中关于买卖合同的相关规定。

2. 排污权交易所应遵循的基本原则③

作为一种以合同为法律媒介的交易过程,排污权交易需遵循合同法的基本原则当无疑问。但作为一种兼涉公共利益并殊具公权色彩的权利流转过程,排污权交易在满足前述要求的同时,还须满足一些来自公法层面的具体要求,主要表现为:

(1)不得引起区域环境质量恶化原则:在总量控制区域内污染物的排放总量必须低于环境污染总量控制目标,否则不允许进行交易。排污权交

---

① 吕忠梅、刘长兴:《试论环境合同制度》,载《现代法学》2003年第3期,第104页。
② 同上书,第105页。
③ 参见操小娟:《现代企业环境责任及其立法问题研究》,武汉大学环境资源法研究所硕士学位论文,1999年6月。转引自吕忠梅:《论环境使用权交易制度》,载《政法论坛》2000年第4期,第133页。

易不能引起区域环境质量的恶化,并非剥夺污染物处理费用高的企业可通过购买排污权继续排污的可能性①,而是要求从动态上确保排污权的交易不产生与该制度初衷相背离的情势。

(2)经济最优化原则:排污权交易应使排污权人剩余的环境容量向资源化、价格化转化,促使交易双方降低污染治理成本,并使区域环境污染治理实现经济最优化和效率最大化。

(3)交易标的时空"兑换率"原则:排污权交易并不总是在同一区域发生的,当交易在不同的功能区间发生时,为维护各交易所涉区域环境质量的稳定,应对出卖人和买受人所在不同区域的环境容量和环境功能进行折算②,并根据两者环境容量的"兑换率"重新确认交易所涉排污权的效力和内容。③ 例如,同样多的生物化学需氧量,排入某河流 B 段时所造成的危害是排入该河流 A 段时所造成损害的两倍,那么由河流 A 段环保机构核发的排污许可证所确认的排污量在向河流 B 段排污时,只能充抵原有排污量的 1/2。④

(4)接受监督原则:排污权交易从本质上说是一种市场活动,因此为维护排污权交易秩序,维护公共利益,在交易的过程中,合同当事人应主动接受国家工商行政管理部门、环境保护部门的监督和管理。

3. 限制或禁止交易的排污权⑤

尽管按照市场化的配置方式允许排污权在不同的市场主体之间公平转让有利于最大限度地挖掘环境容量资源的价值,但并非任何排污权都可以自由转让,通常认为在准物权领域可交易的权利必须满足以下几个基本条件:首先,出卖人所移转的权利在性质上必须具有可转让性。例如,该排污

---

① 参见罗吉:《排污权交易简论》,载《城市环境》1993 年第 3 期,第 13 页。
② See Mc Gartland, A. M, "A Comparison of two Marketable Discharge Permit System", *Journal of Environmental Economics and Management*, Vol. 15, 1988, pp. 35—44.
③ See Atkinson, S. E, "Marketable Pollution Permits and Acid Rain Externalities", *Canadian Journal of Economics*, Vol. 16, 1983, p. 4.
④ 参见祝兴祥等编著:《中国的排污许可证制度》,中国环境科学出版社 1991 年版,第 17 页。
⑤ 参见裴丽萍:《水资源市场配置法律制度研究》,载韩德培主编:《环境资源法论丛》(第 1 卷),法律出版社 2001 年版,第 151 页。

权在有效期限内且合法、有效地存在;其次,出卖人是该排污权的有处分权人或者是其代理人。如果是由几个民事主体共有的排污权,则转让行为应取得共有人的同意或共同授权。据此,笔者认为以下排污权应被归入限制或禁止转让之列。

(1) 不能与土地的所有权或使用权分割的排污权。其中最为典型的权利当属基于河岸权原则而取得的排污权。依据前文对河岸权原则的描述,此类排污权是以相邻不动产在地域上的毗邻关系为基础而被确认的。这使得此种排污权与特定地域的土地所有权、土地使用权、土地承包经营权等权属之间具有不可分割的依存关系。因此法律为尊重此种排污权的生成机制,维护正常的权利存续秩序,禁止此种排污权脱离作为其生成基础的土地所有权、土地使用权等权利而为单独的转让。

(2) 法律或者合同对排污权人具有严格限制规定的排污权。公权力机关在依行政权力分配排污权时,往往将某些无偿或者低价的福利性排污权或市政用排污权赋予特定的排污权人,故而除法律特别规定或排污许可证明示允许转让以外,此类排污权通常严禁转让。①

(3) 未经登记取得合法有效排污许可证的排污权。在某些非依法律行为而取得排污权的场合,如依继承或承继取得的排污权,法律为维护正常的权利存续秩序,便利行政机关的日常管理工作,往往规定此类排污权非经登记不得处分,这其中当然包括以交易方式所为的处分行为。

(4) 后位序排污权人不得受让位序在前的排污权。为协调不同排污权的效力差异和权利冲突,我们依排污目的的不同及权利生成时间的先后对排污权的序位进行了规定。为维护上述序位的严肃性及其在协调权利冲突时的有效性,法律原则上禁止后位序排污权人受让前位序的排污权。例如,按照前文的界定,我们所拟的排污权位序为民用排污权、市政用排污权、农用排污权、工业排污权及休闲娱乐排污权。依据本项原则的限制,市政用排

---

① 参见裴丽萍:《水资源市场配置法律制度研究》,载韩德培主编:《环境资源法论丛》(第1卷),法律出版社2001年版,第151页。

污权的权利人可以受让位列其后的农用排污权、工业排污权及休闲娱乐排污权等权利,但其不可受让位序在先的民用排污权。

当然,上述限制虽然严格,但并非绝对不可逾越。根据因地制宜、因时制宜的原则,排污权交易双方依法报请省级环境保护机关批准,可对该项原则作出合理、有据的变通适用。例如内蒙古毛乌素沙漠地区严重干旱缺水,自然条件较差,但有独具特色的沙漠和风蚀地貌旅游资源。在这种情况下,排污保障的重点就应该从发展农业生产转移到发展旅游事业等优势产业上来,优先满足旅游业等第三产业的发展需要,而不是继续优先满足与自身发展条件不相适应的传统农用排污的需要。① 以此为据,在毛乌素地区,就应允许休闲娱乐排污权人受让农用排污权。但上述变通应仅具个案研判的性质,且需报经省级环保机关批准方可实施。

4. 交易合同的主体

拥有合格的合同主体是合同效力得以产生和维系的基础,此点对于排污权交易合同而言亦不例外。由于排污权交易合同在本质上属于私法主体之间权利转让的法律媒介,因此原则上一切私法主体均可充任此类合同的主体。② 在排污权交易开展的初期,由于现实生活需要的限制和人们投资观念的制约,合同的主体可能主要局限于有现实排污需求的企、事业单位之间,但随着排污权交易市场体系的完善和可资交易品种的多样化、形态的契约化、载体的无纸化,自然人、法人、其他组织甚至国家都可能成为合同的主体,而且交易的目的会从满足日常生产生活的现实需要渐次扩展至从排污权的持有和转让中谋求投资收益,使排污权交易的功能由实用扩展至投资工具。对于普通民事主体的合同主体地位,学界已有十分充分的探讨,这里仅就国家充任排污权交易合同主体时的功能定位略作表述。

由现代政治学的研究结论中,我们知道对于采行国家或政府代表的一元化自然资源公共所有权模式的国家而言,它们在社会生活中通常会具有

---

① 参见崔建远:《水权转让的法律分析》,载《清华大学学报》(哲社版)2002年第5期,第46页。
② 参见吕忠梅、刘长兴:《构建环境合同制度》,提交给"适应市场机制的环境法制建设问题研讨会"的论文,西北政法学院,2002年,第52页。

两种不同的身份,一为社会事务管理者,二为自然资源公共所有权的代表。与这两种身份相对应,国家在排污权交易合同中也扮演着两种截然不同的主体角色。当国家以社会事务管理者的身份参与到具体的排污权交易之中时,该排污权交易合同就具有了对特定地域排污权供给情况进行宏观调控的公法功能。于此场合国家往往是基于平抑排污权交易价格,平衡排污权供给余缺的目的,而成为排污权交易的主体。此时,该份交易合同虽然仍属于排污权交易二级市场的交易媒介,但基于国家的介入,它已承担了部分排污权交易一级市场的功能。为将此类合同与纯粹的排污权交易一级市场的初始化分配行为区分开来,同时也为了维护相对方当事人的利益,我们认为在此类交易关系发生时,国家应主动放弃司法豁免权。当国家以自然资源公共所有权代表的身份参与到具体的排污权交易之中时,该排污权交易合同与普通二级市场的排污权交易合同并无差别,即不会因为一方主体的特殊性而带来任何功能和目的的改变。此时,国家可通过参与交易活动投放或购买具有资源性质的排污权,实现其现实排污需求或投资目的。由于此时国家仅相当于一般的民事主体,因此当然不享有司法豁免权。

5. 交易合同的成立与生效

前文已经言明,排污权交易合同在适用法律时应准用我国《合同法》关于买卖合同的相关规定。因此,在缔约问题上,该类合同也应经过要约和承诺这样一个当事人互相表达意志的过程,也应符合我国《合同法》关于有效合同应具备的诸项要件。但基于此类合同的特殊性,在研讨合同的成立与生效问题时,仍有两点例外需要指出。

其一,是关于合同成立的形式要件。按照我国现行《合同法》第10条的规定[①]:当事人在订立合同时,可采用书面形式、口头形式或其他形式。这说明法律对一般合同形式的要求并不以书面形式为限。由于排污权交易合同具有特定的目的性和复杂的技术性,因此如无特定"书面形式"的保障,要想

---

① 《中华人民共和国合同法》第10条规定:当事人订立合同,有书面形式、口头形式和其他形式,法律、行政法规规定采用书面形式的,应当采用书面形式。当事人约定采用书面形式的,应当采用书面形式。

探寻合同双方当事人的"真实意志"并便利相关行政机关对排污权交易行为的监督和管理是十分困难的。据此,法律应严格限定排污权交易合同应以书面形式为限,并应采用格式合同文本。

其二,是当国家作为一方当事人时合同的生效问题。在民事合同理论中,合同生效之所以具有与合同成立不同的法律意义,主要源于合同成立一般以当事人双方的意思合致为基础,仅受双方当事人意志的影响①,而合同的生效体现的却是法律对合同效力的许可与否,只能由立法者的意志决定并由国家作出评价。② 对于一般的民事合同而言,由于缔约双方均为普通的私法主体,因此践行上述合同成立与生效规则并无大碍。但在排污权交易合同中,由于国家可以成为合同的主体,因此对此种场合合同的效力状况应具体问题具体分析。当国家是以自然资源公共所有权代表的身份进入排污权交易合同法律关系时,其法律地位与普通私法主体并无差别,此时国家所担负的自然资源公共所有权代表和社会事务管理者这两种政治职能是相互分离且互不干扰的。这样其以社会事务管理者身份所从事的对排污权交易合同效力的审查和评价可以正常进行,亦即此时排污权交易合同的成立与生效仍彼此独立,分别适用各自的规则处理。当国家是以社会事务管理者身份进入排污权交易合同法律关系时,其所具有的便是公法主体的地位,此时国家因对排污权进行宏观调控而具有的社会事务管理者的身份和因对排污权交易合同效力进行评价而具有的社会事务管理者的身份便发生了具有公法意义的混同。这便使国家的宏观调控行为和基于该行为而发生的合同效力评价行为同时发生了,亦即国家在缔结排污权交易合同的同时,已完成了对该合同效力的评价。此时,应认为合同的成立和生效系同时发生。

6. 交易合同的履行

排污权交易合同与传统的民事合同在履行方面的重大不同在于,排污权交易合同对合同相对性理论有较大的突破。学界通说认为合同相对性原

---

① 参见李先波:《合同有效成立比较研究》,湖南教育出版社 2000 年版,第 129 页。
② 参见吕忠梅、刘长兴:《试论环境合同制度》,载《现代法学》2003 年第 3 期,第 110 页。

则是基于意思自治理念及作为其具体化的合同自由原则的指引而确立①,并长期作为合同法中的基本理论准则而存在的。由于排污权交易合同所具有的浓重的社会公益色彩,使此类合同在履行过程中,对合同相对性原则多有突破,主要表现在:一方面,此类合同在履行的过程中应充分尊重社会公众或第三人的实际利益,承认合同当事人对第三人的义务,保证第三人利益不因排污权交易合同的履行而受有不测。如当事人对移转的排污权在行使过程中可能给其他民事主体带来的损害,不能以合同具有相对性为由主张免责。② 另一方面,为维护社会公共利益,践行可持续发展的战略,国家作为合同外的第三人享有对合同的监督权③,合同双方当事人同样不得以合同相对性原则为据,拒绝接受国家依法实施的监督行为。

7. 交易合同中的瑕疵担保责任

排污权交易合同的目的和法律后果是实现排污权的全部或部分让与,参照债权让与合同的相关规定,在排污权交易场合,出卖人应向买受人承担拟移转权利的权利瑕疵担保责任。所谓的权利瑕疵担保责任,是指债务人(出卖人)应担保债权人取得的权利不致因第三人提出权利主张而丧失。④这是由于出卖人须移转标的(物)的所有权于买受人这一主合同义务所决定的。根据我国《合同法》第150条和第151条的规定,笔者认为在排污权交易的场合,出卖人权利瑕疵担保责任的效力主要表现在:当事人免除或限制此项责任的特约,在出卖人故意不告知所移转权利有瑕疵时无效;无偿转让的权利,出卖人对权利瑕疵不负担责任,但出卖人故意不告知瑕疵的,对买受人因瑕疵所受损害负赔偿责任;买受人于权利让与成立时,明知权利有瑕疵而接受的,出卖人不负担保责任⑤;出卖人对环境容量资源所有权人基于

---

① 参见傅静坤:《20世纪契约法》,法律出版社1997年版,第170页。
② 参见吕忠梅、刘长兴:《试论环境合同制度》,载《现代法学》2003年第3期,第111页。
③ 同上文,第112页。
④ 参见王家福主编:《民法债权》,法律出版社1991年版,第629页;崔建远:《合同责任研究》,吉林大学出版社1992年版,第277页;李永军:《合同法原理》,中国人民公安大学出版社1999年版,第701页。
⑤ 参见余延满:《合同法原论》,武汉大学出版社1999年版,第496页。

不可抗力所引致的履行能力变化,不负担保责任,当事人另有约定的除外。

对于在为权利让与的场合是否存在物的瑕疵担保责任的问题,学者们一般采否定说,认为根据权利让与的性质,通常不发生物的瑕疵问题,因而也没有适用物的瑕疵担保责任的余地。考虑到排污权交易自身具有一定的特殊性,我认为于此场合,对是否存在物的瑕疵担保责任问题应结合所移转排污权的种类作具体分析。所谓物的瑕疵,是指出卖人所交付的标的(物)品质不符合法律规定或合同约定的标准,致使该标的物的用途和价值降低或消失。各国民法大都规定出卖人必须担保其所交付的标的物无上述瑕疵,如违反此义务,出卖人就应承担相应的法律责任,此种责任即为物的瑕疵担保责任。① 笔者之所以认为在排污权交易的场合,存在适用物的瑕疵担保责任的可能性,其主要依据在于环境容量存在地域性差异,不同时空条件下同种环境要素的自净能力并非完全相同,因此在未确定交易标的时空"兑换率"的地区或尚无科学方法确定交易标的时空"兑换率"的地区进行跨区域排污权交易时,作为交易标的的排污权具有"特定物"的法律属性②,为充分保障买受人的权益,应有适用物的瑕疵担保责任的余地。

申言之,对于土壤排污权而言由于土质纳污能力存在差异是十分普遍的现象,因此在土壤排污权交易中应全面确立出卖人的物的瑕疵担保责任;对于水体排污权而言,由于水体纳污能力受气候和季节性因素影响较大,因此应与水体排污权顺位优先性规则相联系来解决其物的瑕疵担保责任问题。当遇到枯水期,根据水体排污权顺位规则的规定被劣后实现的排污权,不属于发生物的瑕疵的范畴,原则上免除出卖人的物的瑕疵担保责任;当遇到水灾或超过预期的严重干旱时,亦应免除出卖人的物的瑕疵担保责任;对于森林排污权和大气排污权而言,原则上亦应全面确立出卖人的瑕疵担保

---

① 参见崔建远主编:《新合同法原理与案例评释》(下),吉林大学出版社 1999 年版,第 942 页;王利明:《违约责任论》,中国政法大学出版社 2000 年版,第 199 页。

② 对于瑕疵担保责任的性质学界尚存争议。但无论是先前占优势地位的法定责任说还是晚近占优势的债务不履行说均承认该项责任在"特定物"买卖场合具有适用的余地。参见崔建远主编:《新合同法原理与案例评释》(下),吉林大学出版社 1999 年版,第 939—941 页。

责任,但在出现不可抗力事件如发生森林大火、出现大面积倒伏、病虫害等情势或气候系统运行异常时,应允许出卖人免责。

8. 交易合同的解释

按照排污权交易合同的性质,我们在前文曾建议在采行书面缔约原则的同时,采用格式合同作为交易的文本形式。但随之而来,便遇到了格式合同的解释问题。按照我国《合同法》第41条的规定:"对格式条款的理解发生争议的,应当按通常理解予以解释。对格式条款有两种以上解释的,应当作出不利于提供格式条款一方的解释。"法律对格式条款解释所作的上述变通规定,其目的在于衡平缔约双方经济地位的差异,保护处于弱势地位的格式条款接受者在格式合同交易关系中的合法权益。可见这一条款适用的前提是格式合同或格式条款由缔约一方当事人提供,且其在经济上居于优势地位。但在排污权交易合同法律关系中,合同所使用的书面文本并非由双方当事人提供(通常由国家环保机关监制),且他们的经济地位亦非必然存在着较大差距。因此,上述有关格式合同(条款)的解释规则在排污权交易的场合,不具有被适用的充分根据。我们认为由于排污权交易具有鲜明的环保目的性,因此,在对排污权交易合同进行解释时应采用"通常理解解释"为原则,"目的性解释"为补充的合同解释原则。

这里所谓的依符合合同目的性解释的原则,要求在某一合同用语表述的意思与合同目的相反时,应当通过解释更正合同用语;当合同内容暧昧不明或互相矛盾时,应当在确认每一合同用语或条款都有效用的前提下,尽可能通过解释的方式予以统一和协调,使之符合合同目的;当合同文句有不同意思时,应按照符合合同目的的含义解释,摒弃有悖于合同目的的理解。[①] 当然上述解释原则应具有开放性,它应首先包容格式合同定制机关所作的有权解释。

9. 合同责任的承担

排污权交易合同作为一种具有法律意义的权利移转方式,与一般民事合同一样具有确定的法律效力,因而违反排污权交易合同的行为同样属于

---

① 王利明、崔建远:《合同法新论总则》,中国政法大学出版社1996年版,第24、429页。

违约行为,应承担相应的民事责任。但与一般民事合同不同,因违反此类合同而承担的违约责任具有以下两点特殊性:首先,不严格苛求实行以恢复原状或实际履行为目的的责任形式。以环境容量为核心的环境资源要素具有技术性、复杂性和多变性的特点。上述特点使违约后旨在恢复原状和实际履行的努力往往变得不可能或不符合合同目的。① 因此在处理违约责任时,应本于变通的要求不严格苛求违约方承担恢复原状或实际履行责任。其次,广泛采用以损害赔偿为代表的替代履行方式。以损害赔偿为代表的金钱赔偿方式具有简便易行和适用范围广泛的特点。② 因此在排污权交易法律关系中,为兼顾当事人的经济利益,应提倡以损害赔偿为代表的替代履行方式来承担民事责任。

三、本章小结

本章是继排污权权属关系之后,对排污权流转关系予以专门研讨的章节,其目的在于对排污权流转法律关系,特别是对此种法律关系赖以发生的主要法律媒介——排污权交易合同制度进行初步建构。为此,我们首先从宏观上对排污权交易所涉的层级进行了界定,厘定了国际、国内两种地域和一级、二级两个市场之间的关系。其次,我们运用比较分析和实证分析的研究方法对中美两国的排污权交易状况及其各自的制度安排作了分析和比对,明晰了建构我国相关制度的问题点和切入点。最后,由界定排污权转让概念入手,对我国以合同形式为法律媒介的排污交易制度进行具体型构,并就排污权交易合同的理论基础、适法根据和履行规则等实际问题提出了具体化的实施意见。至此,以排污权交易合同制度为核心的排污权流转制度基本建构完成。

---

① 参见吕忠梅、刘长兴:《试论环境合同制度》,载《现代法学》2003年第3期,第111页。
② 同上注文,第112页。

第七章 未来排污权制度理想化定位的展望

——基于立法论的思路展开[①]

前文我们用了六章篇幅对我国的排污权及其交易制度进行了系统的建构。考察这一制度体系,其最大的特点可以说是始终贯穿了解释论的思路。由于在现行的大陆法系财产权架构中,排污权归属于准物权的范畴,因此要想实现排污权及其客体环境容量的私法化和民事权利化,并将其纳入民法财产权的调整范围,就必须按照现行物权理论的逻辑基础和构造原则解释和界定排污权及作为其客体的环境容量,使它们符合现有物权理论的要求,这即是所谓解释论思路的由来。但是基于解释论的思路对尚未实现法制化的"权利"进行建构,虽然在当下还有一定的展拓空间,但迟早会走到思维穷尽之时,因此,对

[①] 在本书的第三章,我们已详细说明了以解释论思路为基础,将排污权纳入现行民事权利体系的必要性与合理性。这里,再探讨排污权的理想化定位并不意味着对前文观点的否定。相反,由于我们始终坚持"目前以立法论的思路来构建排污权制度体系的条件尚未成熟"这一观点,所以本章的标题被定名为"未来排污权理想化定位的展望"而非"理想化定位的建构"。这就决定了本章的内容将是从宏观上对未来排污权的定位作出概念化的描述而不是从微观角度对其作出制度性的界定。因此,本章的写作意义主要体现在理论研讨层面,而非环保实践领域。

未来排污权制度的理想化定位进行以立法论为导向的思考,当不失为未雨绸缪之举,而要完成这项工作,首先需查明的便是造成今日理论困境的原因。

一、对传统民法财产权结构形成机制的回溯

(一)"权利"的物化与一切"物"的有体物化

在大陆法系财产权结构形成的历史进程中,发生了而且还在继续发生着两种怪异的现象。一为"权利"的物化现象;二为一切"物"的有体物化现象。第一种现象肇始于罗马法。罗马人在形成绝对所有权思想之后,本于其物化的思维模式,在定义债权等非基于有体物形成的非绝对权时,创设出了有体物与无体物的划分,并顺势将有体物所有权以外的一切权利均拟制为无体物。此种做法之所以能够出现且被践行,原因主要有二:一是在罗马社会的法制发展进程中,形成了一种以"物"为中心的法律思维模式。这使得罗马私法的法律关系和法律制度都习惯地围绕着"物"而展开。因此,在构建法律制度时,将法律关系的客体拟制为物,最能够在法感情和法技术上为立法者和法学家所认可和接受。二是在古罗马时期,罗马人的现实生活中还没有与真正属于物理意义上的无体物发生具有法律意义的联系。科学技术的落后和实践能力的制约使他们还不可能对光、热、电乃至环境容量产生具有法律意义的认知,更无从认识到它们身上所带有的财产价值。因此,对当时的罗马法学家而言,能够通过这种物化的拟制,克服法律在调整债权等权利时存在于观念和技术上的障碍,简直就是再美好不过的一件事情了!至于此种拟制可能为未来埋下的理论隐患,或者碍于认知局限并未能被他们所看到,或者他们甘愿将其留给子孙来解决,总之与前述的"丰功伟绩"相比显然已被忽略不计了。诚然,即使在今天,我们也不得不为前人所具有的理论勇气和睿智聪明所折服,但慨叹之余我们却同样不得不承认一个严酷

的事实,那就是自罗马法以降,原本正常的法律秩序发生了第一次扭曲,其表现便是物理意义上的无体物被人为地以法律意义上的无体物取代了位置,填充了空间。如图所示:

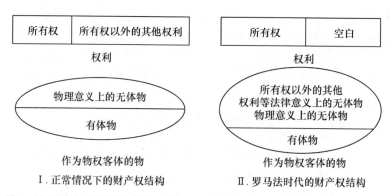

Ⅰ.正常情况下的财产权结构　　Ⅱ.罗马法时代的财产权结构

第二种现象的端绪则滥觞于德国法儒们对物权概念及其体系的创立过程中。德国制定民法典时,古罗马时代尚未被人们所认知的大量的物理意义上的无体物不仅已经出现了,而且还与人们的生活紧密地联结在了一起。它们所具有的显殊的利用价值和庞大的财产价值使立法者不得不去面对如何将其纳入民法物权体系的难题。其实,如果没有罗马人前述的那种肆意拟制所造成的法制传统的影响,将物理意义上的无体物纳入物权法中也并非难如登天,只需按部就班地将物作出有体与无体的分类,再依照物权法的基础理论厘定无体物进入物权法律关系的规则即可。但是罗马先哲们已经将物作了分类,并且还赋予了无体物以特定的含义——权利,这样德国立法者的路似乎变得更窄了。在继受前人并稍作变通与摒弃前人另辟蹊径这两种不同的选择中,他们选择了风险和难度均较小的前者,并在继承前人衣钵的基础上,发挥自己比罗马人更善于拟制和抽象的思维长处,继续探索新出现的物理意义上的无体物的拟制之法。为尊重罗马先哲已用"所有权以外的其他权利"填充了无体物所占空间的事实,并使新出现的无体物能援用早已成熟的有体物的相关规则,德国法学家开创了将物理意义上的无体物人为地解释成"有体物"的先河,将本应属于无体物的光、热、电等无体物,按照有体物的特征要求,解释(拟制)成为特殊的有体物,美其名曰:"有体物的延伸。"这次拟制,又一次使本已进入理论困境的财产权结构得到了暂时的舒缓。由于新出现的物理意义上的无体物与罗马法时期形成的以"所有权以外的其他权利"为内容的法律意义上的无体物之间的矛盾被暂时的化解了,于是一种隐患更大的财产权结构诞生了。在这个结构中,所有权仍保留了至高无上的地位;所有权以外的其他权利仍然占据无体物的头衔;而新近被认识和提炼出来的物理意义上的无体物中的一部分则与原来的有体物组成了新的具有物权法意义上的物,与基于物理意义上的物相区别,成为物权的客体。此时的财产权结构如图所示:

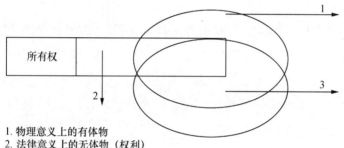

1. 物理意义上的有体物
2. 法律意义上的无体物（权利）
3. 物理意义上的无体物
法律意义上的有体物为1、3之重叠部分
被按法律意义上的有体物规则对待和处理的法律意义上的无体物为1、2、3之重叠部分

（二）传统财产权结构所面临的理论困局

时至今日,坚持上述两种拟制给民法财产权利体系带来了巨大的混乱。首先,由于法律意义上的物与物理意义上的物发生巨大的位移,致使法律与社会生活的现实严重脱轨,由图示我们可以清楚地看到,目前在大陆法系财产法中所定义的具有法律意义的物的范围与人们现实生活中基于物理属性对物的认知严重不符。主要表现为:一方面,部分具有法律意义的无体物（多为未受物权法调整的权利）无法被物理意义的物所包容;而另一方面,大量具有物理意义的物又被排斥在法律意义的物的范围之外。法律准则与生活经验的严重倒错致使法律日益出现"去生活化"的倾向,而人们在适法的过程中也倍感法律的"脱俗"与晦涩。

其次,法律对无体物的概念作出了具有特定含义的界定——权利,而此规定又与大众在现实生活中形成的对无体物的普遍认知大相径庭,致使现今学者在使用无体物这一概念时发生了巨大的混乱。有学者曾作出统计,目前,仅在法学领域人们对无体物(无形财产)的理解就已达三种之多。[①]有人认为所谓无体物(无形财产)指的是不具备一定形状,但占有一定空间或能为人们所支配的物如光、热、电等;有人认为它仅特指知识产权,如德国即将知识产品从客体角度视为"狭义的无形物"[②];还有人认为所谓无体物乃是沿袭罗马法的定义和拟物思维的产物,在范围上涵盖有体物所有权之外的其他权利。可见基于罗马法拟物思维而生成的对无体物概念的界定确实有欠科学,难于适用。

再次,由于法律在确认"所有权以外的其他权利"具有权利属性的同时又将其拟物化为具有权利客体属性的物,这既造成了所有权与所有权以外的其他权利在位阶关系上出现不当差异,又使民法中出现了所谓"权利是权利的客体"、"权利享有所有权"等怪异现象。这种状况长期发展下去,必将会使权利体系的稳定平添巨大的变数。

综合以上认识,笔者认为适时地调整民法的财产权结构当不失为一种明智的选择。否则,待理论走入困局而变通又几无去处时,民法财产权体系分崩离析,便不再仅仅是一句空话了。

专栏7.1 无形财产的概念诠释

无形财产渊源于古罗马法。公元二世纪罗马法学家盖尤斯在其所著《法学阶梯》里将物划分为"有体物"(也称有形物)和"无体物"(也称无形物)。他认为,有体物(corporales)是可以触摸的物品,如土地、衣服、金银;无体物(incorporales)则是不能触摸的物品,它们体现为某种权利,如继承

[①] 参见马俊驹、梅夏英:《无形财产的理论和立法问题》,载《中国法学》2001年第2期,第103页;吴汉东:《财产权客体制度论》,载《法商研究》2000年第4期,第46—50页。

[②] 参见孙宪忠:《德国当代物权法》,法律出版社1997年版,第3页。

权、债权和用益权等。因此,在罗马法中所有权之外的权利常被拟制为"无体物",被纳入物和客体的范畴。近代《法国民法典》继承了罗马法的上述分类,该法典第 526 条、第 529 条分别规定建立于不动产之上的权利为不动产,而将债权和股权等视为动产。后来的意大利、奥地利和荷兰民法典也有类似规定。1900 年《德国民法典》则未采纳无形物的相关规定,而将物限于"有形物",因此权利作为无形物与物是严格分开的。日本、泰国等国民法典从其立法例。很多学者意识到,将无形物视为物混淆了权利和权利客体的界限。美国经济学家麦克劳德(Macleod)认为:"大多数人在说到或听到财产的时候,想到某种物质的东西。……但财产这个名词的真正和原来的意义不是指物质的东西,而是指使用和处理一件东西的绝对权利。财产的真正意义是完全指一种权利、利益或所有权。"因此,他认为把权利当作物同把物当作财产或权利一样是荒谬的。随着知识产权、有价证券等无形权利的出现和流转,人们往往也在这些意义上使用无形财产,"无形物"或"无形财产"的意义和运用也与传统无形物有较大差别。目前在理论上,学术界对于无形物、无形财产、无形财产权和无形产权等概念的使用极不稳定,在多种场合和多种意义上使用,在论述时无形财产并无固定的内涵和外延。

具体而言,"无形财产"在实际运用中常代表三种不同的含义:(1) 无形财产指不具备一定形状,但占有一定空间或能为人们所支配的物。这主要是基于物理学上的物质存在形式而言,如随着科学技术的进步和发展,电、热、声、光等能源以及空间等,在当代已具备了独立的经济价值,并能为人们进行排他性的支配,因而也成为所有权的客体;(2) 无形财产特指知识产权,这主要是基于知识产品的非物质性而作出的界定。另外,通常基于知识产品的无形性,在习惯上学术界将知识产品本身也视为"无形物"或"无形财产"。如德国在不承认传统的"无形物"前提下,将知识产品从客体角度视为"狭义的无体物";(3) 无形财产沿袭罗马法的定义和模式,将有形物的所有权之外的任何权利称为"无形财产",知识产权仅是其中一种"无形财产"。

我们认为,虽然可以从不同角度称某种客体或某种权利为无形财产,但就大陆法系早期、罗马法以及近代法国民法典而言,无形物、无形财产体现的是一种有别于有形物所有权的权利,罗马法上的无形物即是一种将具体权利进行"物的主观拟制"的结果。否则,无论客体形状和性质如何,均不能视为"无形物"。因为无形财产"无形"性表现为主观权利的无形,其已脱离了感官的感知范畴。虽然权利客体如知识产品也有无形的特点,但仍属于权利附着的对象,而不能直接体现为一种财产。因为若法律不于客体之上赋予权利,自然客体其本身并不能体现财产价值。因此,作为权利对象的知识产品,只是一种有别于有形物的特殊客体。但能否将类似电力、天然气等纳入有形物范畴?回答是否定的。知识产品与无形体物仍有质的区别:无形的知识产品是一种非物质的精神成果,不能产生类似客观物的占有和支配,客观物的自然损耗、处分等也不适用于知识产品。因而知识产品的占有是人为的一种法定垄断利用权,不同于客观物的自然占有。由于知识产权的绝对性类似于有体物的物权,因而知识产权也常被称为"准物权"。

由上得知,知识产品作为特殊类型的客体仅具有客体意义,而对于财产权体系的研究和构建并没有更大的影响。因此,我们认为无形财产应指"权利"而言。但这种权利的范围如何,是否仅限于知识产权,则值得思考。依上述分析,既然从权利角度而言,知识产权和其他权利均是无形的权利利益,并不因具体客体的不同而导致权利性质上的任何差别,所以把"无形财产"局限于知识产权并不妥当。在当代法国民法,无形财产不仅包括罗马法上的"无形物"所指具体权利,还包括权利人就营业资产、顾客、知识产品以及现代商业信息等所享有的权利。我国学术界针对有价证券、股票的流通无法用传统理论予以解释,往往也将票据权利和股权等称为无形财产。所以在理论上宜采取第三种意义上的无形财产,即无形财产不仅是一种财产形式,而且是相对有形物所有权的一种财产权体系,除所有权以外的其他权利均属于无形财产范畴。

英美财产法中也有"有形物"和"无形物"的划分,这与罗马法的传统分类具有基本相同的意义。如动产被分为有形动产(tangible personal property)和无形动产(Intangible personal property),其中债务、商业证券、商誉、知识产权和不属于债权的合同权利被视为无形动产。因此,英美财产法上的无形财产也是一庞大的权利体系。虽然存在这些差别,但英美财产法和罗马法在这一点上是共同的,即两种法律体系中无形物中的"无形"之意义,都是指权利本身的无形,并不是指客体的"无形"。所以,将无形财产界定为有形物所有权以外的权利体系不但是与早期罗马法和近代法国民法典的立法精神相一致,也是与英美法系的理论和立法传统相符的,这也是本书论述的前提和基础。

资料来源:本文引自马俊驹、梅夏英:《无形财产的理论和立法问题》,载《中国法学》2001年第2期,第102—105页。

二、排污权制度的理想化定位

按照解释论的思路,排污权在性质上归属于财产权的范畴,因此当我们从立法论的角度出发探讨排污权的理想化定位时,也应结合民法财产权结构的重塑来展开。上文已言,大陆法系的财产权体系受固有物化思维的影响已尽显疲态,虽然目前经过学者的努力在传统理论基础上通过变通解释,尚能勉强吸纳各种被定义为无体物的新型权利,但随着新型权利的不断涌现和无形财产阵营的急剧扩充,传统的以物权、债权为内核的财产权利体系终将被突破。因而,在民法理论和立法上有必要正视包括排污权等在内的各种无形财产的自身特点和独立性,建立适应当代财产权制度实际情况的财产权体系。①

目前有关民法财产权体系的重构和完善问题已成为学界关注的热点之

---

① 参见马俊驹、梅夏英:《无形财产的理论和立法问题》,载《中国法学》2001年第2期,第109页。

一,学者们对此也提出了一些较为具体的方案和建议,其中,有学者建议在现有物权、债权二分的权利体系之上,引入位阶更高的具有法律意义的财产权概念作为统领民法财产权体系的基石范畴。在这一母权的统帅之下,物权法和债权法分别调整特定的物权关系和债权关系,其他的具有无体物属性的权利或财产则由知识产权法、公司法、票据法、信托法等分别予以调整,在与物权、债权保有同一法律位阶的前提下,与后两者一起形成一个结构开放、法域完整的财产权立法体系。① 笔者认为上述建议具有可采性,引入这一权利结构不仅纠正了前述传统权利体系所固有的权利位阶混乱、逻辑关系僵化、体系自身封闭等缺陷,更重要的是在赋予法律以开放特征的同时,使法律与现实生活的轨迹重新吻合,使法律逻辑和生活感悟获得了统一。②在这一财产权结构中,具有无体物属性的排污权将获得新的理想化定位。它将与水权、矿业权等现有的准物权类型一起脱离物权法的掌握范围,摆脱作为物权附庸的从属地位,组成与物权、债权属于同一位阶的具有独立地位的准物权。至于作为该类型权利集合的准物权是否还沿用这一名称,则可另行再议。当然,即使是在法制大昌的当今时代,国内外有关准物权理论及其具体权利类型的研究也还处于未臻完善的起步阶段,因此,上述设想是否具有可行性与合理性尚需经历长期的理论推演和实践检验。也许经过论证上述财产权结构以及我们对排污权制度的未来定位被最终证明为不具有采行的基础,但作为一种基于立法论思路而形成的理论设想,只要它能为丰富我国的民法学研究贡献出些许新素材,那么,即使今后它成为被批驳的对象,也足以令人欣慰! 因为学术贵在创新。

---

① 参见马俊驹、梅夏英:《无形财产的理论和立法问题》,载《中国法学》2001年第2期,第111页。

② 2004年3月14日,第十届全国人大第二次会议通过的《中华人民共和国宪法修正案》第13条明确规定"国家依照法律规定保护公民的私有财产权和继承权",这是我国法律首次将"财产权"作为一个法律概念加以使用。"财产权"完成由学理概念向法律概念的跃升及其被作为我国根本大法的《宪法》加以承认的事实,使我们看到了以其为基础建构民法财产权体系的希望,这进一步坚定了我们将其引入民法领域的信心和决心。

专栏 7.2　无形财产的立法模式[1]

　　无形财产立法在当代引起了普遍关注,各国立法呈现出两个明显的趋势:一是立法规范由普适性逐步转向具体性。各国均意识到无形财产具有自身的占有方式和流通规则,传统基于有体物的占有、使用、收益和处分而形成的物权法规则已不适应非物质性无形财产法律调整的需要,因此立法上已倾向于具体规定无形财产。如当代各国均制定了知识产权法以规范知识产权。就同类型财产权利而言,法律规则也有不同。在法国立法上,债的一般原理对于具体合同的支配作用日益降低,而对于特殊合同予以特殊调整。在物权领域,德国和法国事实上已形成了动产和不动产两套法律规则。传统民法许多规则可以在百余年中不丧失其价值,而现代和当代的一些财产立法往往是"昙花一现",其规定的对象范围越来越狭窄。二是立法体系由系统性转向分散性。这是由立法的具体性决定的。随着各种无形财产差异的扩大和相关单独立法的增多,建立统一的财产立法体系显得非常困难。大陆法系商事立法主要表现为单独立法,如公司法、票据法、信托法等。同一财产权领域法律规则分散性也十分明显,在法国立法上,城市不动产和乡村不动产并不完全具有相同的法律地位,家庭住宅和农业经营的特殊地位也正逐步被立法所确定。在知识产权领域,文学作品、广告、计算机程序甚至植物品种等均予以独立立法,相互构成不同的、相互配合的保护体系。现代德国不动产也颁布了一系列法规,如《地上权条例》、《住宅所有权和长期居住条例》、《已登记船舶和建造中船舶的权利法》、《土地交易法》等。由于英美财产法是对具体权利进行具体立法,所以给人一种内容杂乱、结构分散的感觉,实际上,大陆法系财产立法也逐渐具有了类似的特征。

　　我国沿袭了大陆法系的理论和立法体系,已形成了相对稳定的物权法

---

[1]　由于辑录资料撰写于《中华人民共和国物权法》颁布之前,因此本书对该资料的引用主要建立在学理背景的介绍层面。

和债权法二元立法模式,民事权利体系也颇为单调,无形财产常被纳入物权或债权范畴予以讨论,并未有独立的理论和立法地位。这既不利于无形财产自身的理论研究和立法设计,同时又容易使人怀疑甚至否认传统财产分类理论的相对合理性。因此,我国立法须给予无形财产一个正确的定位。

首先,面临的便是无形财产的立法地位问题。依上文分析,无形财产作为独立的权利与所有权、债权具有同样的性质和法律地位,因而也应对其立法的独立性予以充分的关注。在法学界,人们对于特殊无形财产进行物权抑或债权式的论争从未能有明确的结果。因此,在立法观念上应一定程度地抛弃把物法规则和债法规则涵盖无形财产的方式,重新审视无形财产的特点,予以具体立法。事实上,我国已制定了公司法、票据法、知识产权法、证券法等单行法律,这些法律对股权、票据权利、知识产权和有价证券等无形财产进行了充分调整,并不勉强纳入物权法和债权法原理进行论证,却丝毫不影响其所发挥的效用。某种程度上讲,正是由于单独立法才避免了传统理论上的困惑对无形财产立法的不良影响。另外,无形财产对于传统公权和私权的分类也有很大的影响,如特许经营权、市场自由权和顾客权利等在民法私权领域是很难定位的,但毫无疑问它们都是当代经营主体的重要财产权形式,这些权利通过单独立法,如《企业登记法》、《反不正当竞争法》和《反垄断法》等获得了充分的保护。

其次,无形财产对于我国物权法的影响也值得思考。就物权体系而言,依传统理论他物权也是一种"无形物"、无形财产,那么是否也应予以单独立法呢?我们认为,无形财产虽是相对于所有权而形成的范畴,但从权利角度看,所有权和他物权均是无形的。由于基于有体物而形成的所有权和他物权具有共同的基本原则、调整方法和主要法律规则,因而在立法上传统物权体系仍有其合理性和稳定性,对于所有权和他物权仍应保留其传统立法框架,不应人为割裂开来。但不可否认的是,他物权均是作为独立的权利存在,具有独立的法律地位,并不依附于所有权。目前物权立法应着眼于他物权的完整性和独立性,对具体物权予以充分的调整。随着他物权种类的增多和复杂程度的提高,不妨对其单独立法予以具体详细的规定。对于物权法的立法设计,目前有一种观点认为,由于股权等成为实现所有权的新的方式,传统的物权概念已不能适应所有权形式的发展变化,建议把物权法改变为产权法。也有一种因此认为可以把物权法就有形财产和无形财产分别立法的观点。我们认为,上述思路有一定的合理性,但忽视了物权和无形财产之间的合理边界,仍企图通过物权法的扩展和变通来解决无形财产立法的问题。实际上无形财产并不限于股权、票据权利等,而是一庞大的权利系统,如无形财产还包括知识产权、信托财产权、市场经营自由权、政府特许权等,其中大多数无形财产并不属于物权法的范畴。如若通过物权法的扩张来制定产权法,那么一方面使无形财产仍束缚于物权理论和立法体系之下,另一方面也使现行物权法本身的调整规则失去已有价值。因此,我们认为,无形财产立法问题的提出对制定物权法的最大意义在于,真正科学界定物权法的调整空间,即物权法的调整范围应限于对"有形物"的调整。物权法理论是于有形物的占有、流通和保护而形成的,具有自身的特点,如若将其扩展至独立的无形财产领域则很难达到合理调整的结果。

就无形财产自身立法体系而言,目前在立法上应首先实现一个观念上的更新,即不应将无形财产视为大陆法系传统民事权利体系之外的特例,从而在立法上将其与传统物权法和债权法割裂开来。事实上,无形财产是从更高层次上对于包括物权和债权在内的财产权利的一种抽象,它充分揭示了权利人财产利益的实质,从而为当代财产权利体系的构建提供了一个崭新的视角。因此,可以认为,无形财产的立法问题是整个财产权立法体系的构建问题,物权法和债权法只是其中的重要的两个组成部分,它们与无形财产的立法是浑然一体、不可分割的。具体而言,物权法和债权法分别调整特定的物权关系和债权关系,其他的无形财产则由知识产权法、公司法、票据法、信托法等分别予以调整,上述各种立法相互配合、相互补充,从而逐步形成一个完整的无形财产立法体系。

资料来源:本专栏引自马俊驹、梅夏英:《无形财产的理论和立法问题》,载《中国法学》2001年第2期,第109—111页。

第八章 结　　语

一、本书的基本观点

近代以来,以人与自然之间的矛盾不断激化为外在表现形式的环境问题在本质上反映的是不同个体或不同族群在谋求自身利益最大化过程中所产生的矛盾对立关系。为舒缓和调整这种紧张氛围,20世纪80年代中期,一些发达国家从可持续发展的观念出发,提出了变革传统经济发展模式,整合工业生态系统的知识结构,建设循环社会的设想。20世纪90年代之后这种以建构知识经济和循环经济发展模式为目标的努力已在国际社会蔚然成风。而建立在可持续发展理念和资源市场化配置规则基础之上的排污权制度体系便是上述两种新经济发展模式在环保领域的生动诠释。

1997年作为一种理念变革与制度创新产物的环境容量交易制度(在公约中具体化为直接对环境容量资源进行用益的排污权交易制度和清洁发展机制),经过《联合国气候变化框架公约》及其附属《京都议定书》的肯认正式登上了世界环保法制的舞台。然而这一举措在提振各界环保人士捍卫绿色家园热情的同时,也为各缔约国的立法者提出了一个新的课题,那就是如何按照公约的指引尽快将排污权及其交易制度国内法化。我国是当今世界上仅次于美国的温室气体排放大国,且随着工业化进程的进一步深化,据世界银行专家预测在未来五年内我国将取代美国成为温室气体的第一排放国。加之我国自然环境和生态系统原本就较为脆弱,因此在数年后,我国将成为环境形势最为严峻的国家之一。这就使得吸收和借鉴世界范围内的环境法制成果对于我国而言显得更为必要和迫切。有鉴于此,本书选取了排污权制度作为研讨的对象,并初步建构了以私法理念为基点,适合我国国情和法制文化特征的相关制度体系。通过对排污权及其交易制度自身的论述和对国外相关制度的评析,现形成以下几点结论:

1. 任何制度的产生和发展都需要有一定的时代背景和社会环境

排污权及其交易制度之所以能够在 20 世纪中晚期结束作为"政策宣示"的命运而走进现实生活,与同时期作为其理论基础的经济学、伦理学和法学的主流观念的变革不无关系。正是由于 20 世纪以科斯为代表的环境经济学家通过发现经济学中的外部不经济性规律破解了因环境要素所具有的"公共物品属性"而导致的人们"利己主义"行为模式的诱因,才使得排污权这种以界定环境产权为目的的权利类型得以创生;正是由于传统的"人类中心主义"的伦理观于 20 世纪出现了修正化的趋向,甚至被"非人类中心主义"所取代的倾向,才使得排污权这种与"以人为本"的社会心理存在较大距离的权利类型能为公众所接受;正是由于近代法制向现代法制迈进的过程中,公、私二法各自都深谙了对方的存在价值,甚至在一定程度上出现了融合的趋势,才使得排污权这种带有浓重公权色彩的权利类型能为私法规范所包容,进而为适用私法规则实现此种权利的流转铺平道路。因此,我们对排污权制度的研讨只有与特定的时代特征和理论基础相结合才能明晰排污权的真正缘起,并使相关的制度设计与社会发展趋势相契合。

2. 在构建排污权制度的过程中,有两种思路可资参照

一为立法论思路,即仅从舒缓环境压力的现实需要和排污权及其流转方式的自身特点出发,将排污权作为一种与传统权利类型相区别的新型权

利来加以专门设计。二是解释论思路,即在现有民事权利体系和法律制度框架内,将排污权归入传统的权利类型,变通适用成熟的法律制度对其加以调整。在这两种思路中,前者的优势在于可以免受或少受现有制度的限制和阻碍,最大限度地发挥立法和新制度的时效价值;与此相对,其劣势在于无法分享现有权利体系和制度框架的即定成果,立法成本较高,且由于与法制传统和适法观念相异,易招致较大的立法风险;后者的优势在于可以充分分享原有的制度成果,立法成本较低,且由于与法制传统和适法观念相通,立法风险很小;与此相对,其劣势在于会受到现有权利体系和制度框架的诸多制约,新权利需进行大量变通解释方能适用原有规则,在弱化新权利个性的同时易增加适法成本。考虑到排污权及其交易制度尚属新生事物,理论界与实务界对其的认识都未臻完善,为尽快将这一国际环保领域的新成果引入我国,以发挥其应有的制度价值,当前采用解释论思路将其作为准物权的一种亚类型引入我国法律体系并适用物权法的相应规则予以调整较具现实可行性,故本书的论述,遵循了解释论的立场和逻辑要求。循此,排污权的概念被定义为:权利人依法享有的对基于环境自净能力而产生的环境容量进行使用、收益的权利。

3. 排污权在性质上属于准物权,且应为准物权中的一种独立权利类型

所谓准物权不是属性相同的单一权利的称谓,而是一组性质有别的权利的总称。按照通说,它由矿业权、水权、渔业权和狩猎权等组成。① 排污权因派生于环境容量资源所有权,所以其首先应被视作他物权,因它以权利人对环境容量的使用和收益为权利内容,而不以担保债权的实现为目的,所以在他物权中应被视作用益物权;又因它所具有的公法色彩使它与一般的用益物权在权利对象、行使方式、权利效力等方面存在明显的不同,所以在严格意义上其应归入准物权的范畴。加之排污权在权利存在的法律基础、权利行使的理念、权利度量的方式、权利客体的属性以及权利救济的规则等方面与基于其所栖生的物质载体而设定的其他物权之间存在着明显的差异,

---

① 参见崔建远:《准物权研究》,法律出版社2003年版,第20页。

因而在准物权体系中也应将它作为一种独立的权利类型来看待。这种结构设计,不仅有利于明晰准物权体系内的权利位阶关系,避免人为地造成权利内容和效力的重叠,而且也有助于加快不同类型排污权共同特征和行使规则的提炼和抽象。

此外,将排污权确定为一种具有可转让性的准物权对于化解我国环保实践中的瓶颈也具有突出的意义。众所周知,我国目前主要采取发放具有行政许可性质的排污许可证的方式调控各类排污行为。由于行政许可的根据来源于公法,而且又以加强国家对排污的行政管理为目的,因此通常情况下公权力机关颁发的行政许可都禁止转让①,即使是制定不久的我国《行政许可法》原则上也采用了"禁止转让"的立法态度。② 这就使试图通过赋予目前的行政许可以"转让性"的方式来救治环境容量资源所具有的外部不经济性的设想无法得到现行法制环境的支持。而以环境容量作为客体的排污权,尽管蕴含着浓厚的公权色彩,但因其具有源自于私法的准物权属性,所以法律并没有剥夺其转让的合法性。这就为作为其客体的环境容量资源依法进行市场化配置提供了法律载体,并从制度建构上彻底突破了长期以来基于环境资源的公共物品属性所带来的诸多理论困局。当我们沿此思路进一步赋予排污许可证以双重性质之后③,其就会藉排污权的可转让性而获得依法转让的合理根据。这就从法律上彻底解决了排污许可证转让欠缺法理基础和适当权源的问题,从而使其成为了根治我国环境问题的又一利器。

4. 排污权自身的性质决定了其取得路径应采用二元化结构

在我国目前尚未确立排污权制度的情况下,政府对排污行为的调整主要是通过发放排污许可证来进行的,这也就是说目前代行排污权设定与取得职能的是排污许可证制度。因此,可以说现行的排污许可证申领程序就

---

① 参见蔡守秋:《环境行政执法和环境行政诉讼》,武汉大学出版社1992年版,第152页。
② 《中华人民共和国行政许可法》第9条规定:依法取得的行政许可,除法律、法规规定依照法定条件和程序可以转让的外,不得转让。
③ 这里所谓的排污许可证的双重性质是指:一方面其是国家行政机关依法核准排污行为的公权力凭证,另一方面则是具有私权属性的排污权的权利表征。

相当于排污权的取得路径,在学界人们则习惯地称之为排污权的初始分配。由国家环保总局对排污权初始分配所作的定义中我们可以看出[①],目前该程序采用的是由行政主体依行政相对人的申请核发排污许可证以赋予相对人排污权的一种行政主导的分配模式。尽管这种分配模式便利了行政机关对排污行为的管理,但其缺陷是十分明显的。此种模式的效率低下,易诱发行政专横;且其作用结果有欠周延,无法涵盖排污权取得的全部类型;更为严重的是,它片面依赖于公权力的发动,忽略了排污权所兼具的民法准物权的属性,忽略了民事权利取得原则在排污权产生和授受过程中的作用及其对于协调权利冲突,解决利益纷争的意义,这最终使其无法对排污权的真正权源作出解释。有鉴于此,笔者认为在排污许可证的取得路径上应采用二元化的结构,同时承认以公权力为基础的行政核准程序和以私权利为基础的行政确认程序均具有独立的授权效力。本书对排污权行使规则的探讨即以这一认识作为基础。

5. 排污权交易过程具有层次性

排污权在由静态走向动态的进程中,通常会受到来自地域、交易主体、交易内容等多种因素的影响和制约,这就使一个典型的排污权交易过程具有了层次性。依据交易在地域和性质上的不同我们将排污权交易划分为国际、国内两个市场,以及一级市场和二级市场两个层次。本书所论及的排污权初始化于一级市场,并最终在二级市场完成权利移转。至于排污权实现权利移转应首选何种法律媒介,笔者认为尽管在现有的法律体系中,有多种制度安排能够使排污行为人获得合法的排污根据,但以合同为法律媒介的排污权转让模式更能因应资源配置市场化理念和国际环保制度建设的现实需要,因此,本书研拟的国内二级市场排污权交易规则即以民事合同理论作为制度基础,以实现公权力有限介入条件下的权利自主移转为目标。

[①] 国家环境保护局编:《排污收费制度》(试用),中国环境科学出版社1997年版,第260页。

二、研究的创新

第一,在目前有关排污权及其交易的文献资料中,以排污权交易为研究对象的居多,而涉及排污权本身的学术成果极少;以经济学、管理学为线索的研究成果居多,而涉及法学的研究成果较少。因此,除国内目前已发表的三篇从宏观角度阐释环境使用权问题的论文外,尚未见到其他在民法学视域中研究环境容量资源的物权化及其转让制度的科研成果。本书是第一本从私法角度系统研究这一问题的专著。全书从法律上对排污权及其客体——环境容量的制度特征作出了提炼和概括,澄清了学术界和实务界关于上述两者权利属性和法域归属的模糊认识,并提出了以公、私法二元化取得路径来整合传统排污许可证取得机制的理论构想和以修正的合同理论为法律媒介的权利转让制度设计,为排污权交易的顺利运行创造了条件,也为将排污权及其交易制度从经济学、管理学领域引入法学研究领域作了相应的理论准备。

第二,作为本书研究对象的环境容量具有相当的复杂性,它既是一种环境要素,同时也是一项稀缺的社会资源;它既具有为人们所重视的经济价值,同时还具有为人们经常忽视的生态价值;它既是经济学、管理学的追逐对象,同时也是环境法、民法的权利客体。因此,要想对环境容量有较全面和准确的把握,就必须以自然科学为基础,同时兼顾其他各门社会科学的知识储备。为完成这个交叉性的题目,本书采用了多维、多元的研究模式,实现了在研究方法上的突破和创新。

第三,建立在对环境容量使用收益基础之上的排污权,是一种新的权利类型。虽然这种权利已经在美国等英美法系国家存在,但基于理论研究的孱弱,大陆法系国家的法律体系,特别是民事权利体系尚未实现对它的接纳。本书通过对大陆法系民法财产权结构形成机制的回溯,指出了传统立法物化思维所造成的理论隐患,并以此为据对引入排污权可能给民事权利体系带来的冲击,作出了以立法论思路为基础的回应。

三、研究的局限

行文至此,可以说本书的写作任务已基本完成。通过前文的论述,一套以疏缓我国环境压力为目标,以践行解释论思路为主线的排污权及其交易制度体系已经展现在您的面前。但是掩卷之时,笔者却未觉心情有些许轻松。一是因为即使在大张环境保护的今天,我国的环保形势也未见缓解,而欠缺融公、私法律文化于一身的环境立法的调整无疑是造成此种境况的重要成因。理论研究是立法的基础和先导,因此本书的完成仅仅是为相关立法的创制作了一点有限的助推,而更富挑战性的后续研究还未启动,可见理想的彼岸尚且遥远;二是因为即使在当前的国际环保法制体系中,排污权及其交易制度也属新鲜事物。本书系国内对该问题从私法角度所作的首次专题研讨,既无成熟先例可资借鉴,又无广泛实践活动可供参考,加之笔者阅历有限、学识疏浅,许多制度设计的合理性和可行性尚需检验;许多未竟的议题,如排污权期货市场的建构规则、排污权国内与国际交易的衔接机制等,还有待研拟。三是因为尽管笔者始终试图运用跨学科的角度去研讨排污权及其交易问题,但是本书的法学逻辑基点是以私法为原点的,而环境法制问题的解决除了需要私法的努力之外,环境法、行政法、经济法等部门法的作用不可或缺。这就必然使本书的论证及结论存在一定的局限性。因此本书的完成对于笔者个人而言,只是求学之路上的一个中继站,笔者将以此问题的研讨为契机,为探索排污权及其他准物权类型的建构规律继续努力。

参 考 文 献

中 文 文 献

一、中文专著、论文

[1] 马俊驹、余延满:《民法原论》(上、下),法律出版社 1998 年版。

[2] 马俊驹、梅夏英:《财产权制度的历史评析和现实思考》,载《中国社会科学》1999 年第 1 期,第 90—95 页。

[3] 马俊驹、梅夏英:《无形财产的理论和立法问题》,载《中国法学》2001 年第 2 期,第 100—108 页。

[4] 马中、杜丹德:《总量控制与排污权交易》,中国环境科学出版社 1999 年版。

[5] 马新彦:《美国财产法与判例研究》,法律出版社 2001 年版。

[6] 马骧聪:《环境保护基本问题》,中国社会科学出版社 1983 年版。

[7] 王卫国、王广华:《中国土地权利的法制建设》,中国政法大学出版社 2002 年版。

[8] 王玉庆:《繁荣环境法学研究 推动环境法制建设》,提交给"适应市场机制的环境法制建设问题研讨会"的论文,西北政法学院 2002 年版。

[9] 王名扬:《法国行政法》,中国政法大学出版社 1988 年版。

[10] 王庆礼、邓红兵等:《略论自然资源的价值》,载《中国人口·资源与环境》2001 年第 2 期,第 25—30 页。

[11] 王灿发:《环境法学教程》,中国政法大学出版社 1997 年版。

[12] 王利明、杨立新编著:《侵权行为法》,法律出版社 1996 年版。

[13] 王利明、崔建远:《合同法新论·总则》,中国政法大学出版社 1996 年版。

[14] 王利明:《物权法论》,中国政法大学出版社 1998 年版。

[15] 王利明:《违约责任论》,中国政法大学出版社2000年版。

[16] 王利明:《中国物权法草案建议稿及说明》,中国法制出版社2001年版。

[17] 王利明主编:《物权法专题研究》,吉林大学出版社2002年版。

[18] 王泽鉴:《民法物权》第1册,台湾三民书局1992年版。

[19] 王明远:《环境侵权救济法律制度》,中国法制出版社2001年版。

[20] 王金南:《市场方法在现代环境政策领域中的应用及设计》,载《走向21世纪,中国青年环境论坛首届年会论文集》,环境科学出版社1993年版。

[21] 王金南:《市场经济与工业污染防治》,中国环境科学出版社1996年版。

[22] 王树义:《俄罗斯生态法》,武汉大学出版社2001年版。

[23] 王树恩:《人类与环境》,天津大学出版社2002年版。

[24] 王家福主编:《民法债权》,法律出版社1991年版。

[25] 王清军:《论水资源法律体系及完善》,提交给"2001年环境资源法学国际研讨会"的论文,福州大学,2001年11月。

[26] 王曦:《美国环境法概论》,武汉大学出版社1992年版。

[27] 王洪亮:《不动产物权登记立法研究》,载《法律科学》2000年第2期,第118—122页。

[28] 王东京:《科斯定理与产权经济理论——现代经济学的主要理论(三)》,载《石油政工研究》2004年第3期,第25页。

[29] 尹田:《法国物权法》,法律出版社1998年版。

[30] 尹德洪:《科斯定理的法和经济学拓展》,载《东北财经大学学报》2006年第3期,第4页。

[31] 公丕祥主编:《法理学》,复旦大学出版社2002年版。

[32] 方子云:《水资源保护工作手册》,河海大学出版社1988年版。

[33] 邓海峰:《采矿权、土地所有权的冲突与协调》,载江平主编:《中美物权法的现状与发展》,清华大学出版社2003年版。

[34] 邓海峰:《民法发展趋势释评》,载《学术交流》2002年第4期,第31—35页。

[35] 邓海峰:《环境法行政强制机制检讨》,载《河北法学》2005年第3期,第51—52页。

[36] 邓海峰:《环境容量的准物权化及其权利构成》,载《中国法学》2005年第4期,第59—66页。

[37] 邓海峰:《排污权与不同权属之间的冲突和协调》,载《清华法学》2007年第3期,

第 118—129 页。

[38] 邓海峰、罗丽:《排污权制度论纲》,载《法律科学》2007 年第 6 期,第 76—83 页。

[39] 史尚宽:《物权法论》,台湾荣泰印书馆股份公司 1979 年版。

[40] 厉以宁、章铮:《环境经济学》,中国计划出版社 1995 年版。

[41] 冯向东:《略论乡镇企业引起的生态问题与整治对策》,载《生态学杂志》1998 年第 5 期,第 8—12 页。

[42] 叶卫平、孙陶生:《资源、环境问题与可持续发展对策》,福建人民出版社 1998 年版。

[43] 《旧约全书·创世纪》,现代中文译本,香港:圣经公会出版,第 1 章,第 28 节。

[44] 孙宪忠:《德国当代物权法》,法律出版社 1997 年版。

[45] 孙鹏:《合同法热点问题研究》,群众出版社 2001 年版。

[46] 孙鳌:《外部性的类型、庇古解、科斯解和非内部化》,载《华东经济管理》2006 年第 9 期,第 154—158 页。

[47] 孙世强、关立新:《环境产权与经济增长》,载《哈尔滨工业大学学报》(社科版) 2004 年第 3 期,第 78—80 页。

[48] 吕忠梅:《环境法新视野》,中国政法大学出版社 2000 年版。

[49] 吕忠梅:《论环境使用权交易制度》,载《政法论坛》2000 年第 4 期,第 123—129 页。

[50] 吕忠梅:《环境权力与权利的重构》,载《法律科学》2000 年第 5 期,第 77—86 页。

[51] 吕忠梅:《论环境物权》,提交给"2001 年环境资源学国际研讨会"的论文,福州大学,2001 年 10 月,第 169—171 页。

[52] 吕忠梅等:《环境资源法学》,中国法制出版社 2001 年版。

[53] 吕忠梅:《中国环境法的革命》,载韩德培主编:《环境资源法论丛》(第 1 卷),法律出版社 2001 年版。

[54] 吕忠梅、尤明清:《论矿产资源所有权及其实现》,提交给"国有资源法律体系的完善与资源权属研讨会"的论文,2001 年 12 月,第 151—153 页。

[55] 吕忠梅:《"绿色"民法典的制定——21 世纪环境资源法展望》,载《郑州大学学报》(哲社版)2002 年第 2 期,第 10—11 页。

[56] 吕忠梅、刘长兴:《构建环境合同制度》,提交给"适应市场机制的环境法制建设问题研讨会"的论文,西北政法学院,2002 年,第 50—58 页。

[57] 吕忠梅:《"绿色民法典"制定与环境法学的创新》,载《法学论坛》2003 年第 2 期,

第 107—110 页。

[58] 吕忠梅、刘长兴:《试论环境合同制度》,载《现代法学》2003 年第 3 期,第 101—108 页。

[59] 刘德宽:《民法诸问题与新展望》,台湾五南图书出版公司 1995 年版。

[60] 许剑英:《海洋法与渔业权》,台湾龙文出版社股份有限公司 1993 年版。

[61] 曲格平:《环境科学基础知识》,中国环境科学出版社 1984 年版。

[62] 关涛:《民法中的水权制度》,载《烟台大学学报》(哲社版)2002 年第 4 期,第 389—396 页。

[63] 江山:《广义综合契约论——寻找丢失的秩序》,载梁慧星主编:《民商法论丛》(第 6 卷),法律出版社 1997 年版,第 275—281 页。

[64] 江平:《中国矿业权法律制度研究》,中国政法出版社 1991 年版。

[65] 齐亚彬:《资源环境承载力研究进展及其主要问题剖析》,载《中国国土资源经济》2005 年第 5 期,第 7—11 页。

[66] 延军平:《跨世纪全球环境问题及行为对策》,科学出版社 1999 年版。

[67] 米坦:《环境伦理学理论与实践》,环境出版社 2002 年版。

[68] 宋国君:《总量控制与排污权交易》,载《环境科学》2000 年第 4 期,第 144—151 页。

[69] 宋国君:《论中国污染物排放总量控制和浓度控制》,载《环境保护》2000 年第 6 期,第 10—16 页。

[70] 李峰:《期货理论与我国水权交易》,载《江西金融职工大学学报》2006 年第 1 期,第 26 页。

[71] 李天杰:《土壤环境学》,高等教育出版社 1996 年版。

[72] 李开国:《民法学》(专题讲座),西南政法大学 1995 年 12 月印刷。

[73] 李永军:《合同法原理》,中国人民公安大学出版社 1999 年版。

[74] 李先波:《合同有效成立比较研究》,湖南教育出版社 2000 年版。

[75] 李进之等:《美国财产法》,法律出版社 1999 年版。

[76] 李启家:《治淮目标的递进与淮河水环境保护立法的修改》,载《环境保护》1999 年第 6 期,第 65—71 页。

[77] 李寿德:《排污权交易与市场结构研究》,西安交通大学博士学位论文,2000 年 6 月。

[78] 李爱年、李宗恺等:《总量控制区域排污权的初始分配方法》,载《中国环境科学》

2000 年第 1 期,第 68—69 页。

[79] 李爱年、胡春冬:《排污权初始分配的有偿性研究》,载《中国软科学》2003 年第 5 期,第 17—18 页。

[80] 李萱:《环境法学的理论困境及其出路》,清华大学法学院硕士毕业论文,2003 年 7 月。

[81] 李耀东、高杰:《我国二氧化硫排污权交易取得突破》,载《中国环境报》2001 年 12 月 5 日,第 3 版。

[82] 吴庆宝:《期货司法解释对期货交易民事责任制度的创新与发展》,载《人民司法》2003 年第 7 期,第 11 页。

[83] 吴卫星:《环境问题成因探析》,http://www.riel.whn.edn.cn/shew.Asp?id=768,最后访问日期:2007 年 1 月 12 日。

[84] 吴汉东:《财产权客体制度论》,载《法商研究》2000 年第 4 期,第 46—50 页。

[85] 汪劲、田秦等:《绿色正义》,广州出版社 2000 年版。

[86] 汪劲:《环境法学》,北京大学出版社 2006 年版。

[87] 余春祥:《可持续发展的环境容量和资源承载力分析》,载《中国软科学》2004 年第 2 期,第 131—132 页。

[88] 陈华彬:《物权法原理》,国家行政学院出版社 1998 年版。

[89] 陈泉生:《论可持续发展与民事私法自治内容的补充》,载《东南学术》2002 年第 4 期,第 7—84 页。

[90] 余延满:《合同法原论》,武汉大学出版社 2002 年版。

[91] 肖国兴、肖乾刚编:《自然资源法》,法律出版社 1999 年版。

[92] 何勤华主编:《德国法律发达史》,法律出版社 2000 年版。

[93] 张广兴:《债法总论》,法律出版社 1997 年版。

[94] 张文显:《法哲学范畴研究》(修订版),中国政法大学出版社 2001 年版。

[95] 张永良、刘培哲:《水环境容量综合手册》,清华大学出版社 1991 年版。

[96] 张梓太、吴卫星编著:《环境与资源法学》,科学出版社 2002 年版。

[97] 张新宝:《中国侵权行为法》,中国社会科学出版社 1998 年版。

[98] 张璐:《环境产业的兴起与环境资源法的变革》,武汉大学博士毕业论文,2003 年 5 月。

[99] 陈国义:《民法因果关系之理论、概念及举证责任在德国环境损害赔偿事件的适用

以及转变》,载《法学丛刊》第 160 期,第 66—67 页。

[100] 陈洪:《罗马法物权冲突及其解决机制探析》,载《法律科学》2001 年第 4 期,第 40—45 页。

[101] 邱聪智:《公害法原理》,台湾三民书局 1984 年版。

[102] 杨与龄:《民法物权》,台湾五南图书出版公司 1981 年版。

[103] 杨明华:《中国西南地区的生态危机》,载《生态学杂志》1991 年第 6 期,第 10—13 页。

[104] 杨振山等主编:《罗马法·中国法与法典现代化》,中国政法大学出版社 2001 年版。

[105] 林娅:《环境哲学概论》,中国政法大学出版社 2000 年版。

[106] 林柏璋:《台湾水权及其法律性质之探讨——公水之特许使用》,载《台湾水利》2001 年 9 月第 49 卷第 3 期,第 100—101 页。

[107] 罗吉:《排污权交易简论》,载《城市环境》1993 年第 3 期,第 11—14 页。

[108] 国家环境保护局:《水污染物排放许可证管理暂行办法》1988 年 3 月 20 日发布。

[109] 国家环境保护局:《21 世纪议程》,中国环境科学出版社 1993 年版。

[110] 国家环境保护局:《排污收费制度(试用)》,中国环境科学出版社 1997 年版。

[111] 武汉大学环境法研究所:《2001 年环境资源法学国际研讨会学术综述》,载《法学评论》2002 年第 3 期,第 148—155 页。

[112] 《环境资源价值几何》,载《参考消息》1998 年 5 月 3 日,科技版。

[113] 《美国二氧化硫排污权交易体系》,载《财经》2003 年 5 月 5 日第 83 期,第 87 页。

[114] 《法学词典》,上海辞书出版社 1989 年版。

[115] 《现代汉语词典》,商务印书馆 2002 年版。

[116] 金瑞林:《环境法——大自然的护卫者》,时事出版社 1985 年版。

[117] 金瑞林、汪劲著:《中国环境与自然资源立法若干问题研究》,北京大学出版社 1999 年版。

[118] 郑玉波:《民法物权》,台湾三民书局 1995 年版。

[119] 郑少华:《可持续发展与第三次法律革命》,载《法学》1997 年第 11 期,第 18—20 页。

[120] 周珂:《环境法》,中国人民大学出版社 2000 年版。

[121] 周密:《环境容量》,东北师范大学出版社 1987 年版。

[122] 姜明安主编:《行政法与行政诉讼法》,北京大学出版社、高等教育出版社 2000 年版。

[123] 郝喜顺等编著:《总量控制排污许可证管理与实施》,中国环境科学出版社 1991 年版。

[124] 胡嘉滨、周玉华:《环境立法的伦理取向与价值追求》,提交给"2001 年环境资源法学国际研讨会"的论文,福州大学,2001 年 10 月,第 94—95 页。

[125] 贺思源、曹钟安:《论环境伦理观的嬗变对环境法价值理念的影响》,载《法制与社会》2006 年第 10 期,第 217—218 页。

[126] 祝兴祥等编著:《中国的排污许可证制度》,中国环境科学出版社 1991 年版。

[127] 姚瑞光:《民法物权论》,海宇文化事业有限公司 1995 年版。

[128] 赵晓红:《从人类中心论到生态中心论——当代西方环境伦理思想评介》,载《中共中央党校学报》2005 年第 4 期,第 35—38 页。

[129] 高德步:《产权与增长:论法律制度的效率》,中国人民大学出版社 1999 年版。

[130] 钱明星:《物权法原理》,北京大学出版社 1994 年版。

[131] 徐家良、范笑仙:《制度安排、制度变迁与政府管制限度》,载《上海社会科学院学术季刊》2002 年第 1 期,第 13—16 页。

[132] 梁慧星:《民法总论》,法律出版社 1996 年版。

[133] 梁慧星、陈华彬编著:《物权法》,法律出版社 1997 年版。

[134] 梁慧星:《中国物权法草案建议稿》,社科文献出版社 2000 年版。

[135] 崔建远:《合同责任研究》,吉林大学出版社 1992 年版。

[136] 崔建远主编:《新合同法原理与案例评释》(下),吉林大学出版社 1999 年版。

[137] 崔建远:《水权与民法理论及物权法典的制定》,载《法学研究》2002 年第 3 期,第 37—62 页。

[138] 崔建远:《水权转让的法律分析》,载《清华大学学报》(哲社版)2002 年第 5 期,第 40—50 页。

[139] 崔建远:《准物权研究》,法律出版社 2003 年版。

[140] 梅夏英:《特许物权的性质及立法模式选择》,http://www.civillaw.com.cn/2002/12/23。

[141] 常云昆:《黄河断流与黄河水权制度研究》,中国社会科学出版社 2001 年版。

[142] 章建刚:《环境伦理学中的一种"人类中心主义"的观点》,载《哲学研究》1997 年

第 11 期,第 49—56 页。

[143] 黄洪亮:《环境管理走向市场经济的可喜尝试》,载《中国人口·资源与环境》1994 年第 3 期,第 70—73 页。

[144] 黄江莺:《环境容量——一种非常重要的资源》,载《政策瞭望》2006 年第 2 期,第 36 页。

[145] 萧正洪:《环境与技术变迁》,中国社会科学出版社 1998 年版。

[146] 康伟平:《排污权交易的中国实验》,载《财经》2003 年 5 月 5 日第 83 期,第 82—87 页。

[147] 傅静坤:《20 世纪契约法》,法律出版社 1997 年版。

[148] 韩斌:《物权冲突与物权优先效力原则》,载《西南民族学院学报》(社科版)2001 年第 4 期,第 79—80 页。

[149] 温丰文:《现代社会与土地所有权理论之发展》,台湾五南图书出版公司 1984 年版。

[150] 曾隆兴:《公害纠纷与民事救济》,台湾三民书局 1995 年版。

[151] 喻文莉:《取得时效之客体研究》,载《法律科学》2003 年第 2 期,第 70—74 页。

[152] 越海月:《论生态价值的特性、形态与表现》,载《电子科技大学学报》(社科版)1999 年第 3 期,第 68—69 页。

[153] 葛勇德、李耀东:《二氧化硫排污权开始交易》,载《中国环境报》2001 年 11 月 5 日,第 3 版。

[154] 舒广:《取得时效制度研究》,清华大学硕士研究生毕业论文,2003 年 5 月。

[155] 蔡守秋:《环境行政执法和环境行政诉讼》,武汉大学出版社 1992 年版。

[156] 蔡守秋:《环保政策法律问题研究》,武汉大学出版社 1999 年版。

[157] 蔡守秋:《环境资源法学教程》,武汉大学出版社 2000 年版。

[158] 蔡守秋:《论水权体系和水市场》,载《中国法学》2001 年增刊,第 35—42 页。

[159] 蔡守秋:《当代环境资源法中的经济手段》,载《法学评论》2001 年第 6 期,第 47—52 页。

[160] 蔡守秋:《论环境民事责任体制》,韩德培主编:《环境资源法论丛》(第 1 卷),法律出版社 2001 年版,第 58—59 页。

[161] 蔡守秋:《论水权转让的范围和条件》,载《城市环境》2002 年第 1 期,第 26—30 页。

[162] 蔡守秋:《论排污权交易的法律问题》,提交给"2002 年中国环境资源法学研讨会"的论文,2002 年 10 月,第 8—9 页。

[163] 蔡拓:《可持续发展——新的文明观》,山西教育出版社 1999 年版。

[164] 裴丽萍:《水权制度初论》,载《中国法学》2001 年第 2 期,第 90—99 页。

[165] 裴丽萍:《水资源市场配置法律制度研究——一个以水资源利用为中心的水权制度构想》,载韩德培主编:《环境资源法论丛》(第 1 卷),法律出版社 2001 年版,第 121—155 页。

[166] 管欧:《中国行政法总论》,蓝星打字排版有限公司 1981 年版。

[167] 樊纲:《市场机制与经济效率》,上海人民出版社 1995 年版。

[168] 潘毅华:《期货交易基本法律关系之创新》,载《中山大学学报论丛》2005 年第 1 期,第 56 页。

[169] 操小娟:《现代企业环境责任及其立法问题研究》,武汉大学环境资源法研究所硕士学位论文,1999 年 6 月。

[170] 戴星翼:《走向绿色的发展》,复旦大学出版社 1998 年版。

[171] 鞠建林:《浅谈环境容量资源之配置[Ⅰ]》,载《环境污染与防污》1997 年第 4 期,第 9—13 页。

[172] 魏衍亮、周艳霞:《美国水权理论基础、制度安排对中国水权制度建设的启示》,载《比较法研究》2002 年第 4 期,第 42—54 页。

[173] 魏振瀛、王小能编:《民法》,北京大学出版社、高等教育出版社 2000 年版。

二、中文译著

[1] 〔美〕大卫·雷·格里芬:《后现代精神》,王成兵译,中央编译出版社 1998 年版。

[2] 〔英〕E.F.舒马赫:《小的是美好的》,虞鸿钧译,商务印书馆 1984 年版。

[3] 马克思:《马克思、恩格斯全集》(第 1 卷),人民出版社 1956 年版。

[4] 马克思:《工资价格和利润》,外文出版社 1975 年版。

[5] 马克思:《资本论》(第 3 卷),人民出版社 1972 年版。

[6] 〔美〕韦斯特福尔:《近代科学的建构——机械论与力学》,彭万华译,复旦大学出版社 2000 年版。

[7] 〔美〕艾伦·杜宁:《多少算够——消费社会与地球的未来》,毕聿译,吉林人民出版社 1997 年版。

[8] 〔美〕艾伦·沃森:《民法法系的演受及形成》,李静冰、姚新华译,中国政法大学出版

社 1999 年版。

[9] 〔英〕弗里乔夫·卡普拉:《转折点——科学、社会和正在兴起的文化》,卫飒英、李四南译,四川科学技术出版社 1988 年版。

[10] 〔奥〕弗·维赛尔:《自然价值》,陈国庆译,商务印书馆 1991 年版,第 51—52 页。

[11] 〔美〕平狄克·鲁宾费尔德:《微观经济学》(第 3 版),张军等译,中国人民大学出版社 1997 年版。

[12] 〔德〕汉斯·萨克塞:《生态哲学》,文韬等译,东方出版社 1991 年版。

[13] 〔澳〕休·史卓顿、莱昂内尔·奥查德:《公共物品、公共企业和公共选择——对政府功能的批评与反批评的理论纷争》,费朝晖译,经济科学出版社 2000 年版。

[14] 〔德〕米夏埃尔·蓝德曼:《哲学人类学》,张乐天译,上海译文出版社 1988 年版。

[15] 〔日〕我妻荣:《债权在近代法中的优越地位》,王书江等译,中国大百科全书出版社 1999 年版。

[16] 〔日〕我妻荣:《日本物权法》,有泉亨修订,李宜芬校订,台湾五南图书出版公司 1999 年版。

[17] 〔美〕阿瑟·奥肯:《平等与效率》,王奔洲等译,华夏出版社 1997 年版。

[18] 〔澳〕阿勒克斯·加德纳:《水资源法改革》,识摩竹译,载《环境资源论丛》(第 1 卷),法律出版社 2001 年版。

[19] 〔德〕迪特尔·梅迪库斯:《德国债法总论》,杜景林等译,法律出版社 2004 年版。

[20] 〔英〕彼得·拉塞尔:《觉醒的地球》,王国政等译,东方出版社 1991 年版。

[21] 〔意〕彼德罗·彭梵得:《罗马法教科书》,黄风译,中国政法大学出版社 1992 年版。

[22] 〔日〕岸根卓郎:《环境论——人类最终的选择》,何鉴译,南京大学出版社 1999 年版。

[23] 〔德〕罗尔夫·斯特博:《德国经济行政法》,苏颖霞等译,中国政法大学出版社 1999 年版。

[24] 〔美〕保罗·萨缪尔森、威廉·诺德豪斯:《经济学》(上),高鸿业等译,北京经济学院出版社 1996 年版。

[25] 〔德〕高赫特:《地质经济学与矿物原料政策》,朱铁民译,中国地质大学出版社 1990 年版。

[26] 〔美〕埃莉诺·奥斯特罗姆:《制度激励与可持续发展》,任睿等译,上海三联书店 2000 年版。

[27]〔德〕曼弗雷德·沃尔夫:《物权法》,吴越、李大雪译,法律出版社2002年版。

[28]〔英〕梅因:《古代法》,沈景一译,商务印书馆1959年版。

[29]〔法〕萨伊:《政治经济学问答》,载莱昂·瓦尔拉斯:《纯粹经济学要义》,蔡受百译,商务印书馆1989年版。

[30]〔美〕理查德·布隆克:《质疑自由市场经济》,林季红译,江苏人民出版社2000年版。

[31]〔德〕黑格尔:《法哲学原理或自然法和国家学纲要》,范扬等译,商务印书馆1982年版。

[32]〔德〕霍尔茨:《自然、技术、生态》,载《国外社会科学》1989年第8期,第25—29页。

[33]〔德〕霍斯特·西伯特:《环境经济学》,蒋敏元译,中国林业出版社2002年版。

三、法典

[1]《日本民法典》:王书江译,中国发展出版社2000年版。

[2]《台湾水力法》:第18条第1项。

[3]《阿尔及利亚民法典》:尹田译,中国法制出版社、金桥文化出版(香港)有限公司2002年版。

[4]《法国民法典》:罗结珍译,中国法制出版社1999年版。

[5]《法国环境法典》:王姤华译,国际文化出版公司1996年版。

[6]《俄罗斯民法典》:黄道秀等译,中国大百科全书出版社1999年版。

[7]《俄罗斯联邦保护法和土地法典》:马骧聪译,中国法制出版社2003年版。

[8]《意大利民法典》:费安玲、丁玫译,中国政法大学出版社1997年版。

[9]《埃塞俄比亚民法典》:薛军译,中国法制出版社、金桥文化出版(香港)有限公司2002年版。

[10]《瑞士民法典》:殷生根、王燕译,中国法制出版社1999年版。

[11]《越南民法典》:吴尚芝译,中国法制出版社、金桥文化出版(香港)有限公司2002年版。

[12]《德国民法典》:郑冲、贾红梅译,法律出版社1999年版。

[13]《德国环境保护法——法规》:江伟钰译校,香港华艺出版社1993年版。

外 文 文 献

一、外文专著、论文

[1] Atkinson, S. E (1983), "Marketable Pollution Permits and Acid Rain Externalities", *Canadian Journal of Economics*, Vol. 16, Iss: 4.

[2] Armcanz (1995), *Water Allocation and Entitlement: A National Framework for the Implementation of Property Rights in Water*, Vol. 10, iii.

[3] Barlow burke (1993), *Personal Property*, 2nd ed., St. Paul, Minn: West Publishing Co.

[4] Bartlett, R (1996), "Transferability of Water Rights in Australia and the United States" in A Gardner & S. Mascher, *Water Law in Western Australia: Comparative Studies and Options for Reform*, WA: Western Australia University Press.

[5] Bartlett, R, et, al, *Water Law in Western Australia: Comparative Studies and options for Reform*, 38—43, http://www.Wrc.Wa.Gov.au/public/publist.Html#wrs/.

[6] Bohm,. P and Kneece. A (1974), *The Economics of Environment*, London: Macmiliam Press Ltd.

[7] Cabe, R. and J. Herrige (1992), "The Regulation of Nonpoint Sources of Pollution Under Imperfect and Asymmetric Information," *Journal of Environmental Economics and Management*, Vol. 22, 134—146.

[8] Casson, T (1993), "Seller Incentive Properties of the EPA's Emission Trading Auction," *Journal of Environmental Economics and Management*, Vol. 25, 177—195.

[9] Cheung. S. N (1975), "Transaction Costs, Risk Aversion and the Choice of Contractual Arrangements", *Journal of Law and Economics*, Vol. 18, 535—554.

[10] Coase. Ronald (1960), "The Problem of Social Cost", *Journal of Law and Economics*, Vol. 3, 1—44.

[11] Cropper, T. D. and Oates, W. E (1992), "Environmental Economics: A Survey", *Journal of Economic Literature*, Iss: 30, 675—688.

[12] Dales (1968), "Land, Water and Ownership", *Canadian Journal of Economic*, Vol. 1, 791—804.

[13] Daniel F. Hinkel(1991), Practical Real Estate Law, St. Paul, Minn: West Publishing

Co.

[14] Daniel H. Cole (2002), *Polltuion and Property: Comparing Ownership Institutions for Environmental Protection*, New York: Cambridge University Press.

[15] Denny Ellermann (2000), *Market for Clean Air-The U. S Acid Rain Program*, New York: Cambridge University Press.

[16] Department of Ecology V. Theodoratus, *Seattle University Law Review* (2000), Summer, 191.

[17] David H. Fetches (1997), Water Law in a Nutshell, 3nd ed, St. Paul, Minn.: West Publishing Co.

[18] Elinor Ostrom (1990), *Governing the Commons: The Evolution of Institutions for Collective Action*, New York: Cambridge University Press.

[19] Elinor Ostrom (1993), *Institutional Incentives and Sustainable Development: Infrastructure Polices in Perspective*, with Larry Schroeder and Susan Wynne, Boulder: Westview Press.

[20] Frank. J (1974), "Cases and Materials on Water law", *Resource Use and Environmental Protection*, St. Paul, Minn: West Publishing. Co.

[21] Gable, H. L (1985), "Reform of the Clean Air Act: anther decade of waste?", *Sloan Management Review*, Vol. 23, 3.

[22] Gardner, A, "Administration of Water Entitlements" in R. Bartlett, A Gardner & S. Mascher, *Water Law in Western Australia: Comparative Studies and Options for Reform*, 285—287.

[23] Gardner and S. Mascher (1988), *Water Law in Western Australia: Comparative Studies and Options for Reform*. 92.

[24] Gartland, A. M. Mc (1988), "A Comparison of two Marketable Discharge Permit System,", *Journal of Environmental Economics and Management*, Vol. 15, 35—44.

[25] Gerry Bate (1992), *Environmental Law in Australia*, 3nd ed. London: Butterworths.

[26] Gordon Arbuckle, J, et, al (1985), *Environmental Law Handbook*, 8th ed, Rockville, MD: Government Institutes, Inc.

[27] Hahn, R. W (1984), "Market Power and Transferable Property Rights," *Quarterly Journal of Economics*, Vol. 99, 753—760.

[28] Hardin (1968), "The Tragedy of the Commons," *Science*, Vol. 12, 13.

[29] Jesse Dukeminier and James E. Krier (1993), *Property*, 3nd ed, Boston: Little Brown and Company.

[30] Iris Williams (1994), *Essential Land Law*, Cavendish.

[31] Hovenkamp (1991), *The Law of Property*, 4th ed, St. Paul, Minn: West Publishing Co.

[32] Janet. C. Neuman and Keith Hirokama (2000), "How Good Is an Old Water Rights? The Application of Statutory Forfeiture Provision to Pre-Code", *University of Denver Water Law Review*. Fall.

[33] Jarid Diamond (1989), The Worst Mistake in the History of Human Race: West Civilization, Guilford, Conn: Dushkin Pub. Group.

[34] John. C. Peck and Kent Weatherby (1994), "Condemnation of Water and Water Rights in Kansas", *University of Kansas Law Review*, Summer, 94.

[35] Krista Koehl (1998), Partial Forfeiture of Water Rights: Oregon Compromiser Traditional Principles to Achieve Flexibility, 28 Envtl. L, 1140—1141.

[36] Krupnick, A. J. and E. DE Verg (1983), "On Marketable Air Pollution Permits: the Case for a System of Pollution Offsets", *Journal of Environmental Economics and Management*, Iss: 10, 233—237.

[37] Luken and Fraas (1993), "The US Regulatory Analysis Framework: A Review", *Oxford Review of Economic Policy*, Vol. 9-4, 96—106.

[38] Lyon, R. M (1982), "Auctions and Alternative Procedures for Allocating Pollution Rights", *Land Economics*, Vol: 58, Iss:1.

[39] Malug, D. A (1990), "Welfare Consequences of Emission Credit Trading Programes," *Journal of Environmental Economics and Management*, Vol. 17, 66—77.

[40] Montgomery, W. David (1972), "Markets in Licenses and efficient Pollution Control Programs", *Journal of Economic Theory*, Vol. 5. 12, 395—407.

[41] Nigel G. Foster (1993), *BA. LLM: German Law & Legal System*, Slynn of Hadley.

[42] Oates, W. E (1985), "Marketable Pollution Permits and Acid Rain Externalities: A Comment and Some further Evidence", *Canadian Journal of Economics*, Vol. 18, 3.

[43] Paul A. Samuelson and William D. Nordhaus (1995), *Economics*, 15th ed. New

York: McGraw-Hill.

[44] Raiph E. Boyer and Herbert Hovenkamp (1991), *The Law of Property*, 4th ed, St. Paul, Minn.: West Publishing Co.

[45] Reed D. Benson (1996), A Water Issue: The Role of Streamflow Protection In Northwest River Basin Management, *Environment Law*, Vol. 26. No. 1. 207.

[46] Richard A. Posner (2003), *Economic analysis of law*, 6th ed, CITIC Publishing House: Aspen Publishers, Inc.

[47] Roger Bernhardt and Ann M. Burkhart (2000), *Real property*, 4th ed, St. Paul, Minn.: West Publishing Co.

[48] Tietenberg, T. H (1991), "The Emission Trading: Instruments for Environmental Regulation", *Oxford Review of Economic Policy*, Vol. 6, 35—41.

[49] Tietenberg, T. H (1992), *Environmental and Natural Resource Economic*, 3nd, New York: Harper Collins Publishers Inc.

[50] William. H. Rodgers (1994), *Environmental Law*, 2nd ed. St. Paul, Minn.: West Pub. Co.

[51] Willianm J. Baumol and Wallance E, Oates (1988), *The Theory of Environmental Policy*, 2nd ed, New York: Cambridge University Press.

[52] 〔日〕几代通:《不法行为法》(日文版),德本伸一补订,日本有斐阁1993年版。

[53] 〔日〕大塚直:《排污权制度的新展开》(日文版),载《法学家》2000年2月1日第1171期,第81页。

[54] 〔日〕大塚直:《环境政策的新手法》(日文版),载《法学教室》2002年1月第256号,第98页。

[55] 〔日〕牛山积:《现代的公害法》(日文版),日本劲草书房1976年版。

[56] 〔日〕加藤一郎:《公害法的生成与展开》(日文版),日本岩波书店1970年版。

[57] 〔日〕阿部泰隆、淡路刚久:《环境法》(日文版),日本有斐阁1995年版。

[58] 〔日〕园部敏、田中二郎、金泽良雄:《交通通信法·土地法·水法》(日文版),日本有斐阁1969年版。

[59] 〔日〕国生一彦:《现代英国不动产法》(日文版),日本商事法务研究会1990年版。

[60] 〔日〕松坂佐一:《民法提要(物权法)》(日文版),日本有斐阁1980年版。

[61] 〔日〕前田达明:《民法(不法行为法)Ⅵ₂》(日文版),日本青林书院新社1980

年版。

[62] 〔日〕铃木禄弥等:《不动产法》(日文版),日本有斐阁 1973 年版。

[63] 〔日〕原田庆吉:《日本民法典的史的素描》(日文版),日本创文社 1954 年版。

[64] 〔日〕高岛平臧:《近代物权制度的展开与构成》(日文版),日本成文堂 1969 年版。

[65] 〔日〕高岛平臧:《物权法制的基础理论》(日文版),日本敬文堂 1986 年版。

[66] 〔日〕淡路刚久:《公害赔偿的理论·增补版》(日文版),日本有斐阁 1978 年版。

二、外文法典、政府出版物

[1] Air Pollution: Hearings on S 1821-0-A before Subcomm. On Air and Water Pollution of the Senate Comm. On Public Works, 90th Cong, 1st Sess. (pt. ⅲ), 762, 766—767, 791—793, 1153—1156 (1967).

[2] Bverf GE, 58,300 (338f).

[3] Code de L' Environnement, Edition Dalloz, 1993—1994.

[4] *Council Directive on Pollution Caused by Certain Dangerous Substances Discharged into the Aquatic Environment of the Community*, (1976) OJL 129/23, as amended by (1990) OJL 353/59 and (1991) OJL 337/48.

[5] Darryl V. Wareham, "Washington Water Rights Based on Actual Use or on Delivery System Capacity?

[6] Department of Ecology V. Theodoratus (1998), 135 Wash. 2d.

[7] Facts on File, (New York: Facts on File, Inc. 1982), 293C.

[8] Howard V. Kunto (1970), 3 WASH. App. 393, 477 2d. 210.

[9] Kan, Stat, Ann (1989), 82a-707(b).

[10] 2 kinney, Irrigation and Water Rights? 1787 (2d ed、1972).

[11] Law in Western Australia: Comparative Studies and Options for Reform.

[12] Minister for Primary Industries and Energy V. Davey (1993), 47FCR151.

[13] Newcrest V. Commonweath (1997) 147. ALR 42, esp, per Gummow J, 129—130, drawn from drawn from Water Law in Western Australia: Comparative Studies and Options for Reform.

[14] Right in Water and Irrigation Act 1914 (WA) ss12 (1), 13(1) and 26D(3).

[15] Sec. 502, CAA Amendment of 1990, S. 1630-237, Sec. 502 (a).

[16] Sec. 502, CAA Amendment of 1990, S. 1630-241; S. 1630-23-24.

[17] Senate House Records of America, S14668, 1982/12/5.
[18] Series Report, No. WR. 9. (1998), http://www.wrc.wa.gov.au/about/reform.
[19] State Valkenburgh V. Lutz (1952), 304 N. Y. 95, 106 N. E. 2d 28.
[20] Water Resource Control Board: Information Pertaining to Water Rights in California 1990.
[21] 1 Wells A. Hutchins (1971), Water Rights Laws in the nineteen Western States, 440.
[22] 东高判昭和35年10月14日行裁集11卷10号2917页。

后　　记

　　十月的北京秋高气爽。在本书掩卷搁笔的时候，静谧的清华园里正飘逸着法桐的芳香。这淡雅沁人的香气既醉人心脾，同时也激发了我无限的思绪。本书源自我的博士论文，博士论文的完成标志着一个时期的终结，也提示了另一人生历程的开始。

　　这是我告别学生时代的最后一份答卷，本书的写作无论是文章框架的设计、资料的搜集还是观点的推敲，甚至连赘词琐语的减省，无不包含我的导师马俊驹先生的心血。本书的写作予我助力最多的是马老师，最该感谢的也是马老师，尤其是老师不因与我的观点相左而不悦、不以我出身寒微而小视的品格和高尚而宽广的学术民主胸怀，必将深植于弟子的心中，作为老师予我的一份宝贵财富，激励并鞭策我不断的前行。特别需要指出的是，在博士阶段的学习生活中，民商法博士导师组的王保树教授、崔建远教授、何美欢教授和施天涛教授，以及环境法中心的王明远博士也给予了我无微不至的关怀。论文由开题直至答辩的各个阶段，都饱含着他们的关注和提点。老师们真诚相待、不吝门户的高风亮节，值得我衷心的爱戴与尊敬。事实上，博士论文的写作会涉及诸多硕士阶段的积累，因此拙文亦凝聚着我的硕士导师蓝承烈先生和杨震先生的心血。

　　在本书即将付梓的时刻，我要衷心地感谢清华法学院的每一位老师。是师长们的言传身教将我从一个不谙世事的青年培养成为初携法理的学子；我身上的点滴进步，都凝聚了他们殷切的期望。我要衷心地感谢答辩委员会的各位师长,是他们辛勤而严谨的劳动,释放了学子身上稚嫩的墨香。我还要感谢我的家人和朋友,是他们为我不断地编织美好的理想,并在前进的路上为我挡雨遮阳。

本书的撰写参阅了许多先贤、同仁的研究成果,在向他们表示诚挚谢意的同时,也对他们丰富学术研究的辛勤付出致以崇高的敬意!

最后,我要衷心感谢北京大学法学院汪劲教授和北京市社会科学理论著作出版基金给予我的这份信任和荣光,是他们的远见和气魄成就了莘莘学子的希望与理想!

邓海峰
丁亥暮秋·谨识于清华园寓所